百年弦歌

主编：明海峰

西南财经大学出版社
Southwestern University of Finance & Economics Press
中国·成都

100

《百年弦歌》编写委员会

主　　编：明海峰

副 主 编：陈宗权　赵　峰　闫文静

编辑委员：屈小燕　张世隆　王春燕

　　　　　张　超　逯　畅　王中举

经世济民
改政以求

图书在版编目（CIP）数据

百年弦歌 /明海峰主编.--成都:西南财经大学
出版社,2025.5.--ISBN 978-7-5504-6669-2

Ⅰ.G649.287.11-53

中国国家版本馆 CIP 数据核字第 2025G2P060 号

百年弦歌

BAINIAN XIANGE

明海峰　主编

出 版 人:冯卫东
总 策 划:徐　华
策划编辑:林　伶
责任编辑:林　伶
助理编辑:陈婷婷　温高屏　陈进栩　王甜甜
责任校对:李　琼
装帧设计:张艳洁
责任印制:朱曼丽

出版发行	西南财经大学出版社(四川省成都市光华村街55号)
网　　址	http://cbs.swufe.edu.cn
电子邮件	bookcj@ swufe.edu.cn
邮政编码	610074
电　　话	028-87353785
印　　刷	成都市金雅迪彩色印刷有限公司
成品尺寸	180 mm×235 mm
印　　张	22.5
字　　数	317 千字
版　　次	2025 年 5 月第 1 版
印　　次	2025 年 5 月第 1 次印刷
书　　号	ISBN 978-7-5504-6669-2
定　　价	98.00 元

百年学府，振铎传薪，厚德载物，
立时代潮头，经邦济世育英才；
千秋黉宇，呕心沥血，皓首穷经，
发思想先声，兴教报国映初心。

"江河之所以能冲开绝壁夺隘而出，是因其积聚了千里奔涌、万壑归流的洪荒伟力"。人类历史总是在看似偶然的一个个事件中沿着一定规律前行的，因为人心所向、大势所趋决定了这一规律：人类前途终归光明。中华民族几千年发展历程中写下的最恢弘壮丽的史诗，一再印证了：没有任何力量能够阻挡中国人民和中华民族去追寻更加光明的前景！

20 世纪初叶，西方教会组织到中国开设教会学校，不断占领近代中国的教育阵地，中华民族面临文化教育危机。一批又一批爱国知识分子、学生、士绅及广大民众积极行动起来，开启了反对帝国主义的文化教育侵略、收回教育主权运动。1925 年，上海圣约翰大学的爱国师生声援五卅运动受到校方阻扰，毅然离校，下决心捐地筹款，构舍结庐，延揽名师，传薪播火，白手创办中国人自己的大学——光华大学。光华大学筹办伊始，就高举反帝爱国的伟大旗帜，秉持教育报国的强烈信念，艰苦办学，培

育英才，被誉为"民族脊梁型爱国学府"。从此，"光华号"巨轮，开启了艰苦卓绝的初航。

今天的西南财经大学，正是发源于此、肇始于此。从民族救亡的上海滩血雨腥风，到盛世华章的锦官城桃李春风，一百年来，这所世纪学府刻骨铭心地烙下了与生俱来的爱国基因，也注定了百年历程的每一步，都始终和国家荣辱与共、与时代肝胆相照。可以说，西南财大从"光华大学"这个精神起点始发，始终将根脉厚植在中华民族伟大复兴的疆场。

巍巍长江，倾诉无尽的起伏跌宕；泱泱西财，细数百年的源远流长。百年征途中激荡出来的每一朵晶莹的浪花、每一圈细小的涟漪，都是中国高等教育发展史、教育强国建设史的精彩一页和生动缩影，映照着西财人携手走过的兴学报国之路、团结奋进之路、追求卓越之路。百年交响乐中每一个西财人都对应着一颗跃动的音符，每一颗音符都坚守着各自的声部，积小成大，由弱到强，渐成旋律，合力吟唱，最终汇聚为这一部曲尽其妙、斑斓多姿的《百年弦歌》。

春诵夏弦一百年，一弦一诵思华年。

从肇始黄浦江，到西迁浣花溪，再到骐骥腾骧的温江柳林，八千里路云和月。从投身于革命，到经济建设主战场大显身手，再到新时代新征程奋楫扬帆，九万里风鹏正举。继承昨天的荣光，无愧今天的担当，不负明天的梦想。

百年弦歌，非同凡响；百年记忆，记录百年。翻开这本书，一一抚过那些遥远又熟悉的名字与故事，我们仿佛还能听见师生们那一声声"复兴中华"的震耳呐喊；看见一个个学者大师、管理者们严谨治学、勤勉尽责的峥嵘往事；望见一批批校友心系国家、报效社会的赤子热忱。上海霞飞路的临时校址、大西路空地芦席棚的课堂、光华村的饮食小摊、挑进大学门的"一根扁担"、受益终身的"两本笔记"、丽娃河与浣花溪的神奇际遇、校长学生对校长老师的深情思念、75 岁入党的肺腑之言、省委书记来校"拜师问计"、飞越太平洋求贤引士、大爱碑记的爱心铭刻、草坪婚礼的集体表白、成都大运会上的精彩亮相、"新财经"建设的破"壁"谋新……一幅幅生动的画面扑面而来，一个个鲜活的细节频频浮现，这些前行路上的雪泥鸿爪、萍踪印痕，打开了我们追忆往昔的闸门，带着我们久久沉浸于那些泛黄的岁月、耽溺于那些如梦的流年。

记录西财故事，讲述百年传承，在学校建校一百年的重要历史坐标轴上，彰显百年西财经世济民的远大追求、自信自强的时代风貌、建设一流的奋进伟力，为建设财经特色鲜明的世界一流大学提供强大的精神动力，乃是为了更进一步涵养西财之文化，砥砺西财之意志，陶冶西财之心性，重塑西财之思想，展现西财之气象，建设西财之精神家园。

百载梦痕，一世芳华；以梦为马，勇闯天涯。

一百年来，无论怎样风云变幻，西南财大始终不忘初心、牢记使命。一代代西财人筚路蓝缕、开疆拓土，朝夕孜孜、勤勉奔赴，聚合成为磅礴的西财力量，形成了万千西财儿女矢志期盼的西财梦想，并织入承载着中华民族伟大复兴历史使命的"中国梦"。新征途千帆竞发，西财人将牢记党和国家嘱托，凝心聚力兴伟业，守正创新续辉煌。

时维乙巳，序属孟夏，在台灯下细细翻阅这本《百年弦歌》，一桩桩大事记、一颗颗报国心、一幕幕奋斗史，倏忽而至，近在目前，犹如从历史的长河中重新捡拾起千重万叠的浪花，怎不令人心潮涌动，情思摇曳。掩卷之余，胸中腾起"百年西财奔来眼底，一世风云注上心头"之感。

如约前行，以弦而歌。是为序。

党委书记 赵建军　党委副书记、校长 李永强

于光华园

目录

第一篇　日月光华

第二篇　百川归海

第三篇　万象更新

第四篇　大道弘远

第一篇　日月光华

"六三"离校事件现场

光华大学第一次开学时全体教职员合影

光华大学成都分部开学典礼师生合影

光华大学成都分部学生宿舍

光华大学成都分部毕业生留影

光华大学商学院奠基现场

光华大学教学楼

光华大学校徽

光华大学成都分部科学馆

成华大学毕业生留影

成华大学教师宿舍
"六三别墅"

成华大学校徽

廿载校庆述怀

■ 张寿镛
光华大学首任校长

　　诸位校友：寿镛主持斯校，已二十年，抚养成长，忻慰靡涘，然乃社会人士与教职员同仁之热心赞助，以及全体校友之协力爱护，有以致之，寿镛安敢居其功哉，昔人云，（创）业艰难，守成亦不易，是以后本校之前途愈艰，吾人之职责益重，当前切要，如沪校之如何复兴一也，蓉校之如何发展二也，建国大业需才殷切，本校应如何陶冶人才蔚为国用三也，道德陵夷，纲维弛隳，本校应如何倡导设教转移风气四也。斯四端，是寿镛终日念念於中，欲自以奋力为之，惟年届七十，气貌渐衰，故不得不瞩望于本校校友诸君子也，诸君子有自沪校毕业者，则睽违已久，有自蓉校毕业者，大多尚未相识，然同为光华校友则一，是以寿镛寸衷恋恋，无日不神驰锦官城也，昔张志和云：我以天地为蓬庐，日月为灯烛，与四海诸公共处，未尝相隔也，此虽达人之见，然终是无可奈何之转语，袁子才云：情睽则共一室而相忤，道合则隔千里而弥亲，古之人有彼此相寻梦中识路者，故望他日或诸君子顺流东下，得晤言一堂，或寿镛重至巴蜀握手欢（饫），彼时附牌雀跃，乐不可支矣，至寿镛之近况，则耽玩文史，老而弥笃，今届本校成立二十载，全体校友祝贺愈烈，寿镛愈惭，惟有为国共勉而已。

民国三十四年六月三日于上海
摘自《光华大学同学会成都分会庆祝母校廿周年纪念特刊》。

怀念敬爱的张校长

■ 周有光
1927届校友

　　我和张允和在光华大学先后同学，都是在张寿镛校长教育下成长起来的，我毕业于1927年，张允和毕业于1932年，不幸，允和于2002年8月18日在北京去世了。

　　张允和是光华大学接收的第一批女同学中的一个。当时是上海各大学实行男女同学的开始时期。光华大学建造了女生宿舍，女同学组织了女同学会，允和被选为会长。当时的学生会参加校务工作，于是允和跟张校长有许多接触的机会。

　　有一件事，张允和念念不忘。光华大学每年举行演讲比赛。一次比赛中，张允和得到的评分和另一位男同学相等，两人并列第一。在这种情况下，担任评判委员会主席的张校长将投最后一票，并决定谁是冠军。张校长经过退席考虑之后，投了张允和一票，于是张允和得到桂冠。一个女学生得到演讲比赛的冠军，不仅轰动了光华大学，而且在上海大学界也被传为佳话。这枚金质奖章成为张允和的传代之宝。

有一年，女生宿舍忽然起火。幸亏发生在白天，没有人受伤，但是楼房烧毁，行李和书籍付之一炬。张校长亲自来指导救火，并为同学解决生活和学习的困难问题。张校长借此机会，教育学生要临危不惧，镇定应对，理智处事，先重后轻，使同学受到一次为人处世的教育。女同学深受感动，都说张校长爱生如子。

1925年五卅惨案之后，要为圣约翰离校师生创办一所私立大学，这是一件重大而艰难的事业。会议推举张寿镛为校长，当时他担任沪海道尹才几天，临危受命，知难而

进，毅然应承了这个时代的呼唤。

创办光华大学有三大问题：生源问题、师资问题和经费问题。张校长首先聘请了当时威望最高的两位教育家：朱经农先生和廖茂如先生（1927年担任副校长兼附中主任）。他们悉心规划，聘请国内著名学者、有经验的教师，壮大教师队伍。不少著名学者出于爱心，欣然前来光华任教。光华教授阵容光辉夺目，胜过圣约翰，成为当时全国大学的翘楚。

张校长是理财能手，（在他的领导下）捐款源源而来，学生家长也踊跃输将，社会人士纷纷赞助。又得到同学家长王省三先生慷慨捐助的上海近郊大西路地皮百亩，作为校址；还得到南洋华侨捐建的三座教学主楼，并立刻兴工建筑新校园。光华大学建校比较顺利，反映了当时中华民族的觉醒和勇气。可是，如果没有张校长的运筹帷幄、指挥若定，也是得不到成功的。

学校草创期间，我们曾在霞飞路临时校址及大西路空地芦席棚的课堂上课。当时我家经济困难，付不出学费，校长室需要一个文书员，我投考被录取，免除学费，每月还有30元津贴，半工半读，这就解决了我上学的

经济困难。校长室文书工作是写往来的中英文书信，我在工作中也学到许多张校长的办事方法。

张校长的办学原则是，按照当时公认为先进的英美教育方法，实行学术自由、教授治校。学校行政人员不多。校长、教授和学生亲如一家，打成一片。直到1949年，光华大学附属中学还是上海各中学的优秀典型。

抗日战争期间，张校长请会计界元老谢霖副校长为代表，到成都开办光华大学成都分校，要把大学教育扩大到西部，这正是张校长远见卓识的体现。张校长在上海"孤岛期间"和上海"沦陷期间"，苦心孤诣，努力维持光华大学和附属中学，弦歌不辍。

令人遗憾的是，张校长于1945年7月在上海溘然长辞，终年七十岁。他老人家还没有见到抗战胜利的场景。

历史永远不会忘掉张寿镛校长创办光华大学的这段可歌可泣的事迹。

摘自《光华精神、光华人》（内部资料），有改动。

《私立光华大学成都十年记》序

■ 谢霖
光华大学副校长

上海光华大学，私立也，因爱国运动而成立之学校也，始于民国十四年（1925年）六月三日，遂以是日为校节，其首任校长，为余老友张公寿镛（字咏霓），赓续二十年，培植人才，数以千计，殁于民国三十四年七月。论其功绩，可谓伟矣。

吾国实业不振，皆因专门人才趋于从政之一途，以致社会公益事业，少人过问。私立学校者，社会公益事业也。环睹吾国私立学校维持之情形，有三端焉，一曰校董校长凭其资望与精神，终岁从事募捐，集腋成裘，以为建设之资也；二曰教员职员，捐其学问劳力，为教学及管理也；三曰肄业诸生，多担学费，为维持学校之经费也。以吾国社会之穷，而尚有许多私立学校能生存者，皆恃此三端耳。以故私立学校毕业之人，耳濡目染，多以社会事业为己任。朱子曰，为学须先立志；西儒曰，患难为最良之教育，困苦缺乏，为最良之师，私立学校，殆有（名）矣。

民国三十六年（1947年）六月三日，为吾光华大学二十二周年校庆，又有在抗日战争期内所设立之成都分校已十周年，因日寇之投降，上海本校，恢复旧观；成都分校，赠由川人更名成华大学继续存在。诸生搜集本校分设入川后之十年经过事实，编为《私立光华大学成都十年记》，以期后之来者，知我光华大学，不特上海本校，树人已多，蜀中犹有治国之才，可三千人，并知又有谊属兄弟之成华大学，继续存在于无穷。余见其所记之详且实也，诸生乞序于余，自不可却。余与咏霓校长，民初订交，历有年矣，民国二十二年（1933年），余居沪滨，光华来邀任教，余佩咏公而允之。民国二十六年（1937年）秋，八一三战祸既起，咏公知非短期内可能停止，又知抗战期内国家社会需才益亟，决定在川设立分校，战后仍使存留，使我光华精神，播于西南。余受咏公之托，主持其事，既承社会赞助，复得教职诸公热忱匡襄，可谓私立学校之三端，俱备之矣。成都分校，如此终始，似可勉达咏公愿望，此三千学子，将来必有造于社会，余可断言之也。谨向社会及教职员诸公，致感谢焉。

吾光华大学成都分校，川籍学子居多。出乎社会者，应以造福桑梓、推及国家为己任，并应效法四公[①]多所创造，则我光华大学前途，无限量矣，是为序。民国三十六年（1947年）六月三日。

摘自《私立光华大学成都十年记》（内部资料），有改动。

[①]原文中所举四公为实业家周善培、明德大学校长胡子靖、复旦大学校长李登辉、光华大学校长张寿镛。

负笈千里去蓉校

■ 陈霖堂
1943届校友

（光华大学成都分部牌楼）

　　1941 年 12 月 7 日，日本偷袭珍珠港，随即太平洋战争爆发，日军占领租界，上海沦陷。很多知识青年为了学业与前程，纷纷奔赴内地，继续求学，当时光华大学虽仍在证券大楼上课，但同学心神不定，学校前途堪虞。

　　某日，蔡正雅教授上课时，突然提到有些去内地的学生路经杭州、金华等地，被日军觉察后有不少被阻被捕者，此路似已不安全。我在蔡教授的启发指引下，于1942 年 1 月 17 日约朱汝鲲同学和他的两个中学生朋友及其中一位家长（三人刚从日本回国），计划取道安徽安庆去金寨（立煌），二位中学生留金寨上高中，朱汝鲲和我就直奔成都光华大学分校。

由于旅途中日伪军检查森严，我们各带一件行李及少量现金，五人乘火车去芜湖，再改乘货轮去安庆。在芜湖火车站，日军对我搜身甚严，将棉袍从下摆一直搜到上肩，幸未搜我衣领，因有现金缝入，同路四人为我担心，我也急出一身冷汗。晚上在芜湖小客栈住宿，日伪军盘问较严，幸事先扮成商人，早备说辞，总算无事。隔日乘小货轮去大江口，住宿一夜再换乘大木船直抵安庆。

抵达安庆，在一中学生鲁昭旺家中住下，启程去金寨前，雇了二名熟路的挑夫带路，七人沿公路步行了四五十里，几次遇日军岗哨盘问，均由二中学生及其家长应对，总算平安放行，闯过几道险关。随后接近前线岗哨，挑夫带领我们弯进小路爬山前进。半山中见一寺庙，我们准备休息再走，庙中僧人告知上山千万要小心，昨日有一些人被日军抓住遭活埋，闻之吃惊不小，经商量考虑再三，决定继续赶路，勇往直前，决不后退。在前进路中遇到不少同路商人，后大家分散，只剩我们七人，彼时天色已黑，边走边在农民家中歇脚并了解敌情，最后加快步伐前进，终于走出敌占区，已半夜了。到了高河埠另一中学生何平海家，在何家小住几日，何平海父亲留下，我们六人继续上路去第一目的地金寨。高河埠距金寨有三四百里山路，没有交通工具，只能步行，要横跨大别山才能到达，我们六人天天翻山越岭，风雨兼程，不敢稍息，走了七天山路，到达金寨。何、鲁二中学生遂留下读中学。

金寨（立煌）当时是安徽省政府所在地。为了申请去蓉校的路费，朱汝鲲和我以流亡学生的身份请求政府救济。我们去教育厅、救济会等单位联系，等候了近一个月，终由教育厅出面发给我们去河南洛阳一段的路费，并出公函转请洛阳当局继续救济。在金寨旅馆困守一月，我因旅途劳累又愁又急，体力不支而病倒数日。在到处奔走期间，我们在省财厅结识了一位财务科长张某（名字忘了），是光华大学前几届毕业生，经交谈得知我们是光华同学，特别友好与热情，并设家宴接待。闲谈时他告知我们，我们初到时曾受到怀疑和调查，难怪申请救济问题推三阻四，迟迟不决，离别时张某又介绍我们拜见了省秘书长。在去洛阳途中，我们或步行或乘公路汽车，经河南省汝南等地到达洛阳，路经千佛岩古迹，也无暇观赏，直奔省城。凭公函领到第二笔救济金后，我们夜间乘闯关火车抵达陕西西安（洛阳去西安的铁路线有一段近敌占区，故火车只能夜行闯关），在西安又领到一笔到成都的路费。经过宝鸡下车，我们拜见了行政督察专员温崇信，禀明来意，又申请到一笔救济金，乘长途汽车越秦岭进入四川省并抵达目的地成都。

从1月17日离开上海，于4月初到达成都光华大学分校，整个行程前后足足两个半月计77天，经历了多少艰险，吃尽了无数苦头。到分校时，学校早已开学上课了。副校长谢霖获悉同学已来报到，当即通知秘书处为我们安排入学手续，并由校方贷款付了学杂膳宿费等，因此学习未中断。最后一学期修完课程，我读满学分于1943年1月16日会计系毕业。

毕业后，谢霖副校长介绍我去重庆蜀和分公司工作。我感谢光华分校副校长谢霖，教务长薛迪靖及校长室秘书赵善诒等对我的关怀和照顾。赵善诒老师还是教我太极拳、太极剑的老师呢！

摘自《光华大学与成都十年》，有改动。

爱国的光华

■ 唐振统（唐勤）
1944届校友

光华大学是有爱国传统的，因爱国而诞生。鲁迅先生生前曾赴上海光华讲演。

我是抗日战争期间在四川成都考入光华大学成都分部附属中学的，高中毕业后又进了光华大学，并在附小任教。

在成都光华大学宽敞的阅览室里，陈列着上海光华大学光荣的、爱国的建校史和张寿镛校长的照片。成都光华大学地处抗战的后方，同仇敌忾的爱国热情也蕴藏于每个师生的内心深处！

"天下兴亡，匹夫有责。"那时我们都很关心国事，常常抢着看报纸，大公报萧乾写的《伦敦通讯》就是大学生争看的材料。那时的英文老师还选用美国罗斯福总统的《炉边谈话》、英国首相丘吉尔在美国国会的演说作为教材辅导学生阅读。

成都光华的谢霖副校长也曾请爱国将领冯玉祥将军来校，在办公厅后的大草坪上给全校师生讲话，大家听了无不动容。

随着时局的演变，蒋介石的反动面目日益暴露，引起爱国同学的日益不满。特务在学校也十分嚣张。我们那时渴望的是争取民主，反对独裁。

终于有一天，进步师生请到民主人士张澜来校作了一次"时事讲座"，那是在图书馆的大阅览室举办的，人头攒动，屋里、窗外挤满了人，大家都想听听官方以外的声音。

第二天，图书馆开不了门了，原来主席台前的藤椅被特务砸坏了，堆成一堆。据说张澜是在群众保护下才安全退席的。

那时在爱国进步的同学手中，也能见到一些进步的书刊。我就经常从一个在图书馆工作、来自平津的青年手里拿到重庆的《新华日报》。

抗战胜利之后，我终于回到了上海光华大学本部，校址在欧阳路。

"……培养人格的光华！光华！光华！要读书运动、爱国运动并进的光华！光华！光华！知天下兴亡匹夫有责的光华！光华！"

我们心中永远不忘的母校光华！

摘自《光华精神光华人》，有改动

光华忆旧：烽火岁月中的成都分部

■ 苏良锐
1950届校友

　　讲成都光华，势必先讲上海光华，而讲上海光华又必须先讲上海圣约翰大学。上海圣约翰大学是一所教会大学，由外国人开办。1925年，日本帝国主义在上海枪杀工人顾正红，圣约翰大学部分师生义愤填膺，奋勇抵抗，从学校分离出来成立光华大学。这方面史实资料很多，我不一一赘述。

　　日本帝国主义亡我之心不死，1937年7月7日，日本在宛平县卢沟桥发动了震惊世界的侵华战争。狼烟四起，烧遍了半个中国，安静的校园不能正常上课，上海光华大学校长张寿镛派熟悉四川情况的谢霖先生带领部分师生及他们的妻儿老小，在成都西郊杜甫草堂附近寻得一块土地，在当地士绅的支持下，筹得一笔款项开始修建校舍。在这样一个兵荒马乱、民不聊生的条件下，学校不可能修建高楼大厦，只能以简单朴素、迅速完工的方式进行建设，以有利迁校的原则兴建校园，这是光华没有楼房的一个原因，她没有华西大学堂皇，也缺乏四川大学的古朴。但只用了两三年的工夫，一座小巧玲珑、亭亭玉立、兼有授课、住宿、办公和生活的校舍在成都市的西南郊巍然矗立。

　　校园建设的同时，必须要暂时安顿从上海艰苦跋涉逃难来成都的师生员工，这时，学校就在新南门内（今红星路）的一条叫王家坝的小巷里租得一个院落，很快就开始授课了。第一班的学生中，有一小部分就是上海光华毕业班的同学，他们后来是在成都毕业的。

　　新校舍这边，还有几十户居住在这里的人家，聚居在一条破旧的小街上，后来给这条街起个名字叫光华村。光华校园的正中叫富荣堂，是校长和教务处、总务处、训导处教职工工作的地方；男生、女生宿舍散列于校园各个区域，有敬斋、灏斋等；六三别墅、绿杨田庄、康斋等是教职工宿舍；冠能堂为食堂，系麦草屋顶，也是开大会的会场；丰寿堂的用途不固定，需用时即用之。学校还从附近的河流中引进了一条溪流，淙淙流过，道路有宽有窄，道路与河边到处都种满了杨树、槐树，到了春天，杨柳絮四处飘扬，另有一番情趣。校门前有一座小桥，休息时、晚餐后，男女同学在这里谈笑漫歌，热闹非凡。校大门和富荣堂之间特别选择了一棵"V"字形铁树种植其中，蔚为壮观。

　　光华校园给人一种田园静穆、爽朗的印象。每到春夏之交，晚饭之后，月光清丽，一群群男女学生邀约在一起，哼唱起抗日、思乡歌曲或者民歌。路边是潺潺流水，头上不时飘来柳絮，这是一种神奇的景象，也是一种庄雅的胜景。

　　光华的校景整齐温情，充满田园景色，小巧而幽静，给人一种舒适温柔的感觉，一点也不豪华，稍微的浪漫也没有，让人只想在这种环境中翻开书本轻轻阅读，或者闭上眼睛背诵英语单词。光华，不像华西坝洋气，也没有川大的古朴，光华自有她的田园之美，雅趣横生，引人入胜。几十年后想起来，更感到她的亲切动人，我在离开母校若干年以后还在梦境中看见她的倩影。

　　光华有三个剧团，一曰青年京剧团，二曰青年川剧团，还有一个是铁流剧团。"铁流"二字也有来源，它是苏联作家绥拉菲莫维奇所著的一本战争小说的书名，书中描写德国入侵苏联，苏联军队和人民奋起反击的故事。铁流不仅在光华

大学负有盛名，在成都市的高校中也同样是被认可的。

国民党特务也在学校抓过学生，一次是在1948年，经济系校友兰季芬（新中国成立后改名为兰珩诩）路经将军衙门路时，被国民党特务抓走入狱，其弟兰肇颐（曾是附中学生）及其女友杨祚蕙（川大地下党员）和我曾请成华大学校长王兆荣营救。当时兰季芬还不是共产党员，只属于地下进步组织成员，被囚几个月后获释。另一次是国民党特务在学校内抓走了同学傅伯雍，他被关在重庆渣滓洞。重庆解放前夕，国民党特务在无可奈何的情况下，一面把他们几十个人放出来，一面放出军犬咬他们，他们只有在歌乐山上乱滚，以避免军犬的撕咬，才能逃脱出来。

成都光华大学兴建时期，当然需要大量的人财物，这些人财物从哪里来呢？是个难题。因为谢霖副校长曾在周孝怀手下做事，他们相处甚佳，有着深厚的感情。正是保有这种感情，他在四川政界、经济界募集了许多经费，有人捐献土地，有人捐钱财，也有人推荐管理修建校舍的人才。根据我的了解，捐助者有翁文灏、邓鸣阶（汉祥）、康心之和康心如兄弟、甘绩镛、孔祥熙、刘文辉、李其湘、徐堪……

每幢房舍之间必定有个名号。尽管名号使用了捐献者的名字，但房舍的名称并不一定与捐献者的名字挂钩，比如灏斋不等于就是翁文灏捐的钱款盖的。这些建筑物大抵有这样一些：

办公和休闲类。包括富荣堂，行政办公中心，可以代表富顺和荣县的行政官员和企业家，位于校园正中；可亭，休闲用；复兴亭，原为休闲用，后来发展为销售食品和小用品。

教学科研实验室等。主要是第一教室、季琴图书馆。

宿舍。包括六三别墅，大多为教授、副教授等用；绿杨田庄，一般教师用；康斋，单身男教师用；敬斋、绩斋、简斋，属于学生宿舍。

食堂和卫生所。包括冠能堂，食堂兼礼堂（薄壳屋顶食堂）；康斋，后来改为卫生所。

广场及运动场所。包括篮球场、足球场、游泳池。

摘自《光华大学与成都十年》，有改动。

忆谢霖老师

■ 毛柏林
1947级校友

"三个第一"展宏图

　　1905年，谢霖老师刚满20岁，他深谋远虑，抱着学习日本维新经验的想法和强国富民、振兴中华、昭雪国耻的宏愿，通过考试被录取为日本明治大学的第一个中国留学生。入学后，他勤奋学习，刻苦钻研，博览群书。谢霖在大学二年级之后，通过对中西会计的对比研究，应用欧洲传入的巴奇阿勒借贷复式记账原理，结合中国的银行业务，撰写出《银行会计学》专著，1908年在日本东京正式出版。这本著作面世后，由于它是一本系统介绍西方会计科学的最新著作，因此，立即成为会计界探求新知识的主要读物。

　　谢霖学成回国后又公开出版了《会计学》《中国会计制度》《商人通义讲义》《审计学要义》《实用银行簿记》《实用银行会计》《铁道会计》《现行公司法要义》《现行票据法要义》《海商法要义》《破产法要义》《实用会计学》和《实用政府会计》等著作。他在著作中特别强调理论与实践相结合，重务实精神、重动手能力的培养。

20世纪初，特别是第一次世界大战结束后，中国的民族工商业有了较大的发展，金融资本向产业资本渗透，经济的快速发展从客观上提出了加强管理的要求。同时，西方会计学的传入，以及我国会计教育的发展、会计人才的增加，为我国建立注册会计师制度提供了条件。1840年鸦片战争后，外国资本、外国会计师事务所渗入中国的大中城市，凡出现中外经济纠纷或诉讼，不论原告或被告，都必须依赖外国会计师事务所提供"鉴证"，以此为依据进行仲裁或判决，对错判案件，只能忍气吞声，"国人之含冤不白者，实不可胜计"。这不仅有损国家的尊严，而且国人的合法权益也得不到维护。有鉴于此，谢霖老师基于热爱祖国和维护正义的立场，在1918年6月上书北洋政府的农商部、财政部，建议设置"中国注册会计师制度""中国会计师事务所"和"中国注册会计师"；同时附上草拟的《会计师制度章程十条（呈文）》（以下简称《呈文》）。该《呈文》上报后，很快就得到批复（农商部1918年6月14日，财政部1918年6月28日）。1918年9月7日，该《呈文》由北洋政府正式颁布实施。从此，中国破天荒地有了自己的第一部"注册会计师章程"，以及中国第一家"会计师事务所"（谢霖主办的"正则会计师事务所"）和第一号"中国注册会计师"——谢霖。之后，随着商品经济的发展，中国的会计师事务所纷纷建立，最有名的有潘序伦"立信会计师事务所"、谢霖"正则会计师事务所"和"徐永祚会计师事务所"。

谢霖担任过中国银行、交通银行总会计师，中央银行秘书长，以及四川劝业道、讲习所等的领导职务。他创办的正则会计师事务所，质量高、信誉好，成绩卓著，发展遍及北京、天津、上海、南京、镇江、扬州、杭州、芜湖、南昌、长沙、常德、汉口、广州、重庆、成都、青岛、济南、开封、太原、衡阳、湘潭、沙市等20多个大中城市，经济效益和社会效益都很好。

谢霖老师基于爱国爱民之心，顺应市场经济的需要，凭他的胸襟、气魄和胆识，在中国大地上，创建了"三个第一"的功绩。他被称作中国注册会计师事业的先驱、改革者、奠基人是当之无愧的。

创建"分部"显奇能

1937年日本发动全面侵华战争，全国人民奋起抗日，浴血激战。上海光华大学张寿镛校长为了不因战争影响教育，早在1937年春就与校董会商量决定，在四川成都设立分校，并委派当时正在四川的商学院院长兼会计系主任谢霖老师筹办光华大学成都分部事宜。1937年11月23日，经张校长提名、校董会议决议，加聘谢霖、邓锡侯、邓汉祥、甘绩镛、缪秋杰、康宝志、杨培英、张仲铭8人为校董，成立筹备处（筹备处地址设在正则会计师事务所），谢霖任筹备处主任；后再经校董会议决议：聘谢霖为副校长，并嘱其"全权筹备一切""放手为之"。

谢霖老师凭借与四川友好、学生较多和军政关系融洽，更主要凭借对抗日战争的支持、对教育事业的热爱，以及张寿镛校长对其信任和重托，尽职尽责，八方奔走，四处化缘。谢霖老师首先在成都新南门内王家坝前卫街租得民房4个大院权作师生的住房、教室和办公室。安顿好上海来川的学生、教师后，1938年3月1日，私立光华大学成都分部正式开学上课。

1938年8月12日，新校舍按建筑工程设计方案在草堂以西黎家碾的土地上破土动工。这段时间老师一方面要管王家坝的教学，再一方面又要管好新校区的基建，更重要的还要继续争取更多人士的精神和物质的支持，真是千头万绪。其操心劳碌，可想而知。老师精打细算、节约开支，他每月的薪俸从不领取，就是往返城乡的差旅费也不报销，披星戴月、沐雨栉风，把自己的精力、时间都投到教学、建校的事业上，从不叫苦、叫累，对教育事业的赤诚之心，日月可表。在谢霖老师的努力下，成都分部的建设按照募捐款专款专用的原则，精打细算，从不浪费。为了答谢建校的捐赠资助者，学校采用校舍"命名"的方式表示对他们的答谢并作永远纪念。

1939 年 1 月 1 日，成都新校舍落成，全体师生迁入新校。当天学校接待了各界前来祝贺的数百人。再经继续努力，继续化缘，又经 3 至 4 年的努力，私立光华大学成都分部完全按规划圆满完成。

关爱学生人人夸

1939 年 1 月 1 日，师生进入光华村新址后，大家欢欣鼓舞、兴高采烈，都说新校计划、规划得很好，窗明几净、空气清新、小桥流水、环境优美，真是一个读书的好地方，美中不足的是油灯充当电灯，很不方便！

本来时值抗战时期，又地处农村，大家克服克服困难也是可以的。但是谢霖老师听到后，一点也没有责怪同学，一再自责考虑不周！他主要从学生的视力健康和学习效果出发，立即提出了解决的办法。他打点行装，带上几个工作人员，即日出发，奔赴洪雅县山区的林业部门，花了三天三夜，选购了120根5米长的沙木条子，亲自押运到学校，随即又与启明电灯公司协商：以两天为期，把120根电杆全数栽上，再用两天时间挂上电线，一共花了七天时间，将煤油灯换成了电灯。

第七天的晚上，是按照约定通电开闸的时间，通电后全校大放光明。那时学生们看到谢霖老师紧紧握着启明电灯公司经理的手，感谢公司给学校送来了光明，感谢他们的支持……场面非常热烈、动人，全校掌声、叫声、欢呼声经久不息。七天，仅仅七天，大家认为在短期内根本无法完成的、如此多层次多环节的复杂工作，他居然把它完成了，大家赞叹不已，大家都说"真是奇人创造出来的奇迹"！

1939 年 3 月，谢霖老师在查看学生宿舍时发现有 60 个床位还空着，他自言自语："太浪费了！太可惜了！"当即找来教务长和注册主任商量，他说："社会上还有许多高中、职高毕业生，因交不起学费未能入学，这 60 个床位正好可以增收一个三年制的会计专修班。"他还提出了自己的具体方案——凡会计系开设的必修课和选修课，都让专修班学生并入听课（从而减少专修班老师的课时费）；学生一律住校（采用封闭式管理，严格要求，促其成才）；不收学费、书籍费和住宿费（每月只收伙食费 2 元）；考试合格者，凭单位开具的"经济困难"证明，发给录取通知入学就读。

通过这些措施，学校可以在不增加任何经费的情况下，为国家、社会培育一大批可用、急需的会计人才。教务长、注册主任认为可行，当即呈报董事会批准后执行。这种既不增加学校开支，又解决穷困学生实际困难的会计专修班一共办了 10 年，为国家培育了 560 名专科人才。根据跟踪调查，用人单位都十分器重这些学生。不少人对这件事很有感慨地说："这样的好事，只有谢校长才想得出来！""真令人敬佩！"

1942 年夏正是会计专业四年制学生毕业的时候，大家不约而同地买上一本厚厚的笔记本写上自己的名字，前边专门留给领导、老师题词，后边请同学朋友赠言。一位姓孙的学生走到谢霖老师面前请老师题词。老师的题词总是能结合学生的实际，绝不千篇一律、敷衍应景、完成任务了事。他思考了片刻给这位姓孙的学生写了 11 个字，签了名，贴上送给学生的照片，交给了这位学生。这 11 个字写的是什么？工整的楷书写着：拼命实现任务，饿死不贪污！老师还语重心长、很亲切地说："我前一句话是你毕业后参加工作要发挥自己的才干，为社会作出自己应有的贡献；后一句话是一个会计系的毕业生出去搞经济工作，必须具有一定的品德，不该自己应得的钱，千万拿不得。整个题词是勉励你，希望你能身体力行。"

　　这位姓孙的学生，就是我非常敬重的四川光华大学首任副校长孙恭老大哥。他曾经对我说："我非常珍惜这11个字，我一直把它当作'座右铭'，我这一辈子搞的都是经济工作，一辈子没有犯过错误，老师的题词，陪伴了我一生，一直起到警语箴言的作用，我非常感激他老人家！"

摘自《会计之友》2014年第32期，有改动。

忆叶圣陶老师

■ 傅伯雍
1946级校友

　　四十多年前的事情，记不那么清晰，但大概情况，尚能回忆，那是我在光华村亲身经历的事。

　　一九四一年初，春寒料峭，风雨交织，成都笼罩在一片"白色恐怖"之中。当时学校尚未建立党组织，只有个别党员隐蔽于此，独立作战。我和许可、罗秉文（牧野）、何光璃（维克）、李仁宇（文驯）、张光苍等二十多个同学由于都喜爱新诗歌，经常在一起讨论建立一个诗歌文艺团体的事。川康特委（中央川康特别委员会）了解到我们的情况后，派曾在华西坝搞学生运动的邬晶璐、安学林两位同志来光华村和我们

联系，积极鼓励大家把诗刊办起来。晶璐是写诗的，她给我们的刊物取名《诗歌生活》。

　　在学校富铭堂前如茵的草坪上，在校园后茗花覆盖的田野里，邬晶璐同志多次来校召集进步青年开会，鼓励我们办好诗刊。经过约两个星期的筹备，"诗歌生活社"在光华村组织起来了。

　　为了对读者负责，张光苍和许可提议，邀请曾在本校授国文课的叶圣陶老师帮忙改稿。叶老师毫不推辞，欣然允诺。他热情接待我们，每次去请教时，总是谦虚谨慎，认真负责地用毛笔字给我们批改稿子，稿子上的字多一笔少一点，都一丝不苟地给予改正。叶老关心青年人的成长，给我留下了深刻印象。他很担心送审稿件时过不了"关"。果不出叶老所料，在审稿时有两篇被扣留。我和许可去取稿时，官员们黑着面孔，似乎还要

我们交人似的，寻根刨底追问作者。转来向叶老汇报情况，他摇头叹息："这社会真不像样，哪有言论自由？"并谆谆告诫我们如何注意学校环境，如何应付官老爷的"审稿"，希望我们能够对付反动派。

图书杂志审查委员会不准出固定刊物，更不许用"诗歌生活"的名字出刊，我们临时改为《诗歌生活》丛刊第一集《心之歌》付印了。

六月，榴花红似火，为纪念苏联革命文豪高尔基的诞辰，许可刻了高尔基的头像，将其作为封面（白底套蓝色）终于出版了。经过半年的努力，光华大学的同学们吟诵出了发自内心深处的、热爱共产党的、向往延安的"心之歌"！

送审稿件时，领取官老爷的图书杂志"审查证"是最困难的。圣陶老师告诉我们，当时成都文艺界抗敌协会分会办的《笔阵》，稿件常常被扣押，为防范敌人的扣稿，过不了审查关的稿件，就复写一份备用，审稿之后，采取偷梁换柱的手法，付印时又加入排版。因此在第二集《春天与诗》中，曾卓的《明天》一诗，就是采取这种办法刊出的。但由于出版后的内容与审稿时不符合，招来反动派的追查。一个电话，把我和许可都喊去"审问"——为什么换稿？谁是换稿的罪魁祸首？是谁指使的？要我们交出"教唆者"！否则"勒令停刊"。第三集《走向黎明》的稿件全部被扣押了，并被勒令停刊，我们只好将其携至江津县，通过私人关系，内部发行出版了。

《诗歌生活》丛刊虽只出版了三集，但它在叶老的关怀下，代表了当时的进步青年，发出了向往光明、追求真理的呼声。

摘自《校庆专集》，有改动。

萧公权先生的生平、为人和治学

■ 苏良锐
1950届校友

光华大学鼎盛时期，曾集聚了一些海内外颇负盛名的学术界先驱。他们在强敌压境之时，怀着满腔热忱，从上海、从北京、从许多被日本军国主义蹂躏的地方辗转来到成都，选择杜甫草堂为邻建立了成都光华大学，培育了众多学子。今天，他们已茂然成林，为祖国建设和发展奉献了自己的心血。

在光华大学的老师中，我深深怀念的，也是对我一生影响最深的就是恩师萧公权先生，自1947年在成都机场送走他们一家后，已有半个多世纪。多少年来，一想起先生，我总是魂牵梦萦，难以忘却。

萧公权先生原名笃平，号迹园，祖籍江西省泰和县，出生于1897年11月29日。六岁时，他随同大伯父到四川西部崇庆州，从此便永别故乡，再也没有回去，1981年因患心脏病在美国华盛顿州西雅图市寓所逝世，终年84岁。

先生幼年接受的是私塾教育，其老师何笃贞不仅博学，而且做人治学均有精到之处，期望学生能"通古今，贯中西"。这一条要求很高，但先生不仅完全做到，而且超过了老师的期许。先生勤奋好学，进步很快，几年中读完了经史子集的主要部分，为以后治学奠定了坚实的基础。中学毕业后，他考入清华学堂（清华大学前身）。1919年五四运动掀起后，他义无反顾地参加了这场反帝爱国的伟大运动，主办了《民钟日报》，但不到一个月，便被迫停刊了。1920年，先生前往美国密苏里大学就读，获学士学位；1923年进入康奈尔大学，1926年获博士学位。他的博士论文完成后在英国出版，并经牛津大学指定为近代名著课程之必读书籍。

先生旋即归国，开始了他42年的教学生涯，先后在南开、东北、燕京、清华、北京、四川、华西、光华等大学任教；1949年他再度赴美，任教于耶鲁大学及华盛顿大学，1968年退休。出国前，他曾享受的是国民政府教育部部聘一级教授待遇。20世纪70年代中美

建交后，我通过麻省理工一位姓阚的华裔女士寻找先生的地址，但心里不踏实，怕未必能找到，可是对方回信说："公权先生在美国也是第一流的学者。"待我给先生寄去信后，很快就收到了回信。

先生在学术界有许多朋友，其中来往甚密者有：蒋廷黻（南开历史系教授、系主任）、钱穆（北大历史系教授、系主任）、陈寅恪（清华历史系教授）、熊十力（北大教授）、冯友兰（清华教授，授中国哲学史）、汤用彤（教授，授中国佛教史），这都是当时中国学术界最为拔尖的人物。先生工诗词，也和朱自清教授、吴宓教授时有唱和，著有《迹园诗稿》和《画梦词》等，还有一本《箭翮集》。先生和陈岱孙（清华教授）是清华学堂同班同学，友谊甚笃。陈岱孙先生是研究经济思想史卓有成效的大师级人物，对先生也是推崇备至。先生是一位不折不扣的爱国主义者。这一点表现在他的诗词中，尤其是在他晚年的作品中更是明显地表现出对祖国无限的思念。

在文化问题上，他不同意胡适提出的"重新估计一切价值"，即"全盘西化"的观点，说"我相信中国文

化和西洋文化都有优点缺点，我们要用虚心的批评态度同时去检讨中西文化"。先生对西方文化有深入的研究，他向美国学生讲授的"西方政治思想史"获得非常高的评价就是一例。他对卢梭的《民约论》持批评态度，对亚里士多德法则肯定较多。1950—1953 年，他翻检了近千种中西书刊，于 1960 年出版了《中国乡村：论十九世纪的帝国控制》。在这部巨著中，他广泛使用了地方志、族谱、家谱这些当时还不为人重视的资料，为后来的研究者树立了榜样。

我在光华读书时，因住在哥哥的宿舍六三别墅，和先生比邻而居。一日，见先生在屋后忙来忙去，不知干什么。不久，一副用黄土做的小棺材成了，上有一木板，赫然写着"XXX 之灵位"，下午他叫我家的小男工和他的

车夫用竹竿抬着送到康斋，交给鲁光桓先生（他也是先生的弟子，当时在光华大学讲授中国通史），于是引起一场捧腹大笑。先生用这种方式来排遣工作后的疲累，既可自娱，也可娱人，活跃身心。

先生常以"平正踏实"四个字劝勉学生。这四个字既是他做人的规范，又是他治学的态度。所谓平，就是不骄矜、不浮躁，就是平和、平等、宽容；所谓正，就是公正，就是正大光明，不偏不倚，不搞阴谋，不暗算人，就是"己所不欲，勿施于人"；所谓踏实，就是不虚伪，不狂妄，不夸大，不缩小。在治学态度上，先生提出一个"敬"字。什么是"敬"呢？敬就是尊重，尊重事实，尊重别人，尊重历史本来面目，尊重自己的事业。如果这些都做到了，就达到了"大同"的标准，个人做到了这些，可以成功，人人都做到了，世界就太平了。然而这个标准的要求极高。

先生的著作极丰，享誉世界，主要有《中国政治思想史参考资料》，并在此基础上写出《中国政治思想史》，另有《中国乡村》《问学谏往录》《萧公权全集》等。我认为，与

其说他是一位政治学家，或许说他是一位历史学家更为贴切，因为先生毕生从事的研究对象是史学，而不是政治。

一九四几年某日，我刚下课回家，走到冠能堂附近，看见一辆雪亮的小轿车停在那里，后来才知道，是蒋介石派孔祥熙来拜访萧老先生，劝他参加国民党，萧老没有给他好颜色看，并予以严词拒绝。于是，孔祥熙只得怏怏离去。

概而论之，萧公权先生的做人、治学，莫不贯穿着儒家思想。他是儒家，是彻头彻尾、彻里彻外的儒家。先生处世接物多能达到与事各方之满意，认为其准确、精当，这是因为先生在处理事情时，总是要仔细研究事物之内外状况，取其长而弃其短，这正是先生"平正踏实"之效果。

恩师在离开前曾教导我说："政治没有啥读头，还是学历史好。"并随手交给我一封信。这封信是介绍我转学到四川大学历史系的，师从我国著名历史学家徐中舒教授。可惜，因为健康等原因，我一直没有去川大，辜负了老师对我的期望。

掩卷沉思，我的眼前又浮现出一位老人正在奋笔疾书的身影。这就是我们敬爱的萧公权先生。

摘自《光华大学与成都十年》，有改动。

铁树的由来

■ 李乃希
1946级校友

　　老一辈的校友，看到校园里那株刚劲的铁甲树，都会想起谢霖副校长，会想起那初创校园的艰难岁月……

　　1937年，日寇入侵上海，谢霖副校长受上海光华大学张寿镛校长委托，到四川筹办光华大学成都分部事宜。谢校长在条件十分困难的抗战时期，为保留和发展我国高等教育事业，毅然辞去中央银行秘书长职务衔命来蓉，筹办光华大学成都分部，经多方奔走，商得省政府同意，从省库中获援助创立费5万元。此外，谢校长又动员了林树湘、郭基荣、黄德清等人义务参加筹备工作，同时上海本校容启兆、陆寿长、李思廉等自上海经香港来蓉，分任教务主任、总务主任、注册主任等职。谢校长为能得到社会人士的支持、赞助，特成立"移川复兴建设委员会"，朱家骅为会长，陈其采、陈布雷、章友三、潘昌犹等十七人为委员。

　　经过短期紧张筹备后，谢霖副校长在成都王家坝租用民房为临时住址，学校于1938年3月1日正式开校。为了解决永久校址问题，谢校长多方筹集，得川绅张仲铭、富安、寿龄氏兄弟捐赠成都西郊草堂以西土地50（余）亩作校基，于当年8月破土动工，到1939年新校建成，全校师生迁入上课，该地因此定名为"光华村"，延续至今。

上海光华大学建校五周年时，张寿镛校长曾写过一篇《光华五周年纪念书序》，其中有一段谈到建校之艰辛："方其经营之时，狂奔疾走，呼号相及，借债偿工，补屋牵萝，托钵题缘，自忘愚痴，热情者一呼即应，冷嘲者视其多事。"而谢霖副校长为成都分部创建的辛苦，并不亚于光华大学本校之艰辛，并有过之而无不及，其奔走呼吁四川的达官贵人、富商大贾，受尽冷嘲热讽是可想而知的。但他为了莘莘学子能有一席书桌，不辞辛劳，不畏艰辛，终于将分部创办得欣欣向荣，大概是心诚感动了上苍吧！后来学生们都说"谢校长是一个化缘的和尚"，能有分部的创建，不负谢校长"托钵题缘"之苦。

成都分部的创办经费，原拟由上海本校接济，但因京沪一带相继沦陷，上海本校一再迁移，自顾不暇，不可能给予成都分部更多接济。谢校长商得校董会同意，按照"募捐用以建设，经费全赖学费"的原则，向川人广为募集，得四川各界热心人士的支持，张氏兄弟捐地50余亩，康氏兄弟心知、心如、心远三人捐款修建图书馆。经过两年，谢校长奔走于成渝各地，出入宾馆、官宦之门，费尽千辛万苦，"托钵化缘"，功夫不负有心人，终于募集26万余元，全用于学校建设。到1945年，学校共有房屋6 000余间，图书27 000余册及各类仪器设备，足够1 700余名学生、30多家教职工之用。在校门口，谢霖副校长亲手栽了一株"V"字形的铁甲松（现在迁移到财大教学楼背后花坛中）。他将其称为兄妹铁树，意味着男女同学要视如手足，同时"V"字也象征着抗战胜利。

如今，五十多年过去了，几度风雨，几度春秋，这棵铁甲松依然挺拔俊秀。铁甲松树枝上的年轮圈，记录了光华大学成都分部数十年的风风雨雨和走过的坎坷历程，也记录了谢校长为成都分校的创建所付出的艰辛。

经过谢校长的日夜操劳，呕心沥血，不到两年，一幢幢教学楼，一间间师生宿舍，一条条林荫小道，一丛丛花圃、草坪，鳞次栉比，在草堂以西建成。浣花溪的潺潺流水，绿杨田庄的柳絮，六三别墅前的小桥，那爬满康斋坪上的蔓萝，秋天的木蓉，春天的七里香……这些仍让我们留恋、追忆。

如今，西南财大在它原有的土地上建起了高楼大厦，校园占地面积扩大，建筑面增大，过去的茅屋荡然无存，再也找不回旧时的痕迹，唯一令人感叹的是那株铁甲松仍然挺拔，它唤起了我们不少温馨的回忆和感慨。

谢校长亲手缔造的光华大学成都分部，如今已发展演变为西南财经大学，它将继续为我国高等教育贡献力量，为振兴中华教育出更多的有用人才。

谢校长有知，当为此而含笑九泉！

摘自《情系光华》，有改动。

光华村好梦重温

■ 高岭

（一）

从成都新西门外的青羊宫及草堂祠走过去，苏坡桥还不到，中间有一块被新开辟的土地——光华村，也就是光华大学成都分部。大门前挂着一块高大而庄严的横匾，写着"出为圭璋"。这意味着从里面出来的同学，必为社会的栋梁。谢校长在每次出席毕业典礼时，总以此四字相勉励。

（二）

门口的报馆、小茶馆、小饭馆、小酒馆如雨后春笋般开出来，记得有一家名为"新媳妇店"的，内有一小姑娘，生得甚清秀，口齿甚伶俐，特别喜欢说话。因为待人和气，所以营业甚佳，由一小摊起家，不但开了饭馆，而且她结婚的时候，很是花费了一点钱。因此有同学开她玩笑，你真是靠大家替你结婚凑份子钱。

（三）

男生宿舍名"鸣斋"，女生宿舍名"绩斋"，两面相对。有一对情侣都住在靠路旁的房间，早晨开窗就可以看到，因此不必叫工友投书信，可以用各种记号表示去吃饭或上课。

（四）

中学部与大学部挨在一起，故有一些大学部同学改变战略，各种集会都会请中学部参加。但中学部男同学不甘示弱，采取不合作主义，声明无论男女同学一律不参加大学部集会，以致有一时期双方弄僵。

（五）

同学们丢失的东西很多，因此在墙壁上到处可以看到失物招领的条子，索酬者不一列，有高至西点十打，有低至花生米一包，最普通者大致西点半打。合作社最希望这种交易每日不断增多。

（六）

考试的规则较严，吓到了一部分新同学。一间教室内站了六七个监考员，墙上斗大的白布写字，"凡有犯规经查获者，试卷作废并记过"，出试场的时候，真不窜出了一阵冷汗。

（七）

师生合作的精神，倒是值得称道的。导师制度实行得相当有成效，同学们有困难的时候总是先请导师解决。每学期结束时，同学们照例为答谢导师起见，招待便饭。导师因为不好意思，也间接招待，这可便宜了同学！但也有茶点招待的。

摘自《光华大学与成都十年》，有改动。

抗战时期光华村饮食摊印象

■ 唐振常
1941届校友

本题"摊"后，应加一个"店"字，有的本为店，有的则由摊而发展成店。学校周围，向来是饮食摊店集中之地，由来已久，南北无异。其规模之大小，饮食业之盛微，从来的区别，只在于学校所在地为郊区或市区而定。其在郊区者，四围空旷，大有发展，饮食摊店必多，业必盛；市区则少发展的余地，必反之。但是，即使在市区，如其地非繁华之处，仍多空旷，必有发展的条件。学校周围的小店小摊，亦有锐意经营、创造了美食美菜得享盛名者。

抗战时期，光华大学及光华中学迁往成都，在新西门外购置大片土地修建校舍，当地因此名为"光华村"。光华中学迥异于成都其他各中学者，其学生思想自由，不受军训、不穿成都所有中学的规定制服、不戴军帽、不打绑腿、不剃光头（这是蒋介石入川后制定的政策）。有鉴于此，我放弃了已有的高中一年学业，于1939年暑期进入光华中学读高中二年级直至毕业，前后共在光华村居住两年。

光华村起初渐有饮食摊店，后愈聚愈多，布满校门以外，连成一片。光华大学以商科著名，副校长谢霖先生为会计学界的元老，学生读商科者众多。学生多富家子弟，川籍学生多来自自流井富庶的盐商家庭，外地学生多来自江浙和上海，他们都养丰处厚，难怪附近饮食摊店成片了。光华中学虽附属于大学，但以其学生刻苦用功受到重视，成都人讲到光华村，往往视光华中学为异军之突起。在吃的方面，光华中学学生实沾了大学的光。饮食摊店有饭馆，有小吃店，光华中学学生大体只能到小吃店吃面食，而光华大学学生之席丰履厚者，则不只常吃饭馆，还有在饭馆长期包饭的。其个别人，甚至于在光华村自开饭馆，践行商科之实际了。小吃店品种极多，各种面条、抄手（馄饨）、水饺、宁波年糕，不一而足。

清晨，如果睡过了头，食堂早饭时间已过，去摊上随便吃点什么，都是佳食，方便之至。物价虽不断上涨，小吃仍极便宜，穷学生也可负担。

我至今还念念不忘一种称为白油燃面的面条。白油，是四川人烧菜用的猪油。燃面的做法，类似于上海的葱油拌面。面煮熟后，放进碗里，加盐，绝不能用酱油，葱花只少许，以热的熟猪油倒在面条上，关键在于不断用筷子搅拌，异香扑鼻，撒入冬菜末、榨菜末，无辣，食之犹有热气，其味美极，不知何人所创，四川本地面食中似无此味。夜晚，下了自修课之后，同学数人相偕去吃一碗燃面是极大享受。自离光华村，没有吃过白油燃面了。

摘自《光华大学与成都十年》，有改动。

光华情缘，我一生的牵绊

■ 刘修瑜

1945级校友

结缘光华

我与上海光华大学成都分部（以下简称"光华大学"）以及后来衍生的成华大学、四川财经学院、成都大学（20世纪60年代曾用名）、西南财经大学的缘分，就像有一只看不见的手在暗中支配。每当将断未断的时候，它就会来捻转拨弄一下，让它们结牢，最后"结缘终生"。

1937年抗日战争全面爆发后，国民党军在华北、淞沪、华中等地节节败退，引起了这些地区的高校向大后方迁移避难的浪潮[1]。1938年春由谢霖副校长主持建立的上海光华大学成都分部在成都市王家坝街（现四川省政府办公厅附近）一座长久无人居住的四合院内开始招生行课。堂兄修炳与一个由上海逃难来蓉的亲戚考入光华大学附中读高中，那时我是小学生。初夏一天午后，堂兄带我前去王家坝观看光华大学的文艺晚

---

[1]抗日战争全面爆发前，全国共有专科以上学校108所，主要分布在东部沿海地区。其中，分布在京、津、沪三地即有46所，占总数的42.59%，学生占总学生数的2/3以上。抗战爆发后，东部沿海沿江地区首当其冲，平津、沪、宁相继陷落。为了高等教育事业的延续发展，这些地区的高校纷纷内迁，战时中国出现了史无前例的高校大迁移。

会——"六三校庆"。我能参加,实属偶然。这是我与光华大学的第一次接触。

1939年春日本飞机开始来成都轰炸[1],最初由于日机不能夜航,只要上午日机不来,下午学校还可以上课。很快,日机就发展为可以日夜相继连续轰炸,导致学校无法上课。成都各级学校纷纷迁到成都远郊或附近县镇,借破旧的古庙为临时校舍,一片慌乱。唯光华大学,由于谢霖副校长募捐新建的校舍主体工程已完工,很轻松地将师生和家属都一并迁入西郊新址,同学们可以安静地上课读书了。我所读书的中学,恰恰迁到距光华大学新校址不远的机投桥——潮音寺,这样我又有幸提前到光华大学的新址参观,这

是第二个偶然机遇。

我高中毕业是在冬季,当时多数大学都只有秋季才招生,而光华大学则是春、秋二季招生。加之当时社会对妇女参加工作有很严重的"性别歧视"。"白领阶层"中除了医护人员和幼、小教师队伍中女性多,银行职员算是其次。这样,我报考了光华大学的银行系。

1945年春天,我考入光华大学成都分部商学院银行系学习,学制是四年。当时大学实行"学分制",不像现在按专业、年级分班上课。一年级时商学院三个专业的一般基础课完全相同,同一门课选用教材一致,开个人小班,由学生自己选择。我与同届入学的工商管理系同学雷起荃有多门课程选在同一个小班上课,按学号编定的座位又较接近,使我们有较多接触,且我们对文史类书籍特别是翻译的世界文学名著都有很大兴趣,交流也有共同语言,这样逐渐走近。毕业后,我们于1949年冬结婚,育有子女三人。起荃毕业后,因早有当教师的夙愿,先在中等专科学校觅到兼

---

[1]抗日战争期间,日军曾对成都进行多次轰炸。从1938年11月起到1944年12月期间,在长达六年的时间里,成都所受轰炸至少21次,造成大量民众伤亡。此处应是刘修瑜老师印象比较深刻的日军轰炸时间。

课教师工作，自成华大学开始发展后，回到母校，担任助教、讲师。1952年，被保送到中国人民大学研究生班学习三年后，他回到已经调整合并成立的四川财经学院教书，直到七十岁退休，居光华园颐养天年。他不仅实现了年轻时许下的"一辈子教书，争取当教授"的夙愿，而且成为享受国务院政府特殊津贴的专家。

1949年春我毕业时，解放战争胜利的前途已经很明确。解放军摧枯拉朽，势如破竹。国民党军则兵败如山倒，所占地盘迅速缩小，川籍银行、公司等企业，纷纷撤回在外地所设分号或办事处等各种机构，人员缩编减员。在这种情况下，银行根本不可能接纳新人。我在一个热心的长辈介绍下，也曾去碰过银行的门，结果当然是碰壁而归。于是我去找谢霖老师，请他介绍

我到私立志成高级商业职业学校（志成高商）去教书，谢霖老师却留我参加他主持的"上海光华大学成都分部结束办事处"的工作（1946年2月1日设立）。我在该处具体负责为成都借读成华大学毕业的学生整理制作卡片，登记所学课程，将其成绩报读上海本校审查合格后，由上海本校颁发毕业证（因为成华大学成立后，成都分部已不复存在，更无发证资格）。同时，针对过去毕业于成都分部以及休学离校未毕业的所有学生，也整理出其在校时学习课程的得分情况资料，以作备查的原始根据。当时，结束办事处的另一项工作为刊印《上海光华大学成都分部十年记》。

1950年我去志成高商任教师。是年冬，正值青年学生参军参干高潮，教室几乎走空，学校董事会也自行消亡。教职工生活无来源，遂向四川川西区教育厅申请接管，教师则由教育厅介绍到专业相近的公立专科学校工作，工龄长的中年教师不愿屈就省会专所给予的助教职称。当时我年轻，又是教育战线上的新兵，去高校当个助教，比在中专教书更利于提高、锻炼自己，很符合我的期望。这样我就愉快地去省会专，开始了我在高校任

教师工作的历程。我原来以为我将在省会专安定下来，短期内不会挪动，但紧接着全国高等院校院系调整工作开始了。

不久，成华大学、省会专、川北大学经济系、华西大学经济系、重庆大学银行保险系、贵州大学经济系等合并为四川财经学院，校址即在成华大学也就是光华旧址，学习内容也立即换了新的。1952年11月初，在华西大学的运动场上，中共四川省川西区党委宣传部部长杜沁源宣读了中央有关全国高等院校院系调整的文件，人群中响起了狂热的欢呼和拍掌声。我和大家一样非常高兴，新的工作、新的学校在向我们招手，它将来的发展前途当然似锦如花。同时我心中也为我和起荃又将一起回到过去读书的地方工作而高兴。

我们就像经过漩涡的流水，几经回荡，也浅尝过"六腊战争"（旧时六月、腊月寒暑假时，教师为找工作而拼搏）的艰辛。如今屈指算来已经过去了六十多年，如果从1945年入校开始计算，则将近七十年了，从我刚刚步入青年时期开始，到现在已经跨越了人生的各个年龄段，几十年中有过欢乐、愉快，也有过彷徨。回首思量，光华园在我一生中占据的重要地位是任何其他地方都不可替代的。现在它已高厦入云，楼房成群，但在我梦中出现的光华园仍旧是平房草房毗连、小桥流水的光华园。

小桥流水绿杨村

光华大学的校园在高等学校中属于"袖珍型"，当时就有"小桥流水、田园风光"的美誉。它完全不能与洋楼毗连的华西坝并列，也不可与锦江河畔歇山式大屋顶的川大校舍比肩。但是"茅屋可傲公卿"，光华大学校舍的建筑材料完全和川西平原农舍建筑的材料相同，就是一些取自自然界的木材、麦草、竹子和只经过简单而原始加工的小砖小瓦。例如，纪念谢霖父亲谢冠五先生的"冠能堂"——学生大食堂，夯土为地坪，麦草为屋顶，中间应属于窗户的空档，则钉上简易的木条为窗棂（农民俗称为"牛肋巴窗"）。但是广大光华师生并不嫌弃它土得掉渣，他们骄傲，因为建校的经费全部来自社会的捐款，表明社会对抗战、对教育事业的支持，他们不羡慕由"庚子赔款"或国家财政拨款的"洋楼"和"宫殿"。

上海光华大学校长张寿镛先生高瞻远瞩，他对抗日战争时间上的持久性和空间上的扩大性很有预见。1937年秋冬之际，他选择了位于大后方，物产丰富、号称"天府之国"中心的成都建立分部，并委任商学院院长谢霖教授负责来川募捐建校，作"一次到位"的长期考虑，避免了以后因战火蔓延而进行的再次或多次迁移的麻烦。

谢霖先生早年从日本留学回国后，曾来成都在时任四川省劝业道周孝怀麾下任科长，与四川成都的政、商、金融等各界的主要人物熟悉，人脉很广。这些人大都富有，在谢霖先生创办成都分部时，有的捐钱、有的捐地，凡有捐助者，则在新建房屋命名时从捐助人名字中摘取一二字刻板悬挂，当作纪念。如行政办公室命名为"富荣堂"，是纪念富顺、荣昌两县商家的善举；"治斋"则用以纪念抗日战争中牺牲的名将张治中将军。

校园面积较小，仅有百亩左右，地形参差，极不规则，位于市区西郊，成都至温江的道路右旁，在道教名刹青羊宫与苏东坡读书处——苏坡桥之间，与杜甫草堂相隔不远，是文化气氛深厚、适宜读书的好地方，当年和草堂之间全系田野，无高楼阻挡，天气晴朗时可闻草堂寺僧人撞钟的声音。春天夜静时侯，有阵阵杜鹃凄苦的啼声传来，令人心悸。

学校大门外有小河半绕，校园分两段，进大门先为大学部，后段为中学部。进大门先入眼的是种植"V"字形双铁树的圆形大花坛，坛后为"富荣堂"。穿过富荣堂中的通道即临旗杆坝（小体育场），坝后另有与大门外小河上同式样的红漆木栏杆桥。桥后依次为中学部教室——"祥熙堂"和中学部男生寝室"治斋"。

富荣堂是大学部的行政办公区,校办公室、教务处、总务处、训导处及学院的办公室都挤在一幢房子内。富荣堂的左右两侧是大学部的三幢教室和图书馆以及大学部男生、女生的寝室。整个校园大小通路两旁种植杨树和剪平树冠的扁柏为行道树,空地皆种花草。春天杨花飘飞,无根无蒂地从窗户侵入教室,沾衣压头令听课者分神。

学校风景最美的地方在家属宿舍区的"六三别墅"和"绿杨田庄"处。一条杨树、槐树夹道的碎石路与从校外引水入校的小河紧紧相并而行。为方便学生大食堂的用水,学校仿照农民以几块木板和两根石条作建材,修造了一个最原始的"水闸",可以随时调整水位高低,同时也形成了一个最小的"瀑布",日夜都有不大的流水声。春天的柳絮,夏天的槐花,借助微风飘浮在天空,出现了行人"柳絮粘鬓,槐花压肩"的趣景,加上流水的潺潺淙淙不绝的配乐声,给人以温馨和轻快的感觉。在月色明朗的夜晚,这里又有另外一番景象,银色的月光透过树冠枝叶间的缝隙洒在路面上,成了许多形状各异的亮块,微风摇动杨树的柔枝,地下的亮块像万花筒一样迅速变幻,这条路是大家最喜欢的散步的地方,也是一条培养友谊、升华感情的最佳道路,有不少的男女同学就是从这里开始,最后走进婚姻殿堂的。

校园的特色中还有一绝,就是利用川西平原田畴密集的水网,将清水引入校园,循回转绕,多次利用后,再以明滴暗涵排出校外。仅"六三别墅"处就从校外的碾滴几次分流,千回百转,绕经各家厨房,给居家生活带来了很多便利,填补了当时没有自来水的空缺,也美化了校园。

摘自《光华大学与成都十年》,有改动。

第二篇　百川归海

20 世纪 50 年代四川财经学院校园全景

20 世纪 50 年代运动场

20 世纪 50 年代运动会

20 世纪 50 年代学生在宿舍自习

1956 年学生先进班优等生颁奖大会

1960 年，学校曾分设四川财经学院
和四川科学技术学院

20 世纪 50 年代学生下乡支农

20 世纪 50 年代四川财经学院毕业生留影

四川财经学院时期课堂教学场景

四川财经学院时期图书馆一角

20 世纪 60 年代的学生实验室

20 世纪 60 年代成都大学时期的教学楼

光華鐵樹

我是彭迪先教授的
一名崇拜者和学生

■ 刘诗白
西南财经大学名誉校长

彭迪先教授是我国著名的马克思主义经济学家，是在我国高等学校传播马克思主义经济学的第一代人，著名社会活动家，中国民主同盟的副主席。在1952年四川财经学院经国家院系调整成立时，彭迪先教授任学校临时院务工作委员会主任。他的青铜塑像今天坐落在柳林校区，接受万千致力于教授、学习财经科学的师生的瞻仰，这是我校的一件大事，也是令我无比高兴和引以为荣的事。

我是彭迪先教授的一名崇拜者和学生，早在中学时就读过彭教授在左派书店——生活书店出版的《新货币学讲话》。他在书中以通俗笔调介绍了马克思资本论中的商品、货币和信用理论，他的著作增长了我对马克思经济学理论的兴趣。1940年左右，我开始了对资本论的学习。当然，一个小青年读《资本论》有许多不懂的地方。1942年我考入武汉大学经济系。

1943年在一次十分庄严的学术报告会上，彭迪先教授做了一场西方经济学说史的发展的讲座。彭教授着重介绍了西方古典经济学流派的产生，以及各种流派的发展，特别介绍了19世纪工人运动的兴起和马克思的伟大学术创造：《资本论》的写作和第一卷的出版。在这次报告会上，我结识了彭迪先先生，我成为他的报告的提问者。此后的两年中，我有机会多次提问。我还记得我向彭教授提出有关马克思再生产理论中第一部类、第二部类间交换公式的问题。我这样多次得到了彭老师的教育。他还送我一套德文版的《资本论》，共三卷，1922年汉堡出版，是十分珍贵的。更为可贵的，是彭老师对我这名学子深深的关切的情谊。

此后，就有了1946年我毕业后为彭教授聘用，任四川大学经济系助教的事；有了此后我参与他的一些研究写作活动的事；有了我随同他1951年到光华（园）、到四川财经学院的事。这是一场历史机遇，它使我有了更多机会向他学习，学习弄懂马克思主义经济理论，学习彭教授对先进理论的追求、不倦的钻研和勤奋的写作，特别是学习他响应党的号召，自觉为党为人民工作不考虑个人得失，历经风雨而无怨无悔的人品。我把这一段个人经历的回忆贡献给今天的典礼，我希望青年一代的老师、同学们更好地向西财的老前辈学习，传承大师精神，继承西财优秀的学术传统和文化遗产。

最后我谨向彭先生三鞠躬。

根据"在彭迪先先生雕像落成仪式上的讲话"录音整理。

大先生陈豹隐（二则）

先生对马克思主义在中国传播的贡献

■ 刘诗白
西南财经大学名誉校长

　　陈豹隐先生是五四运动以来，中国的左派社会活动家、经济学大师、教育家，是西蜀的人杰。他的一生从事了社会革命活动、学术活动，他的生活经历丰富、波澜起伏，是一位富有传奇色彩的人物。他对祖国的贡献是多方面的，我不能对他作全面介绍，仅谈一点：他对马克思主义在中国传播的贡献。

　　20世纪20年代初，陈豹隐就在北京大学从事《资本论》的翻译、介绍和传授工作，主要是介绍劳动价值、剩余价值学说，他是让《资本论》进中国大学讲坛的第一人。1922年，他受聘"北京大学马克思学说研究会"的《资本论》研究组导师，成为《资本论》最早在中国大学的传播者。

　　他翻译的河上肇的《经济学大纲》讲授是马克思主义政治经济学的一本很好的教科书，这部书实际上阐述了《资本论》第一、二、三卷的内容，在国内出版后深受读者欢迎。20世纪三四十年代，许多青年知识分子就是从该书了解到马克思主义的经济学说，而后走上革命道路的。据说该书毛主席读过多遍。另外，我国著名经济学家关梦觉教授在"九一八"事变后流亡北平，开始学习马克思主义，首先接触到的一本书就是陈豹隐翻译的《经济学大纲》。因此，关梦觉称陈豹隐是他的启蒙老师。

陈豹隐的《资本论》是根据考茨基1928年整理出版的书翻译的，被称为国民版，根据德文进行的翻译，参照了日、法、英文版，其主要内容为《资本论》第一卷第一篇中的第一、二、三章。陈豹隐先生精通多国语言，他中学时代就学好了法文，留学日本时学习了德文和日文，他的多种语言功底对这部书的翻译有很大的帮助。《资本论》是马克思主义全新的经济学体系，它有着很多新鲜的范畴，语言非常丰富，有各种文学的生动表述，要确切翻译好这本书，需要很好的文字功底和外文功底。陈豹隐先生翻译的《资本论》于1930年3月，由上海昆仑书店出版。

陈豹隐翻译《资本论》，启动了20世纪30年代翻译《资本论》的工程，之后，好几位进步学者、翻译家参与了其他内容的翻译。1932—1933年，潘冬舟先后翻译了《资本论》第一卷第二至第四篇，定名为《资本论》第一卷二、三分册，成为陈译本的后续部分，由北平东亚书店出版。1934年，商务出版社出版了第一卷第一、二篇，他的翻译者是吴半农，校对者千家驹；1936年出版了玉枢（王思华）和右铭（侯外庐）合译的第一卷中、下册，接替了陈豹隐先生，把《资本论》第一卷翻译完。由于该书是由众家翻译的，内容不一定统一，体例庞杂，因此需要更好的译本。1936年上海一些左派出版社邀请郭大力和王亚南翻译三卷《资本论》，郭大力为翻译这本书住在古庙里，全心全意，从早到晚从事翻译工作，到1938年，《资本论》第二、三卷译完。陈豹隐还是中国马克思主义经济学教材的著作者。《资本论》

要走进大学的教堂，还要编著合适的教材，陈豹隐先生的《经济学讲话》一本书是1933年11月北平好望书店出版的，是陈豹隐先生在北京大学的讲课内容，由几位学生记录整理而成的，里面内容包括价值理论、剩余价值理论和平均利润理论、资本积累论、危机理论等。《经济学讲话》作为教材在讲堂上讲授给法商学院的学生，该书结合了中国社会问题，发表了陈豹隐先生自己的观点。可以这样说，陈豹隐先生是中国编著系统的马克思主义经济学教材的第一人，这是他的重要理论贡献。

长相忆：父爱如山

■ 陈若豹
陈豹隐之女

1952年全国高等院校院系调整，父亲受命任四川财经学院教务长，举家迁往成都，母亲到上海治病，家中由老保姆照料我们的日常生活起居。我已升入初中二年级，学习一如既往，只是自幼嗜爱看书的我愈发喜爱阅读了，一做完功课立即捧起《西游记》或《父与子》。基于儿时听故事的延伸，我在小学时代先是看了许许多多武侠小说，后又热衷于外国童话；及至初中，开始对中外古典名著产生浓厚兴趣，父亲见此状并未阻止，反而带我同往书店挑选了大量该类书籍，回家为我制定读书计划，且每读完一本则要谈心得体会并提出问题，再由他答疑解惑。虽然自幼我便知道父亲是位大教授、大学问家，出版过几十本书，留学日本、俄国，到过欧洲许多国家，通晓日、法、德、俄、英五门外语，但至此方真正悟其学问之高深、知识之渊博，远远超出我的想象，令我敬佩，令我惊叹，更让我感到骄傲：我有位多了不起的父亲啊！

然而父亲自身却是相当谦逊、自律、低调的。记者来访、学生上门求教，他都以恭俭谦和相待，从不居高临下。人们尊称他为"豹老"。他总是拱手笑言：岂敢！岂敢！当我同学偶尔在报纸或书刊上发现了父亲的踪迹，跑来大呼小叫，父亲便严肃地制止，事后我还得挨一顿教训。以他的职位外出可乘坐小车，可他绝不携带家属，我难得请求一次亦不准许。他对己严格要求始终如一，在担任全国政协常委兼四川省政协常委时，因省政协机关离家较近，每次去参加会议他都坚持不乘小车而步行前往，弃年高体病于脑后。1960年父亲在京开会突发高血压住院，要我前去陪伴。当其病情缓和稳定后，政协机关专门派员带我游览北京，且待以贵宾之礼，莫不令人受宠若惊。每天我都兴高采烈、眉飞色舞地向父亲讲述所见所闻，他笑眯眯地听完后说："开眼界长见识固然好，但万万不可滋长骄傲情绪，不能有优越感。要懂得：这是政策，不是搞特殊化。还有，别忘了好好谢谢每天陪伴你的大姐姐哦。"

接近古稀之年时，父亲因病离开了为之倾注毕生心血的讲坛，然而他依旧笔耕不辍，一方面专注学术著作研讨并继续指导学生，另一方面则周转于政协及民主党派的事宜。父亲加入民革时，我为之抄录其个人经历，则对父亲有了进一步深刻的认识和了解，心中涌动着说不尽的仰慕与挚爱，久久不能平静。

父亲嗜烟酒，爱听京戏。他的烟斗满满一抽屉，轮流使用，清洗烟斗则是我们共同的功课与游戏：每日晚餐他必喝二两大曲，高兴时便哼上几句"一马离了呀——西凉啊——界……"。他喜游泳，爱散步。幼时曾听他有声有色讲述在日本畅游大海的情景，住成都光华村时我常跟着父亲去树林边的小河戏水。每日傍晚是他外出散步时刻，遇雨则在院中廊下，且经常唤我同行，映现了父亲在我儿时写的诗句：那时二人同出游，白发红颜真好看。我们家中有好几个大书柜，装满父亲的中外书籍，我的小书柜则可怜巴巴倚在一旁。父亲的书法造诣亦很深厚，常有朋友登门求字。彼时父亲挥毫，我便磨墨持砚展卷，俨然一小书童矣……

摘自《西南财大报》2013 年 5 月 9 日刊登《陈豹隐全集出版发行式暨陈豹隐学术思想研讨会专刊》，有改动。

怀念杨佑之先生

■ 明楷（笔名）

西南财经大学教授文宝瑛每当提起"首尾就烹"这个典故，恩师杨佑之的音容笑貌就犹显眼前——

1941年12月，文宝瑛因其在华西协合大学领导"抗敌宣传第三团及五大学战时服务团之宣传与组织工作"而上了国民党反动势力的"黑名单"，面临杀身之祸。此时，"部聘教授"杨佑之挺身而出，克服万重困难，将文宝瑛妥善隐蔽并择机护送其逃出"天网"。

怀孕的鳝鱼被烹煮时，竭尽全力弓起背部保护幼鳝，佑之老就是这样守护师生的。

杨佑之教授原名德宽，祖籍湖南长沙，1893年生于江苏省南京市，1919年毕业于北京大学商科，历任中国大学、河北大学、四川大学、华西大学、四川财经学院等十余所大专院校讲师、教授、系主任，在50余年的教学生涯中，保护了许多学生，培养了大批高等统计和会计人才。他对会计学的各领域都有精湛的研究、独特的见解、突出的贡献。他一面教学，一面著书，留下了《会计学》《高等会计学》《统计与制图》《高级统计讲义》《工业企业经济活动分析》等十余部重要著作和教材。

杨佑之教授一生勤勉、正直，同情和支持革命，是一位热爱党、热爱人民，具有强烈的爱国主义精神的经济核算与分析专家。

1919 年，震撼中国大地的五四运动爆发时，杨佑之正就读于北京大学商科。当时，北京大学商科由中国经济学泰斗马寅初主持。马老旗帜鲜明地支持学生参加五四运动，带动和教育了包括杨佑之在内的许多学生。杨佑之后来回忆：五四运动，是我从大学毕业走向社会的洗礼，是爱国主义的第一课，从那时候起，我才深深感到自己应该为祖国的繁荣富强尽绵薄之力。

呕心沥血育桃李

1952 年至 1971 年，他在四川财经学院（一度更名为成都大学）先后任会计系、核算经济系、计划经济系、会计统计系系主任。

新中国成立后，他努力学习马列主义、毛泽东思想，撰写了《高等会计》《成本会计》《会计报告分析》等教材和十多篇论文。1964 年，他年逾古稀，仍孜孜不倦地书写《现代资产阶级会计学说批判》一书。杨佑之教授有扎实的经济理论基础，在会计和统计学方面是全才。他开过统计会计学、经济学原理、国际公法、国际商法、成本会计差额分析等课程。在教学中，他特别注意启发学生独立思考，发表自己的见解。课后，他认真批阅学生作业，逐题检查，有谬误之处他都用工整的楷体字批点，既指出出现错误的原因，又有鼓励改进之意，处处体现出一丝不苟的作风。对学生毕业论文既要求严格更指导有方。他上课十分重视语言的准确、生动，许多枯燥无味的教材，经他出神入化的讲解，变得兴味盎然、妙趣横生。他的一些年过古稀的学生还记得他讲课的情景，都说杨老师讲课，具有一种强烈的艺术魅力。

长期以来，他作为系主任担负着相当繁重的教学行政工作。他事必躬亲，事无巨细，经常带领师生下厂实习和调查研究。重庆的炎夏，上坡下坎，汗流浃背，他不辞劳苦；成都的隆冬，朔风冷雨，溽湿衣衫，他不畏寒冷。哪里有教学实习点，他就到哪里去。1966年夏天，"文革"爆发，大字报铺天盖地朝他袭来，可是他心中仍牵挂着教学实习，步行到远郊工厂去了解情况。一位七旬老人如此热心于党的教育事业，鼓励学生深入实际以培养德才兼备的人才，使工厂的干部们都深为感动。

在会计学、统计学的教学或实践中，他都贯穿了独特的学术思想。在会计借贷原理中，他主张客观主义，以科目作为借贷的主体，交易中科目是收作为它的借方，科目是付作为它的贷方。实践证明，他的这些理论是正确的。

磨难虽多心无瑕

早在20世纪30年代，杨佑之教授就认为：统计与会计应该结合在一起，成为帮助和指导生产经营管理的决定性环节。中国要成为先进的工业化国家，就必须在统计与会计上下大的功夫，使管理科学建立在坚实的理论基础上。今天，重温此论，更感其真知灼见，有很高的预见性和现实意义。

"文革"期间，面对严酷的考验，他没有动摇对党的坚强信念，情绪还很乐观。七十多岁高龄的他，拉架子车、做杂役、种菜、扫地，毫无怨言。让他到食堂当炊事员，他满腔热情为就餐人员服务，买菜卖饭，嘴勤腿勤，算账极快，态度可亲，所以就餐人员总是喜欢排在他的窗口买饭。

1970年，经查明他已患胃癌、动脉硬化、心脏病等多种疾病，但仍要求他去"军垦农场"。在家人请求之下，方允许在校劳动。他的儿女在湘、桂、宁等省，无法照顾他，加之治疗不及时，病情急剧恶化。1971年初他卧床不起，仍对夫人讲："我致力于教学50多年，对教育工作有一定贡献……我想等组织作个结论，说清楚……"

　　等待组织结论成为他的最大心愿。1971年9月10日的深夜，杨佑之教授不幸逝世！1977年四川财经学院隆重地举行了追悼大会，为杨佑之教授平反，恢复名誉。我国著名的杜甫研究专家刘开杨教授奋笔为他写下了挽联：

　　桃李门前公植育

　　松梅江上我愁思

摘自《光华日月五十春》，有改动。

跨过冰山雪地，
为了建设新西藏

■ 苏德山
1952级校友

（20世纪50年代学校图书馆）

　　亲爱的母校！四年的大学生活，您教育和培养了我，使我成长了起来，使我懂得了生活、工作，懂得了为人民服务的道理。这些怎能叫我不回忆呢！亲爱的母校，感谢您！您所派到西藏的第一个儿子向您做第一次的汇报，并请您继续教导。

　　1956年十月初，我们离开兰州后，就开始了一个艰苦的长途行军，汽车走了一天、两天、三天……我们也记不清到底走了多少天。在路上见到的只有冰和雪，最冷的地方达到了零下33度。我们每天早上四、五点钟起床，晚上七、八点钟才休息。不少同志生病了。组织上派我担任队长，为了使同志们忘掉病、饿和冷的痛苦，我们在车上展开了各种活动，唱歌、碰球、讲故事……大家忘记了是在海拔几千尺的冰天雪地中旅行。可是空气的稀薄和缺水，使我们的活动受到了限制。当我们过昆仑山和唐古拉山时，就是坐在车上也喘气，我们就在唐古拉山下住了两天。晚上，在接近我们出气的被窝面上结了冰，我们高兴得笑起来，因为这是不要钱的冰淇淋。

当我们倒下睡时，感到呼吸困难了，就赶快爬起来坐一会儿，一晚上要爬起好几次。真像草堂寺庙的和尚打坐呢！我们没有叫苦，大家都坚持过来了。

现在我被分配在地质局计划科，担任地质和基本建设两方面的统计工作。地质方面的知识一点也不懂，怎么办？唯一的办法就是努力学。这里和我一道来的同学有很多，我们亲如兄弟，其中有重庆大学的、中南矿质学院的、东北地质学院的、北京地质学院的，但只有我一个是母校独生子，其他学校都有四五人到七八人之多，因此我就多发挥点主动性。大家都还愿意与我接近，某些问题缺少不了我呢。这些首先建立在同志的互助上，他帮我学习地质知识，我就帮他学习俄文（专修科的没学过俄文）。所以，我有充分的信心来搞好这项工作，为建设新西藏贡献出自己的一份力量。

亲爱的母校，离开了您，我时常在想念您，想念在校的领导、老师、职工和同学们，想念我熟悉的校园。等到休假期时，我一定会回娘家来访您。那时候母校一定长得更加美丽和健壮，当您的儿子回家时认不得的时候，请别见怪。

摘自《四川财经学院》校刊1957年4月30日，有改动。

50年代的大学：
最难忘却是学风

■ 赵国良
1955级校友

　　1955年，我考进四川财经学院工业经济系。1959年毕业留校教书至今。求学光华园，执教光华园，这里的一草一木，都令人触景生情。每当陪同班校友重游草堂时，我总忍不住要指着从光华村到青羊宫那两旁的梧桐说："还记得吗？这是我们班负责栽种的！"

　　然而，最难忘却的，还是那些依然健在和已经逝世的恩师们的教诲，是当年浸润在大学生中的那种求知渴望和刻苦钻研的学风。曾记得，还是在大学一年级下学期，老师教我们一种新的学习方法——"两本笔记法"，要我们不做笔记的奴隶，上课集中精力听讲，着重领会每章每节的精神实质，全力捕捉、领会老师的思路……因此，要准备第一本笔记，在这本笔记上速记速画，即画上各种"？""！"和"√"符号等，不追求字迹工整，只要自己能看懂就行。下课后，到图书馆复习，手边要有三种资料，即教科书、上课笔记和老师在课堂上布置的"必读参考书"，然后对每个问题认真思考，如果没有转化为"自己的东西"，那就还要自己去翻阅别的参考书，直到真正弄懂，才清楚工整、合乎逻辑地写在第二本笔记上。我们不少同学照实做了，真正体会到这样拥有的第二本笔记，比高深莫测的教科书还宝贵——应付考试绰绰有余，而且长时间能成为自己的知识！以至班上有位同学，丢了教科书不急，但丢了这"第二本笔记"，竟然哭起来。这"法宝"是任何钱也买不到的呀！我至今忘不掉这个方法，因为在这方法背后，凝结着50年代大学生那种刻苦研究的学风。我现在也把这方法教给了亦如我当年一样正在求学的年轻朋友们。

　　学生的学风，是教师的教风培育出来的。我至今还不能忘却，一次口试（当时几乎科科都口试）完后，我们几位同学被请到老师的家中做客。受了一通表扬后，老师赠给我们一份书单，说是要我们"更上一层楼"，更多学一点知识。我们几乎全傻眼了！因为学生借书证最多只能借三本书，怎能同时借这么多书呢？细心的老师早看出来了，于是拿出教师借书证给我们。对于我们这些年轻的大学生，接过的何止是教师借书证，永远铭刻在我们心中的，是老师们的苦心、期望和重托。

　　回顾50年代的大学生活，也许会说我们当时掌握的知识结构，较之今天活跃的光华园，太单纯了。然而，历史永远不会否定那种良好的学风。那种曾经在50年代的光华园盛行的学风。

摘自《西南财大报》1992年10月4日，有改动。

随记劳动二三事

■ 袁文平
1955级校友

（植树造林）

　　我们是四川财经学院建校后的第三个年头进校读书的。各种体力劳动是当时读书期间日常生活的重要组成部分。搞清洁、植树、修游泳池、参加夏收夏种、除"四害"、大炼钢铁、修灌溉渠道、深翻耕地等，项目很多。参加这些劳动，既辛苦，也有乐趣。略记一二，以资纪念。

寝室卫生

我们在校读书的头两年，住学生五宿舍。当时的五舍是一排平房，有十几个寝室，草顶、砖墙、玻璃窗、木地板。大家开玩笑说："这个房子是穿雨服，戴瓜皮帽。"房门前整齐规则的水沟中有都江堰放下来的岷江水缓缓流过。与水沟平行的是一块宽敞的平坝和一条平直的大道。每个房间内五个高低铺，可住10人，全室成员每天轮流当值日生，扫地、抹桌子、搞房间卫生。周末大扫除，整个宿舍每个寝室的成员齐动手，对寝室门窗、桌椅、地板进行彻底清扫。劳动时，大家分工合作，忙忙碌碌，谈笑风生，嘻嘻哈哈，用现在时髦的话说："那真是一条靓丽的风景线。"当时住的房屋和现在的学生宿舍相比，虽然显得很简陋，但是由于大家齐动手，清洁卫生搞得好，室内室外清洁整齐，窗明几净，书卷当前，生活其间，使人颇感心旷神怡，觉得这真是读书的好地方。

沿途植树

我们在读期间，在"植树造林，绿化祖国"的号召下，在全国植树节前后，全校同学总动员，利用课余时间，在校内的主要干道、在校门外开始直到青羊宫的沿途两边，植下梧桐树。当时栽树的工具就是锄头、十字镐、圆镐。因为树窝要打在路边，这里土地比较板结，地下往往还有不少石头瓦块，所以打窝时大家手上打起茧巴、水泡，简直是家常便饭，于是擦点药水，贴点胶布，又继续上阵了。经过大家的辛勤劳动，校外七里多长的公路两边和校内主要干道，都有我们全校各系这几个年级的大学生亲手植下的梧桐树。四十多年过去了，公路边的梧桐树早已为新树所取代。当年同学们亲手栽下的梧桐树，现在只有校内阳光广场的西边和南边的路旁还有一些。一些老同学毕业离校四十余年后再回到母校时，看见当年亲手栽下的梧桐树，虽然仍旧枝繁叶茂，但确已老态龙钟，于是深有感触：树老了，我们这些植树人更老了！这树是我们在母校留下的仅有的一点纪念！能留下这点纪念，作为我们在光华园生活四年的见证，我们感到非常欣慰！

修游泳池

我们当年自己动手修的游泳池，不是现在我校的游泳池，而是现在隔壁省委党校内那个游泳池（现在已经被填起来新建大楼了）。游泳池修建之前，全校上千学生在校内没地方游泳，到校外就只有跳进浣花溪去游了。当时，那里水很深，路又有点远，既不安全，又不方便。校领导决定，学生劳动建校，自己动手修游泳池。我们用下午没有课的时间，分批轮流上阵，连续干了二三十天，就在一块平地上挖出了大约长50米、宽20米、深1～4米的游泳池的雏形。后来由专业工人在池的底部和四周的墙壁上抹上水泥，贴上瓷砖，游泳池就建成了。我们就开始在自己动手修的游泳池里游泳了！这是我们那一代大学生为学校建设所作的一点贡献，也是当年大学生在母校四年留下的一点纪念。虽然现在这个游泳池早已不存在了，现在的母校也不需要大学生自己动手搞什么建设项目了，但当年大学生自己动手劳动建校的精神将永远留在我们那一代大学生的心里！

摘自《情系光华》，有改动。

一根扁担挑进大学门：
我的五元求学路

■ 刘光明
1961级校友

　　绿树成荫的光华园内，此时处处荡漾着节日的欢乐。作为母校培育出的数万儿女之一的我，心里翻滚着无比喜悦的浪花。

（20世纪60年代学校教学大楼）

我是1961年考入成都大学①工业经济系的，1965年毕业留校工作至今。回眸过去，重忆求学的岁月，感受颇多，四年的大学生活，给我留下了许许多多美好而又难忘的回忆，很多往事还历历在目。

记得我高考那年，正是我国三年困难时期，尤其是我们涪陵地区更是重灾区。当时学校老师教育我们要"一颗红心两种准备"。高考完后，我再无心去过问升学的事，为减轻父母的负担，我已做好回家务农的打算。

一天，我正在地里劳动，乡里一位同志送来一封挂号信，打开一看，原来是成都大学寄来的一份录取通知书，当时我的心情确实是既喜又忧。喜的是十年寒窗，来之不易，终有跨入高等学府的机会；忧的是对于当时这个一贫如洗的家庭，哪有钱供我上大学啊，我怎能忍心再增加含辛茹苦养育我的父母的负担呢。我决定放弃上学的机会。这件事让我二姐知道后，她坚决主张让我上大学，她认为只有多读书才能有知识，有知识才能摆脱贫困。在她的劝说下，父母也只好同意她的意见。于是一家人四处东凑西借，凑齐了我上学的路费。记得上学那天，是母亲和二姐亲自把我送上轮船的，从此，我带着乡亲们的期望和父母、亲友的重托离开了家乡，踏上了求学的旅程。

这是我第一次离开家乡出远门，对于大城市的一切都感到陌生，我在成都北门火车站乘公共汽车到通惠门后，就用跟着我多年的那根楠竹扁担担着那十分简陋的行李来到了一心向往的光华园。一进校门，首先映入眼帘的是那棵至今还依然挺拔的"V"字形光华铁树。校园内垂柳依依，鸟飞蝉鸣，绿树成荫，小桥流水。啊！原来高等学府这么美，真让我这个从山区农村出来的孩子大开眼界。

来到学校后，身上仅剩下五元

①1961年，学校分设四川财经学院与四川科技学院；1961年合并成立成都大学。

钱，正担心怎样去报到。结果学校党组织和老师们对贫困学生十分关怀，报到时没让我交费，而且系上老师通知我享受甲等助学金，每月还发给我2元零花钱，当时我心中特别激动。入学时，冯家禄书记、吴世经主任亲自给我们做专业介绍，同时还让李永禄老师给我们介绍大学学习方法，这些报告我都听得特别专心，当时所记的笔记我仍保存至今。熊亚君老师是我们的班主任老师，她指定我担任团支部组织委员，以后又一直担任班长。她常找我谈心，介绍一些学生工作方法，我在老师的指导和同学们的帮助支持下，尽力把班上各项工作搞好，受到了老师和同学们的好评。

为了不增加父母负担，在上大学期间我还利用星期日和寒暑假去参加一些有偿劳动。记得在校农场挑粪淋菜，劳动一天可挣一元钱。有个暑假我在三砖瓦厂挖、担泥土一个月，虽然手上打了不少血泡，背也晒脱一层皮，但收获不小，得了三十多元钱。当时拿那么多钱，心中特别高兴。在生活上我很简朴，穿的多半是补丁衣服，我在班上针线活还算可以，不但为自己补衣服，还时常为其他同学补衣服、缝被盖。

简陋贫寒的生活境况，不但没有影响我的学习、消磨我的意志，反而激发了我勤奋学习和积极向上的热情，我经常提醒和告诫自己：我一个贫苦农民的儿子，能在高等学府学习，全靠党和人民在养育着我，我绝不能辜负这份真情，只能以自己的优异成绩、优良品质来报答这份养育之恩。在大学期间，我十分珍惜光阴，如饥似渴地学习。除上课之外，多数时间是在图书馆、阅览室或原教学大楼小河边上看书度过的。经过努力，我在大学各科的学习成绩都在四分以上（当时五级记分制）。

四年的大学生活，恩师们不仅让我们掌握了有关的专业知识，更重要的是以他们的言传身教，教育我如何做人。如吴世经教授、冯家禄书记、雷瑶芝教务长等，多次教导我们，一个人必须言行一致，行胜于言，要为人正直、待人诚恳等。恩师们的教诲，对我树立正确的世界观、人生观、价值观产生了重大影响。我毕业留校后从事思想政治工作，多次荣获省、市优秀政工干部和优秀共产党员称号。我能有这些进步，能取得一点成绩，这都是与党组织的培养、恩师的教诲、同志们的支持帮助分不开的。

在此，我要特别感谢那些依然健在和已去世的恩师们。千言万语汇成一句话：感谢恩师的教诲，祝母校更加繁荣昌盛。

摘自《情系光华》，有改动。

雷瑶芝：
一位深受学生爱戴的
女教务长的特别回忆

■ 屈小燕　李岩隆　张虹霞
屈小燕：《西南财大报》原总编辑
李岩隆：2003级校友
张虹霞：2006级校友

1990年初，万县已经退休的会计师杨昆吾来校看望雷瑶芝教授。杨昆吾是会计系61届的毕业生，将近30年没有和爱戴的老师见面了。她一见到雷教授就报出自己的学号，并问："老师，您还记得我吗？"雷老沉吟片刻，说："你是杨昆吾，61届毕业生。"已经白发苍苍的杨昆吾热泪盈眶，激动地说："老师，您还记得我？老师，您真的还记得我？"其实，雷老又何止只记得杨昆吾呢？靠着对教育事业的执着和对学生的关怀爱护，她熟悉每一个教过的学生。

"我热爱教书这个职业"

1942年，年轻的雷瑶芝以总分第一的成绩提前半年毕业于光华大学会计系。当时，她面临两个选择：一是追随恩师谢霖教授从教，月薪470元法币；一是到政府部门效力，月薪1 000元法币。她选择了教书这个职业。

一走上讲台，雷老就以全部的热情和精力投入教学中。1946年，大学毕业仅仅四年，她就以出类拔萃的教学成绩成为学校会计系年轻的副教授。新中国成立以后，新中国的生机与活力感染了她，她的教学热情更炽更浓了，不仅激情饱满地投入到教学工作中，而且还经常深入到学生中去。

1955年，四川省手工业局成立，组织上派雷瑶芝担任副局长，她说："我服从组织安排，但我更愿意教书。"省政府和学校采取折中方案，让她继续教书，同时兼任副局长。除特别重大的会议外，雷老仍然在学校和老师、同学一起学习、生活。雷老热爱教书的信念，即使在"文革"期间，在知识分子尤其是教师被打成"臭老九"的境遇下，也没有丝毫动摇，仍像当初一样炽热。

她说："我相信党决不会放弃教育事业。"正是靠着对党的忠诚，对教育事业的忠诚，她熬过了"文革"十年苦难。1978年，学校复校，雷老重返教坛，以更大的热情投身学校的恢复重建工作，先后任副教务长、教务长，为国家培养了一大批建设急需的高级财经人才。

教务工作十多载，兢兢业业大半生

三尺讲台，挥汗如雨。雷老不仅在讲台上脚踏实地，对待自己的教务工作也毫不含糊。1961年甫上任教务处副处长，她就马不停蹄地狠抓教学质量。当时教务处组织成立了由4位专业扎实的教师组成的教学小组，专门负责到全校各个班听课，认真做笔记，课后及时与讲课教师、听课学生沟通交流，收集学生意见，了解学生是否听懂；回来之后还专门研究，统一意见，教务处及时召集各院系负责人，反馈信息，改进教学，以提高教师教学水平。雷老不遗余力地参加教学小组工作的每个环节，监督指导，躬亲力行。如此的教学活动从1961年一直坚持到1966年停校，在1978年复校后也按照老办法继续进行。雷老强调说："学生追求知识，老师传授知识，但教师不能仅于此，还必须严格要求自己，不断追求进步。学校教学工作抓得很紧，老师要非常尽责地培养学生，并以此为主，使学校有优良的校风学风。"雷瑶芝教授以她一生对教学建设的贡献兑现了她的这句话。学校今日有如此良好的教学秩序，优良的学风，雷瑶芝教授为此付出了艰辛的劳动。

20世纪60年代的成都大学（学校前身）校园芳草茵茵，鸟语花香，环境十分清幽，是同学们学习生活的宝地。深知优良学风对学生成才的积极影响，作为教务长的雷瑶芝教授狠抓学风建设，使对学生的纪律教育形成一种制度，学生逐渐养成了自觉遵守纪律的良好风气，全校学生到课率保持在99.8%以上。对纪律松弛现象采取严格整治措施，违纪等现象很少发生。

雷老近90岁高龄时，回想起当年，记忆虽已有些模糊，但对于半个多世纪前的选择，她说："我从不后悔60多年前的选择，我热爱教书这个职业。"就是凭着这样一种满腔的热情和严谨勤奋的工作态度，雷瑶芝，这位从动荡岁月中坚定地走过来的巾帼，将在西南财经大学汗青史上留下最质朴的名字。

摘自《光华日月：献给西南财经大学建校五十五周年》（内部资料），有改动。

时代催促我们前进

■ 周世廉 曾国安
1956级校友

　　岁岁金秋，今又金秋。2002年的金秋，我们工业经济专业1956级的同学，携手重返46年前就读过的校园，与新老师生校友欢聚一堂，倍感亲切，感慨万千。

　　原四川财经学院工业经济专业是在国家第一个五年计划时期，学校为适应社会主义建设、实现工业化需要而设置的主导专业，旨在为大规模经济建设培养管理人才。我们响应党中央的号召，有幸在这大潮中，从四面八方涌进了当时在西南仅有的财经院校，带着"成为祖国社会主义建设的专家"的美好愿望，开始了四年难忘的校园生活。我们年级有97名学子，80%以上为调干生，有在新中国成立前参加革命的，也有刚脱下军装的解放军、志愿军战士，有在中央和国家机关工作过的干部，更有不少从基层单位来的抱着向科学文化进军的男女青年。手捧录取通知书和共青团的祝贺信走进校园，目睹那远离城市喧嚣的绿树成荫、小溪环绕、花坊锦绣的校园风光，那隐藏在树丛中由砖瓦房和茅草屋建成的图书馆、阅览室、教室和宿舍，还有坐落有序的各类运动场和游泳池，幸福的感觉油然而生，顿感肩负责任的重大。我们立下誓言：游弋书篇的海洋，吸取知识的琼浆，报效祖国工业化事业。

1956 年到1960 年，是我们终生难忘的时期。祖国的革命和建设如火如荼，迅猛向前。向科学文化进军的号召，使人心思进，奋发向上；一系列政治学习对我们世界观、人生观、价值观的树立影响深远。经过历史的沉淀，留下的是对母校美好的记忆和同窗之间深厚的友谊。

四年中，我们学得了宝贵的知识，受到了严格的锻炼，提高了境界，增强了才干。在党中央教育方针指引和校党委的领导下，当时的系领导遵循社会主义建设需要，走群众路线，几经修改，形成了理论与实践相结合、经济与技术相结合的教学计划。它首先反映在课程结构体系上，涉及哲学、党史、政治经济学、俄语、体育等理论基础课，开设

了工业经济、企业管理、国民经济计划、会计、统计、经济活动分析等专业课和专业相关课，还有门类较宽的制图学、冶金学、金相学、机械学、热工学、电力学、工程力学等工业技术课。各门课程都由一批知识渊博、治学严谨的教师授课，如吴世经、王德中、程明鑑、吴岐山、文宝瑛、雷起荃、张彩猷、罗象谷、罗经先、杨声、刘承皓、林书元、高子、杨佑之、税显光、赵桓生、董辰秋，以及当时成都工学院、地质学院的邹鸿涛、汪熹、刘增沛等老师，为我们奠定了深厚且广泛的理论知识基础。

生产劳动和调查研究是教学计划的另一个重要组成部分。温江平原战麦收，牧马山上挖红苕，四道街搬城墙，旗杆坝填操场（旗杆坝是图书馆后面一块升旗集会的低洼操场），汉川修公路，马角坝炼生铁等，汗流满面，日夜奋战，夺红旗、争先进，你追我赶，热火朝天的场面至今难忘。学校组建了校铁工厂，只有简陋的铸、锻、车、铣、刨、磨设备，但在教师和师傅的指导下，制造出电焊机、三轮山犁等农机具，为校办工厂开了先河。重庆、成都的一些大型机械厂是学生常来常往的生产实习基

地。1960 年初，省委要求我校对钢铁"小洋群"和工业"大洋群"问题进行调查研究。任务也压在我们身上，我们立即组织调研小组分赴乐山、香水、万福钢铁厂和成都量具刃具厂等，深入实际，掌握第一手材料，集体讨论，分工合作，很短时间内就取得丰硕成果，仅1960年就在《财经科学》（双月刊）发表论文11 篇，如《自动线发展迅猛，管理工作愈做愈细——重庆标准件厂自动线车间组织管理的研究》《四川钢铁小洋群技术改造的主要经验》《机械工业贯彻洋土结合方针的投资经济效果》《人民公社工业企业管理问题》等。其中，《工业企业小组管理是我国政治经济发展的必然产物》一文被当时经济学术界的权威刊物《经济研究》转载。《财经科学》还为成都量具刃具厂实习小组撰写的《高举毛泽东思想伟大红旗全面加强小组管理》的小册子出了增刊。这些调查研究的成果题材多样，内容丰富，反映实际，具有时代特点。它锻炼了学生的分析能力、写作能力和组织能力，为以后的工作打下了很好的基础。这些成果与工经1954 级、1955级和1957级的先进事迹，都是系总支领导和老师、员工共同努力的结果。1960 年，我校工业经济系被评为全国先进集体，系主任吴世经教授被选为代表出席国务院召开的全国高教群英会，是我校的一大荣誉。

1960 年毕业后，我们各自奔赴国家建设需要的岗位，班里有13 位同学去了黄土高原参与国防工业建设；有2 人去了部队；4人去中国人民大学读研究生；大部分同学在西南各省的企业、各级政府管理部门以及高教战线，其中留校就有11 人。同学们在各自的岗位，辛勤工作，埋头苦干，添砖加瓦，默默奉献。改革开放后，在尊重知识、尊重人才的新形势下，同学们的工作岗位有了很大变化和流动。在"站好最后一班岗"的紧迫感的催促下，大家发挥了更大的积极性，作出了更多的贡献。全班有

80%以上同学担任厂长、矿长、经理、处长等职务，以及获得高级经济师、会计师、工程师、副教授等职称，其中有离休干部7人，厅局级干部7人，在中国人民大学、云南大学、贵州财经学院和母校任教的教授9人，有的通过遴选，担任了博士生导师。他们主编出版了教材、专著40余本，发表论文400余篇，主持国家和省级课题10余项，在实际工作中撰写的工作总结、调查报告、方案、规划、条例、细则等更不计其数。其中，在全国学术团体和省部级政府评选中获得优秀的作品不少，仅获得四川省政府奖的就有20余项，部分论文还被收录于多家国家级出版刊物，包括《人民日报》出版社编辑的《中国当代论文选粹》。时光流逝，岁月无情。我们已先后进入古稀之年，均从岗位上退下来，有的尚在继续完成未竟事业，有的还在继续发挥"余热"。已有10位同学先后去世，有的直接倒在工作岗位上，令人敬佩和怀念。

昔日田园式的、千余学生的、小巧玲珑的校园，而今已是高楼大厦、占地千亩、学生万余人的现代化大学。我们怀念昔日四川财经学院的情景，我们更称颂今日西南财经大学的宏伟成就。它是祖国飞速发展的象征和缩影。祝愿母校取得更加辉煌的成就。

摘自《情系光华》，有改动。

光华园中的初中岁月

■ 刘莎

1969级校友

我的初中岁月是在光华园里度过的。

1969年，时兴"复课闹革命"，中小学开始招生，我们这一群从小学三、四年级就停课"参加""文化大革命"的小孩都到了上中学的年龄，由于堆积了两个年级的学生，普通中学容纳不下，教室紧缺、教师紧缺啊！在这种特定的情况下，成都市实行"穿靴戴帽"的方法：即小学办初中班，称为戴帽子；大学办初中部，就是穿靴子。我们学校子弟原来所在的上游小学（现财大附小）的全体毕业生（两个年级共四个班）加上学校周边几个单位的子弟和周边的农村子弟，全部升学进了"成大中学部"，就是学校"穿靴子"开办的初中部。

从自由散漫的状态突然进入井然有序的中学生活，校园中那些我所熟悉的叔叔阿姨们也突然变成了我的老师，这一切对于我，对于与我一般大的小朋友们，都是那么新鲜和刺激。

要说我们中学部的校园环境，那真是一流。从大环境看，整个学校校园都是我们的活动场所。要说小环境，从上游小学又黑又小的土屋，搬进了学校图书馆高大气派的阅览室，在宽大的教室里有着明亮的大窗户，我们的座位仅占了教室的一隅，周边大量的空地就成了孩子们课余时间玩耍的天堂。我们在教室里跳绳、踢毽、打球，下雨时还在教室里上体育课，甚至做广播体操。

要论我们中学部的师资，更是超一流！如果说小学"戴帽子"有点勉为其难的话，大学"穿靴子"本身就显得有点"荒唐"，让那些大学教授们给我们这些实际只有小学三、四年级文化水平的人上课，就好比是高射炮打蚊子，大材小用了！大学教师们闲着也是闲着，对他们来讲，教点小儿科，总比没有工作好，学校的教师都乐于到中学部来任教。因此，我在初中期间，除了学工、学农和无休无止的政治活动，基本上接受的是"高等"教育。

我的第一任班主任是马列主义教研部的顾清泉老师，她人长得漂亮，脾气极好。当时我妈妈不

在身边，从学习到生活都得到顾老师的很多照顾，我永远怀念她。我的第二任班主任是在学校赫赫有名的数学教研部的倪训芳老师，可以用"化腐朽为神奇"来形容她的教学方法，就是她，把我们这些连"加减乘除"都忘了的小学生带进了数学的殿堂。我的英语老师是刘成章和缪竟闵老师，这二位老师，前者把语法教得丝丝入扣，后者纯正的口语让我们感到学英语是一种享受。当时教我们政治课的，是我父母所在的政治经济系的老师。习惯于在大学讲台上分析资本、价值的张天信老师，他那时候经常手握一本薄薄的小书。我的体育老师是学校人称"胡大汉"的胡祖武老师，与倪训芳老师、刘成章老师一样，他也是我们"七墩房子"的老邻居。

体育教研部的曾广益老师也是我们"七墩房子"的邻居。在中学部时，曾老师是我们二连的连长，基本上属于最高领导，她给我的印象是威风凛凛，严肃有加，大家都有些怕她。我曾经因为一场演出缺席而遭到她严厉的批评。记得是排练"红色娘子军"舞剧，我扮演的角色是"九人刀"里的"一刀"，演出前夕我和姐姐到仁寿籍田军垦农场看父母，恰遇

连绵细雨，因此超期未返。我没能赶回来参加演出，以致经典剧目"红色娘子军"中经典的一幕——"九人刀"，变成了"八人刀"。很显然，我的临阵缺席严重影响了演出质量。回来后我被叫到连长办公室，被曾连长狠狠批评。

除了文化学习和政治活动，中学部里还有频繁的学工、学农、学军活动。我们成立了校办厂，将其作为学工活动的载体和平台。张照禄老师是我们校办厂的行政领导兼技术总监，在他的带领下，我们到成都电池厂去学习，然后在化学实验室里生产出了5号电池。那个时候电池生产还没有制定质量标准，也没有商标专利的概念，我们的电池居然产销两旺。学农活动对于我们来讲，简直太便利了。走出学校校门，围墙之外，就是无边的田野。

我在金沙大队（现金沙遗址公园）收割过小麦和水稻，在草堂大队（现浣花溪公园）栽种过蔬菜，在那片肥沃的土地上耕耘，有苦也有欢乐。我们在体育课时进行军事训练，记得在寒冷的冬日，胡老师指挥我们在操场坝（光华校区阳光广场）匍匐前进，我穿着厚重的棉衣，完全跟不上队伍，无奈之下，我总是喜欢停下来，仰躺在操场上，感受天空中飞机的轰鸣声。几十年过去了，时过境迁。儿子在财大读书时，经常给我说，飞机过时，声音大得连上课都要暂停。是啊，到如今，光华园中唯独不变的，还是那天空中飞机的轰鸣声。

在中学部读书的时候，哥哥姐姐分别下乡到了青神县和宁南县，父母去了军垦农场，13岁的我独自守家，脖子上挂一把钥匙，每个月在光华村的小邮局按时给父母寄生活费，肉票、粮票和饭钱都交到了食堂，白天忙于学校的课程和各种活动，晚上和小伙伴们疯耍，周末晚上也要看坝坝电影，与光华园里大多数孩子一样，过着"少年不识愁滋味"的生活。

此后，上高中、下乡、回城读书、工作，我的大部分生活轨迹偏离了光华园，光华园于我而言，由须臾不可分离的家，变成了心灵的驿站。然而，不管我身在何处，光华园中的往事总像挥之不去的风，萦绕着我，包裹着我。我仿佛明白了，我的一生一世，都不会与她说再见！

　　西南财经大学即将迎来100周年生日，谨以此文向西南财大人致敬，向西南财大致礼！

摘自"学校百年校庆征文"，有改动。

情系川财，最忆当年光华园

■ 李建中
1956级校友

（老校门：四川财经学院校门）

离开母校几十年了，校园生活的情景却历历在目，回味起来，别有一番情趣。我是1956年从工作岗位上考取四川财经学院的。报到那天，我从青羊宫乘老乡的马车来到学校，当时这段公路未通公共汽车。

校门口，鲜花簇簇，彩旗招展，"四川财经学院"六个大字特别耀目，门楼上挂着一条横幅：亲爱的新同学，欢迎您！高年级同学热情接待我们，帮我们提行李到宿舍安顿好。下午，党委书记（叶兆麒）、系主任（杨佑之）、副主任（雷瑶芝）等领导又来到宿舍看望我们，师生情、同学爱，感人至深。

我们的校园面积很大，景色十分迷人，一湾清溪绕校门而过，像护城河那样庄严地保卫着校园。校园内古木参天，奇花异草争妍斗艳，一年四季鸟语花香。漫步校园，有一种"林间鸟唤人，曲径花牵衣"的感觉，一派田园风光。校园与草堂寺、青羊宫、百花潭、浣花溪连成一片，是当时有名的西郊风景文化区。

为了培养学生的独立思考能力，学校安排的自由支配时间很多，我们最爱去的地方是图书馆。它坐落在校门正面，分前后两厅，可同时容纳几百人，各种书报应有尽有，除借阅小说须办手续外，其他资料和工具书都是摆在架子上的，取用十分方便，哪里取来，放回哪里，整整齐齐，很少丢失。图书馆内尽管人头攒动，熙熙攘攘，但秩序井然，没有口角争吵，大家各自查找资料，默默地记笔记。关门时，为了保住自己的最佳位置，可以把本子放在桌上，不会丢失。每当我回想起这段生活，心里总是甜滋滋的。美丽的校园，美好的时光，幽雅的环境，纯朴的友谊，构成了当年财院的优良校风。学生是不准谈恋爱的，也很少有人去谈。大家都热爱生活，热爱自己的学业，热爱集体。我们尊敬老师，就像尊敬父母一样，同学像兄弟姐妹般和睦相处，互相关心。现在人们常说"50年代人爱人"，那的确是真的。

学习是紧张的，但课余生活又是丰富多彩的。除了有一般性的文体活动，还有田径队、水球队、拳击队和美术班。我喜欢写写画画，参加了美术班，也是校报通讯员。校内生活充实愉快，校际联欢也多。记得1956年冬天，学校组织我们到川医（今四川大学华西医学院）参加"一二·九"纪念活动，随后又参加了南郊公司举行的"四川青年大联欢"。这些活动实质上是成都地区各高等院校大学生的联谊会，还上了电影里的"新闻简报"。为贯彻勤工俭学方针，培养学生的劳动习惯，学校还经常组织我们到农村积肥送肥，当时省医院、中医学院、水电校、峨影厂等单位纷纷上马搞基建，我们还去帮着搬砖头、挖地基呢！

历史前进了近五十个年头，我们从青年进入老年，一切的一切都变了。1987年我回校参加校庆活动，见校园巨变，昔日平房已不复存在，代之而起的是现代化的教学楼、办公楼、宿舍和新型图书馆。特别是矗立在中央大道上的那座巨型雕塑——青春，雄伟气派，它象征着财大师生奋发向上的精神风貌和刚强挺拔的性格，是一座历史丰碑。感慨之余，写了《悠悠故园情》一文，登在1988年6月10日的校报上。

时代在发展，社会在前进，光华桃李已遍及天下，母校声誉与日俱增，现在一提"西南财大"，没有不翘大拇指的，它以高质量著称，连我们这些即将退出历史舞台的光华学子也被社会看重，老单位提前退休了，又被新单位聘用。

随着市场经济的发展，财经学科愈加重要，我衷心祝愿母校兴旺发达，祝老师们健康长寿，祝同学们前程似锦！

摘自《情系光华》，有改动。

第三篇　万象更新

四川财经学院 1978 级毕业生留影

20 世纪 90 年代校园风光

21 世纪之初的藏书楼

2004 年西南财经大学柳林校区正式启用

2006 年的柳林风貌

20 世纪 80 年代明德楼

20 世纪 80 年代四川财经学院毕业典礼

21 世纪之初的学生实验室

刚刚落成的光华校区体育馆

2007 年学生军训掠影

2008 年 "5·12" 地震后，西财设立灾区爱心学校

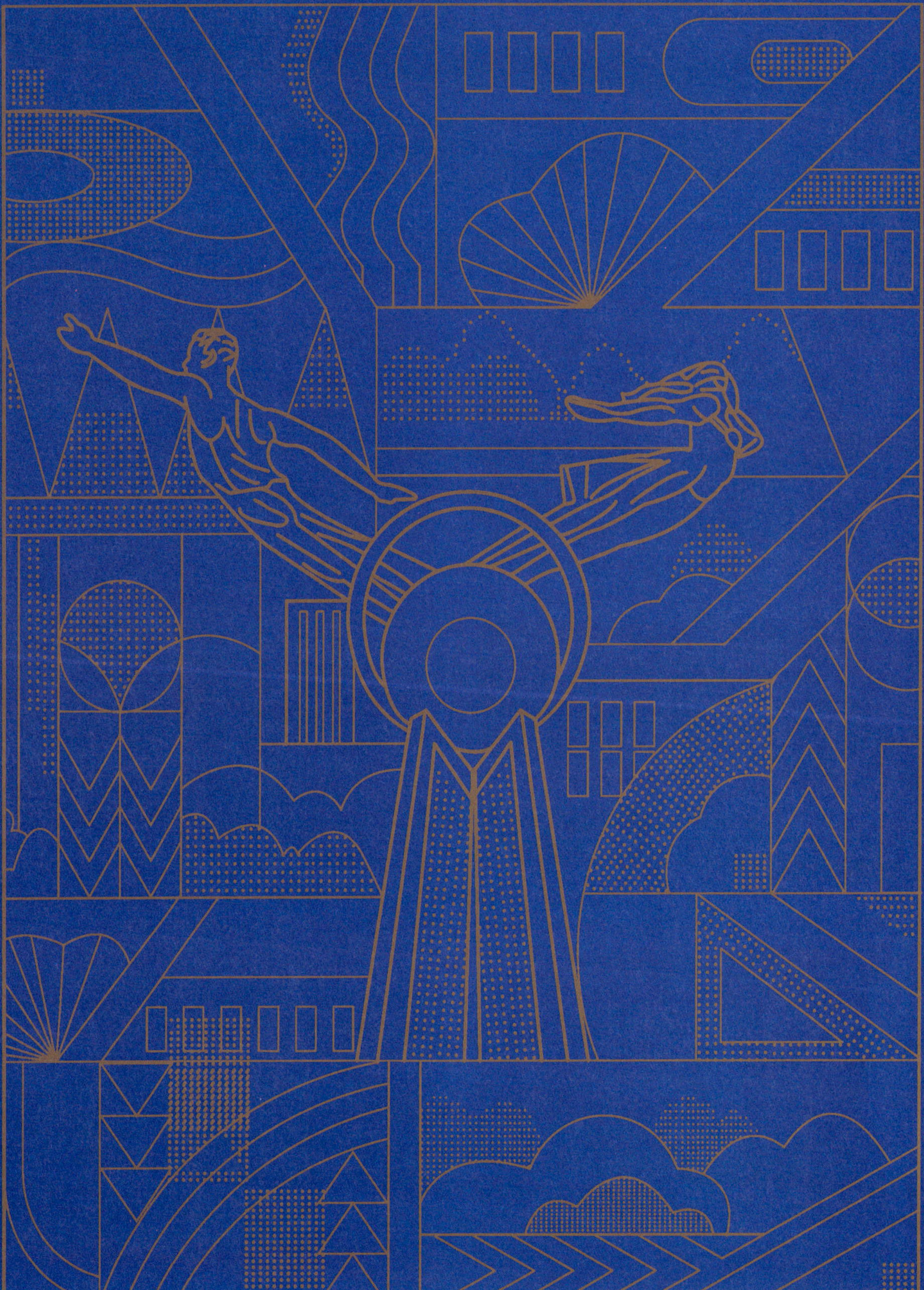

四川财经学院1978年
复校之初的恢复与发展

■ 张 洪
四川财经学院原党委书记、原院长

（1978级全体毕业生合影）

　　1977年，在人类历史长河中只是一瞬间，但在中国的历史上，被诸多评论家称为"一个国家和时代的拐点"。那年的金秋时节，党中央作出了一个令中国人民振奋的决定：恢复高考制度。那场中国历史上规模最为庞大的考试，它所恢复的不单单是参加了那场考试的570万考生的信心与希望，它更直接改变和推动了中国的教育改革和教育发展，成为一个国家得以复兴和兴旺的基本。

　　就在第二年春天，1978年4月，教育部决定"在原成都大学保留的职工和部分校舍的基础上"恢复"四川财经学院"，首届招生356名。党的十一届三中全会的召开，实现了党和国家的工作重心的转移，实行了改革开放政策，社会主义现代化建设事业不断发展。高等财经教育得到新生和发展，四川财经学院也由此进入发展史上的第二次创业阶段。

领导体制之改变

四川财经学院是属于四川省人民政府管理领导的一所综合性高等财经院校。1978年，在恢复四川财经学院的报批酝酿过程中，中国人民银行派政治部副主任王连科同志等来川调查了解有关情况，并会见四川省委主管文教工作的负责同志，洽谈接办四川财经学院事项。后来教育部以（79）教字006号文《关于接交四川财经学院协议书》通知，经国务院批准：同意将四川财经学院改为由中国人民银行和四川省双重领导，以中国人民银行为主。1980年5月15日中国人民银行代表教科局陈力，四川省人民政府代表高教局鲁光共同签订了交接四川财经学院协议书，明确：

自1980年1月1日起，四川省将四川财经学院移交给中国人民银行；四川财经学院的规模定为在校生逐步达到3 000人。

中国人民银行和四川省对四川财经学院领导的具体分工为：中国人民银行负责学院规划、专业设置、招生及毕业分配计划、人员编制、专业师资补充、劳动工资计划、经费、基本建设、外汇，统配、部管物资及进口仪器设备供应；四川省负责学院党政思想政治工作，检查督促党的方针政策的贯彻执行，组织经验交流，基本建设施工和地方物资供应等。

协议书的正文计共11条，记载了交接时的学校状况，指明了学校的发展目标，规定了双重领导的分工和责任，从而激发了教师、干部、职工的办学积极性，对促进学校各方面工作和稳定发展都产生了好的影响。

校舍建设

1978年秋季，四川财经学院恢复招生时，校园面积仅有140亩，房舍21 000余平方米，大部分为职工宿舍，仅有的一幢学生宿舍，还被外单位占用，尚未归还。同时还有一百多户职工及图书馆、医务室等仍在划归另一单位的房舍中居住和办公，有待搬迁。新生上课的教室，是向外单位临时借用的，开学时间推迟到11月。为了学校的发展和教学生活条件的逐步改善，校舍建设就成为复校后一段时间内学校工作的一个重点。

现在看到的校园校舍建成新面貌，可知是克服了多少困难才有今天啊！比如建校不可缺少的总体规划、土地划拨、居民搬迁、项目设计、投资拨款、材料供应、施工划线、执照领取、工程进度、质量检验、甲乙方关系等，每个具体问题的解决不仅有其规定的繁琐程序，而且常常矛盾重重，延误了问题的解决，拖长

了基本建设的施工期。学校担负基本建设工作任务的同志及一些与有关部门有业务往来的同志，跑上跑下，求助各方，可谓不顾个人劳累，忍受难言之苦，夜以继日，顽强奋斗，求得逐个问题的解决。学校的基本建设走过的是一段艰难的路程。

最初制订的总体规划，是按3 000名学生的规模，投资900万元人民币，校园面积160亩（原140亩加新征地20亩），由西南建筑设计院设计的。从着手勘测取得各项必需的数据，到规划完成并制出立体模型，历时年余，于1979年10月学校派人员会同设计单位的同志到北京向人民银行汇报。但是，未等批准，由于情况的变化，这个规划未能实施。省委办公厅于1980年4月23日发出通知，调整了四川财经学院的校园、校舍面积，校园增加到169亩，校舍建筑面积增加到128 714平方米，其中图书馆楼一幢是最适用的。

在此基础之上，学校开启了第二次总体规划。规划时注意了尽量多保留一些适用的原有建筑，以节省国家投资。该总体规划由成都市设计院设计。人民银行科教局主管基建的副局长袁光普同志亲临研究，还在校内广

听教工意见，所以各项建筑的布局比较合理，土地得到较充分的利用，运动场地计划从校园中心移至一个边角地带，使教学生活区域内可以稍稍安静一些，园地尽量扩大，增加课余休息活动场所。按施工进度计划分步拆除的房舍万余平方米，保留使用的近两万平方米。这次制定的总体规划于1980年完成，很快得到了成都市规划局及中国人民银行的认可。

四川财经学院新建校舍大干快上始于1980年。省委书记杜心源经常过问并批示省建委将我校的建设列为重点抢建项目。成都市委第一书记米建书同志亲自召集市属有关部门的负责同志，解决征地划线、居民搬迁等方面问题。省、市领导的关心，对我校加快基本建设进度是有力的促进，也有利于克服施工过程中遇到的许多困难和解决那些难以解决的问题。

校舍建筑的主要项目均由省建十二公司（四川华西集团有限公司第十二建筑工程公司）承包。基建投资、施工场地、设计图纸、主要材料指标等由学校提供。逐项签订合同，共同执行。

学校基建办公室的同志在争取每年的基建投资、多上项目、按时拨款上，在通过各种渠道落实钢材、木材、水泥等主要建筑材料的供应上，在请设计院及时拿出设计图纸上，在征用土地、动员居民搬迁上做了大量工作，克服了种种困难，完成了任务，为学校的基本建设百年大计做出了贡献。

从1978年恢复招生以后，学校一边修建了一批临时房舍，以应每年新增学生、教学、生活的急需，一边积极创造条件争取尽快按总体规划安排施工，终于在1980年6月正式开工了。

1981年春，位于光华村校内及城内柿子巷两处的四幢教工宿舍8 000余平方米建成交付使用。1981年秋季开学前，学生宿舍两幢8 000余平方米、教工宿舍两幢4 000余平方米建成交付使用。1982年8月至1983年9月的一年多时间内，先后竣工交付使用的有学生宿舍3幢、教工宿舍5幢，共22 000余平方米。1983年年初，面积达万余平方米的教学大楼竣工。至此，教学用房的紧张状况才有所缓解。

全校教职工为办好学校而努力

"人心齐，泰山移"。党的十一届三中全会之后，有了党中央正确路线方针的指引和一系列正确政策的贯彻落实，又有中国人民银行及四川省委、成都市委的具体领导，全校气顺了，劲也来了，学校一恢复招生，英雄有了"用武之地"，办学积极性之高涨非同寻常。

学校在政治上同党中央保持一致，认真学习党的十一届三中全会的文件，开展"关于真理标准问题"的讨论，批判"两个凡是"的错误，认真学习《关于建国以来党的若干历史问题的决议》、党的十二大文件、《邓小平文选》《建设有中国特色的社会主义》等，进行坚持四项基本原则、爱国主义和共产主义教育，反对资产阶级自由化等，并且理论联系实际，提高认识。

在学习党中央文件、提高思想认识、清除某些模糊的或错误的认识的基础上，大力落实知识分子政策，尊重教师，发挥教师在提高教学质量、办好学校中的作用。平反了历次政治运动中的冤、假、错案230多起；通过商调或转农村户口为城市户口等办法，基本上解决了教师中夫妻两地分居的问题；此外，在工作安排、住房分配、子女就业等方面也都首先考虑解决教师困难。老师们深明大义，不计较个人得失，在复校之初几年的困难条件下，身居陋室，日夜辛劳，做出了突出的成绩。

在教学工作方面，学校按照"以校内为主，以本科为主"的要求安排使用力量，以"多出人才，出好人才"为目的，认真贯彻教育方针，建立了良好的教学秩序。教学改革取得可喜成绩。科研方面，硕果累累。有上千篇的科研论文发表，成百部的专著、辞书、教材出版，其中四十余项在省内获奖，得到社会上的好评和有关机关领导的重视。

学校的后勤工作走到改革的前列，明确了为教学服务，为科研服务，为师生员工生活服务的思想。他们不怕苦、不怕累，较好地完成了各项任务。食堂同师生生活关联紧密，很得群众好评，多次受到上级机关领导的表扬奖励，是一个先进的集体。

学校其他部门的工作，各有起色，在学校的建设发展上都有自己的贡献。处在知识不断更新的潮流中，图书资料年复一年大量增添，图书馆及资料室人员埋头于各种各类万千图书报刊材料中，整理编目，摘引介绍，为教学科研提供便利条件，他们辛勤劳动，甘当无名战士。负责治安保卫工作的同志们，日夜坚守岗位，在防火防盗上积累了一些经验，维护了学校的安全，不断受到上级公安部门的表扬，也是一个先进集体。负责体育卫生工作在增强师生体质、保障师生健康，贯彻德、智、体、美全面发展方针中，坚持经常，在体育竞赛中，力争上游，一些项目取得较好成绩，为学校争得了荣誉。

学校内各教学行政工作部门、政治工作部门各有自己的岗位责任。教学工作的组织、检查、管理，课余文化活动的开展，学生的招收，毕业生的分配，干部人事劳动工资，文书档案管理，各种关系往来，思想政治工作的保证，上级各项批示的贯彻等，不分巨细，都必须在基层落实。大家团结合作，互为联系，勤恳劳动，做了大量工作，为着一个目标：圆满完成教学工作，多出人才，出好人才，为社会主义现代化建设服务，为把我国建设成为高度文明、高度民主的社会主义国家服务。我校的共产党员、共青团员和各民主党派的成员，根据各自组织要求，在学校的恢复和建设中自觉做好本职工作，结合实际贯彻执行党的路线方针政策，对学校工作任务的完成起了有力的保证和促进作用。

学校停办十二年的后果之一是教师、干部队伍老化。80年代初，校级领导的平均年龄已超过60岁，系处级领导的平均年龄接近50岁，教授、副教授多是70岁以上的老者了。学校坚决贯彻党中央关于实现干部队伍革命化、年轻化、知识化、专业化的方针，有计划、有准备地对校系两级领导班子作了调整。每年接受毕

业分配的本科及研究生，经过协商从外地外单位逐步调进了不少中青年教师，对达到离退休年龄的教职工逐步作了离退休安排，领导班子和教师干部的结构渐趋合理。

1985年11月，学校更名为西南财经大学后，办学规模和教学科研、基本建设等各方面工作又有了较大发展。广大教职工热爱社会主义教育事业，热爱学校，为把学校办成具有中国特色的社会主义一流大学而努力奋斗。

摘自《光华日月：献给西南财经大学建校五十五周年》（内部资料），有改动。

春风又绿光华园

■ 汪孝德
1957级校友

（光华校区北大门一隅）

　　难忘1978年，春风又绿光华园。1977年全国恢复高考，1978年学校重新招生，300多名学子相继进入光华园，他们中的相当部分都是"老三届"，具有"文史地"和"数理化"的全面基础知识。再与大学里的经济学理论巧妙结合，更是扩展了思维、拓宽了视野、提升了能力，为他们参与现代化建设奠定了坚实的基础。实践证明，"1978级"至"1987级"的前10届毕业生及后来者，一直在为中国的社会主义建设、改革开放及人类文明的进步做出贡献。

　　复校后的前10年，学校的一项重要工程是抓基建，光华园俨然成为一片大工地。教职员工和学生在这样的环境中学习、工作和生活，其困难程度不言而喻。对于光华人来说，这是一段困难时期，也是一段艰苦奋斗时期。比如，我的老师刘诗白教授及夫人当时住在"七幢楼"的二楼上，卧室还兼着书房功能；我的老领导许廷星教授也只能蜗居在学校临时打造的平房里开展教学科研工作。光华园的教职工经过多年的艰苦奋斗，取得了令人欣喜的成绩。

西财是名校，名校有名师，名师出高徒。建校以来，学校不断延续名气，涌现了更多的社会名流和民族栋梁。改革开放以来，他们更是意气风发，大显身手，硕果累累，名扬天下。刘诗白教授和许廷星教授是我校名师的杰出代表人物，他们培养的高徒遍布海内外。老师前面走，学生后面跟。沐浴在改革开放的阳光下，学校也已拥有了一批老、中、青相结合的学术队伍，他们在各自的专业领域中时时发出悦耳的声音。为什么西南财经大学在全国范围内能够较早地进入"211"工程？为什么能够成建制地划归教育部？为什么高考招生提档分数线越来越高？这与西南财经大学拥有一支高水平的教师队伍有着很大的关系。复校以来，光华园为国家培养了大批优秀人才，孕育了大量研究成果。改革开放带来了光华园的欣欣向荣。复校初期的一段时间，学校师资紧缺，处于"青黄不接"的状态。为此，学校从毕业生中留下部分优秀的苗子，为学校的进一步发展储备力量，以期他们能够在学校的后续发展中挑重担、接好班。事实证明，当年稚嫩的幼苗已经成为全国叫得响的知名学者，在各自的教学科研领域发挥越来越大的作用。他们中的部分同志不仅教学科研能力强，而且具有较强的管理能力，从事教学科研管理领导工作，即所谓的"双肩挑"。如今，学校还引进了一批海外留学回国学者，他们和国内学者在教学科研领域相互借鉴、共谋发展，推动了学校的快速发展。

摘自《西南财大报》2015年3月12日，有改动。

40载春秋，情系光华

■ 王幼军
1978级校友

　　2018年金秋十月，西南财经大学迎来了复校四十周年。作为西南财经大学1978级学子，我们是学校这段历史的见证者，也是这段历史的参与者和创造者。我是恢复高考制度后，第一届考入四川财经学院（现西南财经大学）的学生。中断了十年的高考制度的恢复，改变了中华民族的前途命运，改变了四川财经学院的前途命运，也改变了我们这一代人的人生轨迹。作为恢复高考制度的受益者，我们是时代洪流的幸运儿。

　　时光荏苒，岁月如梭，我已经在这个承载了自己梦想的校园中度过了四十年。蓦然回首，西南财经大学已经成为我生命中的另一个家和情感归属地。1966年，那时还正在上小学五年级的我，也没有上学了，刚开始还玩得挺开心，可闲久了就闷得慌，自己又不喜欢唱歌跳舞，只有读书是自己可以控制也不依靠外在力量就可以去做的事。我个人比较喜欢读书，就在朋友家或废品收购站找些书来看，另外也找些数学书来自己看，自己练题，看懂了做出题来就异常兴奋、欢欣鼓舞。停课一年多后，1967年10月14日，中央发出复课的通知，但直到1968年年末，全国各地才先后恢复开课。

　　1969年2月，我进入成都市二十五中学读初中。以前的教材都已处理不用，我们开的课程有工业基础、农业基础、时事政治。工人宣传队进驻学校，学生以连、排编制。学生主要是学工、学农，修建学校校舍，到工厂实习，到农村"双抢"（抢收小麦，抢种水稻），学业基本荒废了。

我们属于1970届，在1971年以后就开始陆续下农村，支边去建设兵团。我于1972年1月下到农村，在四川省名山县（现雅安市名山区）城南公社，1972年返回成都市服务公司下属的星火旅馆当了一名浆洗工。

那时候家庭的贵重财产是"三转一响"，即自行车、手表、缝纫机和收音机，而洗衣机连听都没听说过。浆洗工就是用手搓洗被套、床单。三年学徒工，每月工资18.5元，那个时候的一辆"永久"牌自行车要150元左右，除去生活费每月存5元钱，要几年的努力才能买

得上一辆自行车。好几年，我上下班都是步行，舍不得坐公交。早上五六点钟起来，从天黑走到天亮，从成都南门小天南街，走一个多小时，七点半赶到成都东门东大街的单位去上班。那时的梦想就是什么时候能够有一辆自行车就好啦。如果没有高考制度的恢复，也许我就这样平平淡淡度过一生了。

当年高考制度恢复时，在中学工作的大哥突然回家来，很正式地找我谈话说，现在高考制度恢复了，不再是靠推荐上大学，人人平等，都可以去参加高考，你准备一下也去参加高考。听大哥一说，"嗡"地一声，我的大脑一片空白，好一阵儿回不过神来，觉得好像漆黑的天裂开了一条缝，射下阳光刺得我有些睁不开眼，与我的人生轨迹是平行线的大学，怎么会与我有交集呢？我的心"咚咚"直跳，仿佛在我面前竖起了一道不是七八十度而是九十度直上云霄的天梯一般。大哥，你这是要我去登天梯吗？我的血直往头上涌，汗珠直往下流，望着我如父亲般的大哥（在我四岁时，父亲就被调到阿坝州的一个山沟里去守报废工厂了），我憋得说不出一句话。望着大哥远去的背影，我

感到莫名的恐慌：我拿什么去考啊？

拿着大哥带回来的参考资料，我开始了艰苦而又紧张的备考学习。夜以继日，几乎每天晚上都学到两三点钟，头昏了就用冷水浇头，头上顶着一个湿的冷毛巾，真是拿出"头悬梁、锥刺股"的精神来冲刺高考。终于，我等到了改变命运的四川财经学院的录取通知书。

我们又能上大学了，其间付出的努力和心血难以言表。考上大学以后，我就大病了一场，一直服用了半年多的药才逐步缓解。1978年第一届考入四川财经学院的我们这届学子，来自各行各业、各个地区，有成都、重庆和四川省其他各地市州的考生，有16岁的应届高中生，也有三十多岁的往届生，年龄跨度有十多岁。历史的机缘让我们成为同学，坐在一间教室里读书，这是空前绝后的。大家都非常珍惜这来之不易的学习机会，刻苦自觉地学习，也形成了一种风气。清晨，每个人不是在体育锻炼，就是在背外语；晚上，各个教室都坐满了上自习的人。那时教室都是要熄灯的，熄灯后有的同学就在走廊或路灯下看书，在食堂窗口前排队的一点儿时间也要掏出随身携带的外语单词本，口中念念有词，有一点儿小问题都要写在小纸条上去问老师，绝不放过一个疑问。你追我赶，比学赶帮。对于我们这批求知若渴的学生，学校也特别重视，各门功课都安排了最好的老师，老师们也恨不得将毕生所思所学全部教授给学生。没有课本就自编讲义，油印教材。同学们还成立了自学小组，在课外相互讨论学习课堂上的相关知识以及社会热点，老师也加入学生的自学小组。我参加的自学小组的老师是赵国良老师。赵老师随时跟我们讨论相关的知识，一起学习经典著作，与我们分享他的社会调研成果，讨论改革开放的热点，在学习书本知识的基础上，对社会热点及时地加以跟进。我非常珍惜这难得的学习机会，那时每周我只有周日下午休息半天，晚上教室统一熄灯后，又向管理员要来钥匙，延长自习时间。大学四年，那个时候的电影都没有怎么看，几乎是空白。四年期间学校共评了三次"三好学生"，我连续三次获评。在上大四的时候，系主任就找我谈话说，学校安排我留校当老师，我也欣然接受了学校的安排。那时候大家都是服从分配，分到哪里就在哪里干好自己的工作。

1978级毕业生在走向社会以后，大多比较快地成为各行各业的骨干，在各自的工作岗位上做出骄人的成绩，应当说与大家都非常珍惜这来之不易的学习机会，在求学时培养的勤奋精神密不可分。我毕业留校任教，第一学期承担了1979级的毕业实习工作和备课工作，半年后就登上讲台。从1982年留校到2014年退休，32年的教师生涯，我没有缺过一次课，无论天晴还是下雨，我总是要比学生早5至10分钟到教室，从第一次讲课到最后一次讲课，都是做了充分的准备后才站上讲台，从不懈怠。

在留校工作期间，我通过了教育部留学基金委考试公选，获得教育部资助，两次到日本学习。留学期间，除了相关知识的学习，我还积极参与所在院校的科研工作。同时，我也积极参与国际学术和文化交流活动，在日本广岛做了个人专题演讲。

我有幸能在恢复高考后首届考入四川财经学院并留校任教，从助教、讲师、副教授到教授，事业上取得了成就，为我国教育事业做出了自己的贡献，得到了学生的好评，也得到了学校的肯定。工作以来，我先后被评为西南财经大学优秀共产党员、优秀毕业论文指导教师、优秀教师等。没有高考制度的恢复，没有西南财经大学的培养，就没有我的今天。

四十年沧桑巨变，砥砺奋进，铸就辉煌。自1978年复校以来，西南财经大学有蓬勃的发展。祝愿我们敬爱的母校，拥有更辉煌灿烂的未来！

摘自《我的1978》，有改动。

川财复校：我的点滴记忆

■ 艾孙麟
1978级校友

　　金融1978级共64人，除少数是应届高中毕业生外，大多数是下乡知青和下乡知青招工后工作的职工。1978年参加高考共610万人，录取40.2万人，录取率不到7%，当年30岁以上"老三届"，仅此一次"范进中举"的机会。由于高考被录取来之不易，大家对学习机会倍加珍惜。大学生活中的不少往事，至今我还记忆犹新。

复校初期

　　四川财经学院复校之初，由于历史的原因，原校址大部分被占。过去的教学大楼、学生宿舍、学生食堂、体育馆、游泳池、篮球场等都已没有。校园内杂草丛生，满目萧索，一片凄凉。教室是临时搭棚隔成的，相邻教室的学生可以同时听两门甚至三门课的教学内容（教室不隔音）。隔音问题干扰教师讲课、学生听课。吃饭无食堂，只能蹲在露天就餐，一到雨天，同学们只能穿雨靴、胶鞋，头戴草帽或打伞，在泥泞的厨房前排队打饭。学生宿舍不够，学校用牛毛毡临时搭建住房。大雨之后，室内积水，鞋袜漂浮在水面上。室内冬天冷夏天热，蚊虫乱飞、叮人，根本无法看书、写字，上体育课都找不到场所……

记得1978年12月4日开学时，已是冬季，由于温差形成大雾罩校园。每天早上6点，校园内的人行道路上，已有不少同学在跑步锻炼，更多的人已在昏暗的路灯下朗读外语，即便拿书的手被冻红，甚至生了冻疮，清鼻涕直流，仍在口中念念有词……

浓厚的学术与尊师氛围

改革开放初期，许多理论问题亟待探索，人们期盼拨乱反正、正本清源，比如"实践是检验真理的唯一标准"的大讨论，以及专业学术问题讨论。同学们课余时间经常三五成群，在教室、寝室、操场各抒己见，或娓娓道来，慷慨激昂、意气风发，或争得面红耳赤……体现了学子的忧国忧民或憧憬未来的鸿鹄之志。就在这些交流、讨论、争执中，师生们的一篇篇探索之作、创新之作纷纷出炉，见诸各种理论刊物和大报小报，形成了浓厚的学术氛围。

许多已有十多年社会实践经历的老学生对于社会科学感慨良多，特别是对于书本上的一些理论与社会现实不相符的地方，同学们自有一番看法，但大家仍然尊重老师的讲课，不在课堂上与老师为难，而是课后主动与老师交流自己的观点与看法，共同探讨，求同存异。既相互学习，又共同提高，达到了教与学的互动效果。

记得当时每学期各门课程结束时，我们班都要召开"谢师会"。会上，师生共叙各自的收获，尤其是我们学生感谢老师的敬业与付出。甚至对刚毕业才二十出头的体育老师，我们也十分尊重。会议结束时，我们向每位老师恭敬地送上一份薄礼——一支钢笔。

少年大学生

我们这届同学年龄参差不齐，大的30多岁，小的才14岁。记得有位

14岁的小同学，由于年龄差异，课余时间与大龄同学玩不到一块。有一次他与学校职工的小孩一起蹲在地上打玻璃弹子，被他的系党总支书记看见。书记爱怜地摸着他的头，语重心长地教育他好好学习，珍惜光阴。平时，这位小同学叫书记为"爷爷"（书记当时60多岁，乃南下老干部）。

其实，这些少年大学生在"老学生"们勤奋学习的大环境影响下，也都很努力学习。当年这些少年大学生现在发展得都不错，或是大学教授，或是银行行长，或是大学校领导，或是大公司董事长等。

拮据的大学生活

我和我爱人当时都在读大学，虽然带薪学习，但没有了原工作单位的奖金和津贴，每人每月只有32元基本工资，加上两岁多的儿子，一家三口仅靠64元维持生活。小孩体弱多病，每年花在他身上的医药费都不少，加上其他费用，小孩平均每月开支30余元（其中含给母亲带孙子的费用10元）。我们夫妻只剩30余元，人均15元左右，每人每天5角的全部费用开支，生活有多困难可想而知。大学四年，我们未买过一次电影票，未置过一件新衣，穿的大部分都是原单位发的工作服。虽说当时学校有规定，家庭人均收入低于28元的经济困难学生可以申请助学金，但带薪学生不享受此待遇。在大学时，我曾担任过班上的生活委员，每月我都给困难同学发放助学金，但助学金却与我无缘。

如今我已年逾古稀（编者注：2018年撰文时），许多往事已渐渐遗忘，唯有光华园四年大学生活中的点滴记忆难以忘怀。

摘自《我的1978》，有改动。

4年与40年

——我的光华园生活

■ 童频

1978级校友

一封改变命运的通知书

1978年盛夏，天气闷热，我还在生产队干农活，从镇上赶场回来的社员给我带回一封信。这几天我眼皮老跳，冥冥之中总感觉会有事情发生，尽管表面平静。自从参加高考，通知体检以来，内心的期盼从来没有停止过。那是一个当年常用的牛皮纸信封，上面的字是用漂亮正楷毛笔字书写的。我迫不及待地拆开，首先映入眼帘的是一行白居易的诗句："日出江花红胜火，春来江水绿如蓝，能不忆江南？"就像春花秋月，在三伏天给我带来阵阵清凉："某某同志，经研究决定，你被录取为我校统计系1978级学生，请于某年某月到成都西郊光华村四川财经学院报到……"

1977年秋天，在挖红薯收工回来的路上，一个知青朋友来访，带给我恢复高考的消息。这也许是一条理想的出路。我不顾学习荒废、基础薄弱的现状，找来几本复习资料，一边劳动一边学习，不到两个月，我迎来了恢复高考的春季招生。我毫无经验，仓促上阵。这届考生是先填志愿后考试，我出于对文学的酷爱，一口气填写了北大、复旦、川大的中文系。之后，是考试、体检、政审，就没有之后了。随着高考录取进入尾声，这时我接到宜宾师专征求意见，为了解高考政策，我专门去宜宾招生办走访一趟，确认可以参加下次考试后，我谢绝师专好意，复习准备第二年秋天的考试。因为高考制度改革了，1977级和1978级之间，考期只差半年。我脱产几个月恶补数学，硬背历史、地理，如愿又通过了考试，体检，填志愿，政审，令人焦虑的等待。这次比较有经验，一是考试通过后，再填志愿，心中有数；二是按照学校录取分数段，考虑报考学校和专业，不会盲从，也不敢好高骛远。爸爸说，以后搞经济会有前途的。于是结合总分309分的成绩，我报考了四川财经学院统计系，结果被第一志愿录取了。当年高考招生录取平均比例不到7%，1977级和1978级是自1966年大学停招10多年后，从一千多万考生中选拔出来的，他们信奉"书山有路勤为径"的教导，怀揣"天下兴亡舍我其谁"的豪迈，秉持着"咬定青山不放松"的毅力，建功立业在改革开放的舞台上，我也变成万众瞩目的幸运儿，从此我将告别知青生活，去做梦都没想到的大学学习，新的生活已经向我招手。

一个以学校命名的村庄

就像当年西南联大、同济大学分别内迁云南昆明和四川李庄，留下许多故事一样，光华大学迁往四川成都同样带来了不朽的传奇。1938年上海光华大学迁来之前，这里还是一片混沌，为了给学校提供商贸服务，人气逐渐聚集，形成一个叫作"光华村"的地方。随着时代变迁，光华大学成就了光华村。抗战胜利后，母校光华大学在上海经过短暂复校后，就迅速消失在历史时光隧道中，光华村倒是成了光华大学曾经的物证和痕迹。

1978年的光华村，四川财经学院坐北朝南，门前一条终日流淌不息的引水渠，高高的院墙隔断了与外界的联系，要进入学院，首先要经过一座小桥。校园正门口，毛笔草书"四川财经学院"和朱红正楷"中共四川省委党校"牌子分别挂在左右两边大门上。进入大门，首先看见象征胜利的铁树，铁树往东，曲径通幽，经过安静肃穆的图书馆、教学楼，一条柏油马路在树荫下向北延伸，绿草如茵，花香扑鼻。不时有行人匆匆走过，间或遇到自行车一闪而过，留下一阵阵叮当声，古树上蝉声此起彼伏，集体比赛着对秋天的绝唱，好一个读书学习的世外桃源！经过黄楼，到了大礼堂，记得当时是临时作为各系新生报到处，背包挑箱，人头攒动，熙熙攘攘，热闹非凡。匆忙中我找到统计系接待处，办完有关手续，找到黄楼一层宿舍，稍事安顿后，迫不及待去参观校园。我的宿舍北面恰好对着大礼堂，从大礼堂往北，是8个标准篮球场，

再往北，就是法国梧桐树围绕的足球场，足球场向北，水渠环绕、绿树掩映。从教师楼群中过就是校园北门，出北门经过一片农民的菜地，就到了黄田坝峨眉电影制片厂。刚刚改革开放，峨影常常播放观摩片和新电影，为学生紧张的学习生活带来一丝精神补偿。出北门左手不到10分钟，就到了四川银行学校。当年晚饭后，经常有三三两两、成群结队的男女同学，在开满油菜花的田间散步。我更喜欢选个沟边渠旁坐下，在满眼金黄、一片芳香中，一边朗诵着唐诗宋词，一边倾听流水响声，几度，晚风习习送来凉爽，蜜蜂嗡嗡轻轻伴唱。

足球场往东区下来是篮球场。当年，足球场、篮球场是我们的课余活动中心，是青年男女交流的场所，也是大家向往的地方。早上在此晨跑，下午在此打球，晚饭一般端着饭碗，一边吃饭，一边欣赏同学们精彩的赛事，加油声最多的，往往是女生对男生的喝彩。再下来就是洗澡堂，分别对男女同学周一三五、周二四六开放。再接下来是开水房和食堂，财院食堂伙食好名声在外，全国高校曾经在光华园召开过观摩现场会。大众川菜，正宗味美，品种繁多，价廉实

惠，五分钱拌菜和一毛钱的素菜，一毛五分的盐煎肉、咸烧白，还可单独小炒，回想起来至今还能唤醒味蕾，回味无穷。由于我们寝室在通往生活区的必经之路旁，同学们吃饭、打开水、运动，都逃不过我们的眼睛。寝室朝北的窗户，为我们提供了观察这个彩色校园流动着的视频，人间万象尽收眼底。花花世界令人着迷，这也成了本宿舍每天熄灯后的生活必修课，往往大哥哥们声情并茂意犹未尽时，年龄偏小的同学早早就进入梦乡，鼾声如雷。

继续向东南，树荫下的小道通往图书馆，教学区有普通教室、阶梯教室。10多年的荒芜，也掩饰不住光华园曾经的辉煌，学院不奢华，但端庄；不张扬，但安静；不太大，但雅致。一律的黄墙黑瓦，一律的木板铺地，学院规划科学、动静有别、错落有致、安然有序，再加上蜿蜒静谧的林荫小道、纵横交错的潺潺流水，古树参天、鸟语花香，氤氲的空气、青春的倩影，构成一幅幅流动着的美丽的画中画。在本来局促的条件下，突然增加357名学生的学习和生活用度，这给学院在管理上带来极大压力。学校只好一边教学，一边建设，上下铺8人一个宿舍，只能共用盥洗室。到上课时，木地板不少已经腐朽塌陷，师生们稍不小心，就会踩空陷下去。记得一次寒冬上大课，天气太冷，一位同学冻得直跺脚，结果引来一大片的有节奏的跺脚声响，老师只能理解包容地看着大家，课后木楼板踩塌了一大片。教室的紧张引发占座位现象。下午特别是晚上基本上都是安排自习，为了确保有一个相对安静的环境，大部分人选择去教室或者图书馆学习。僧多粥少，不少人上午课程结束，就用书包、文具盒或者一本书占座。因为占座，还引发了不少争执斗殴事件，同时，也为男生讨好女同学创造了机会，或悲伤或喜悦的故事不断上演着。

复校后第一届新生联欢会上，教外语的赖老师的锯琴表演让人印象深刻：一把锯子，由于弯曲的幅度不同，会发出不同的音阶和音符。在老师熟练操作下，琴声铿锵洪亮、旋律抒情悠扬，娓娓道来，余音绕梁，在大礼堂上空飘飘荡荡，经久不息，这以后也成了每年欢迎新生的保留节目，深得历届师生们的喜爱。

一朵开放在心底的栀子花

"黄四娘家花满蹊，千朵万朵压枝低。"这是光华园隔壁邻居杜甫老先生关于繁花似锦的诗句。关于花的故事，我也有一个与大家分享。我喜欢周末，我喜欢没留作业的周末，我喜欢无所事事夏天雨后的周末。星期六下午只要没课的话，家住成都的同学，一般早早骑上自行车回家去了，外地同学有的探亲访友，有的约会谈恋爱，有的进城理发、看电影，一般寝室都会自然减员。一个初夏星期六的晚上，雨淅淅沥沥下个不停，寝室只剩下我一个人。第二天醒来已是早上九点过，我还赖在床上，恬淡、惬意包围着我，思绪发散，正想到南宋诗人陆游"小楼一夜听春雨，深巷明朝卖杏花"的意象，外面安静得出奇，好像掉入无声世界，我甚至都能听见自己怦怦的心跳声。突然一阵阵花香暗暗袭来，时浓时淡，若有若无，清新、恬淡，比水仙更纯粹，比茉莉更馥郁，直达心扉，沁人心脾，有点像大街小巷小姑娘叫卖的黄桷兰，我迫不及待地从上铺跳下来，趿拉着拖鞋冲出房间，嗅着香气寻找起来。

得来全不费工夫，在我们寝室北面窗户下面，沟旁有一排栀子花，在雨后翠绿光洁叶子的簇拥中，一朵栀子花暗自开放，六瓣洁白花瓣上，还带着一颗颗晶莹的露珠。在这支已经开放的花朵四周，还有许许多多大大小小的花蕾相互依靠，含苞

待放。后来在光华园树旁林间，房前屋后，经常看见大片大片的栀子花，从春天到初夏，满园都飘动着栀子花的芳香。她玉洁冰清、幽雅迷人，完全可以竞选为光华园的园花。从此，我爱上了栀子花。

光华园何尝不是一朵开在我心中的栀子花。1978年学校恢复招生，停办10多年，教师流失、学院拆分、残垣断壁、百废待兴，在这个时刻，光华园迎来了复校后的第一批新生。瞬间，人声鼎沸、欢声笑语，当看见我们出现在光华园时，教职员工们含着热泪，奔走相告，热情接待，欢欣鼓舞：我们的学生回来了！我们财院有希望了！他们无不由衷地欢迎我们。是的，我们的老教授，还有几个10年可以等待？我们的光华园，还有几个10年可以荒废？从炊事员、清洁工、辅导员到老教师，在生活上给了我们最大的关照，在学业上给了我们最大的耐心。这种待遇，千载难逢。我想学弟学妹们是不可能遇到，也不可能享受到的。

20世纪50年代初期，大学进行院系调整，四川财经学院集中了西南地区17所院校的财经系科的专家教授，荟萃了我国著名经济学家陈豹隐、谢霖、刘心铨、李孝同、彭迪先等一批著名教授。到1978年我们入校时，刘诗白、吴世经、梅远谋、刘洪康、王叔云、曾康霖等一批教师在此传道授业。进入统计系后，刘心铨教授给我们进行开课讲座。赵东亚、陈汉章、刘修瑜、涂德服、陈志科、庞皓等老师都是教学骨干，统计学权威高成庄任系主任，好脾气的丁萃柏是书记，严厉的伍丕琼是辅导员。到现在，同学们见面还开玩笑说由于伍老师的监管，统计系同窗共读4年，也没有形成一对鸳鸯配。值得一提的是，后来做了校领导的赵东亚老师，是统计1978级的招考官，也是我们的伯乐，他冒着很大的风险，顶住各种压力，公道正义，唯才是举，我们才有进入光华园学习的机会。据统计，我们班相当部分同学家庭出身不好，有近一半同学来自教师家庭。

当时，主要向苏联计划经济模式学习，停课10多年，教材奇缺，除了高等数学、许国璋英语等公共课外，专业教材的讲义基本上是授课老师自己编写，用钢板刻出油印发给同学。一学期下来，由于版本、规格不一，装订保管都不好弄。课外指定可参考的书籍更是寥寥无几。为保证授课需要，曾经有过去学俄语的教师转过来学英语，热炒热卖转教学生，发音总带着弹舌。尽管条件局促，困难重重，但重返讲台的老教师老当益壮、青春焕发、呕心沥血、诲人不倦，来自工厂、田间、军营、学校的新学生，夜以继日、心无旁骛、如饥似渴、勤奋读书，操场上、水渠边、树荫下、道路旁，不管早晚，都能看见或念念有词或默默沉思用功的人

们。一时间，沉寂多时的光华园弦歌再起，生机无限。萧条空寂的教室里书声琅琅，芳华尽显。"经世济民、孜孜以求"是我们的大学精神，努力学习，追回青春，为祖国健康工作30年是我们奋斗的目标。我们是一代有理想、有情怀的青年。4年光华园生活，学校除了给予我们知识财富和学习方法，更赋予我们做人的道德和良知，为我们灵魂升华增添了原动力。其中，最大的机遇是，10余年积累的各路精英在同一平台切磋，有"老三届"、应届生，有带着两个小孩的家长，有刚出校门的青涩小孩，有出口成章、满腹经纶的学长，也有多才多艺的文青，教学相长，是特殊年代给了我们共同学习、迅速成长的契机。"老三届"哥哥姐姐们，阅历丰富，经验老到，他们非常珍惜和虔诚把握难得的读书机会，积极向上、不懈努力，言传身教，默默地影响和带动着大家一道攻坚克难，不断进步。他们的人生态度和经验教训，使得其他同学少走了许多弯路，获得不少捷径，从而得以迅速进步，茁壮成长。后来接触过不少在职硕士、博士，由于没有4年本科平台的正规历练，他们的作品和学术素养，都显得浅薄和碎片

化，由此我更加感谢光华园的系统培养和严格学风。

如今，学校为国家经济建设和社会进步培养出了16万余名各类高级财经专门人才，被誉为"中国金融人才库"。短短4年光华园生活，影响着我过去和将来不止40年的人生！光华园，你是开在我心中永不凋谢的栀子花，那么芬芳、高洁、永恒……

摘自《我的1978》，有改动。

我的1978
——我与经济学院

■ 刘方健
1978级校友

　　皇天不负有心人，在1978年的夏天，我以较为优秀的成绩，如愿以偿地考上了大学。在那个时代，我们出于对知识的渴求大多选择了阅读文学、历史、艺术、音乐、哲学等方面的书籍。我是在1973年学习马克思主义理论的时候，始知有一门专门研究物质资料生产、分配、流通、消费的学问叫政治经济学。1977年《人民日报》发表胡乔木《按客观经济规律办事，加快实现四个现代化》的文章，让我预感到了新的时代将选择以经济建设为中心。当得知1978年4月国家批准恢复的100多所停办的高校中有四川财经学院之时，我已经有了高考的目标和方向，这就是四川财经学院的政治经济学系。

　　1978年8月底，我拿到了四川财经学院的录取通知书。刚踏进四川财经学院的校园，真是又兴奋又失落。兴奋的是校园里绿树成荫，小桥流水，黄楼和苏式小洋楼、精致的茅舍别具一格；失落的是学校离市中心太远了，我从三台的乡村来到成都求学，仍然还是住在乡村，且没有独立的校园。而此时的光华村也仅有供销社、粮店、邮政所和茶铺。从青羊宫到苏坡桥的17路公共汽车晚上八点就收车了。出了送仙桥即是荒郊，黑灯瞎火。我很羡慕入读四川医学院、中医学院、气象学院、西南民院的同学能够经常上街，充分享受现代城市的繁华与文明。好在学校的食堂办得很好，2角5分钱一份的回锅肉、4分钱一两的排骨面几乎让所有同学都感到满意，并且来自省内各地、市、州、县，不同年龄层次，不同行业的同学学习生活在一起，扩大了人际交往，在一个更大的范围、更高的层次进行相互交流、相互学习。

1978年学校复校后，首届招收了357名学生，当时的政经系就有83名，分两个班，是学校第一大系，并且是全校各专业中唯一不打算盘的专业。据说当年招收的学生有一半是作为高校师资来培养的，对此我们曾经颇为自豪，自我感觉要高人一等。最初我们的系主任是何高箸，副系主任是刘诗白、袁文平，党总支书记是王永锡，副书记是邝文庆，后来是王茂修。学习干事是廖才文，生活干事是邹庭芳，资料员是也俊英。1979年何高箸调金融系任主任，刘诗白接任系主任。诗白老师当时正在中国社会科学院经济所编写《政治经济学辞典》，直到大三时才回学校为我们开课。在我们读书期间，为我们开设"政治经济学"课程的是刘昌兴、海宇东，"《资本论》阅读"是王永锡、张天性，"社会主义经济理论"是刘诗白、袁文平、张光照，"经济学说史"是柴泳、吴忠观、杨致恒，"中国经济史"是李运元、钟振，"外国经济史"是侯宗卫，"世界经济"是王有生、刘崇仪等，"经济地理"是张芳笠，"中国经济思想史"是颜巨高，"西方经济学"是从北大聘请的胡代光。此外，工经系的马明宗老师为我们讲授"工业经济学"，农经系的刘华富老师讲授"农业经济学"，财政系的刘邦驰老师讲授"财政学"，统计系的叶辉德老师讲授"统计学"，会计系一位张姓老师讲授"会计学"，讲授哲学的是马列教研室的康才洪老师。这些老师的授课及课后辅导都非常认真、敬业，给我们留下了深刻的印象。我们这批同学也深知读书机会来之不易，因而在学习上也特别刻苦，尤其是大家都有一些生活阅历，能够理论联系实际，展开热烈的讨论。当时系上非常强调理论与实践相结合，大三时系上安排有学年社会实习，大四有毕业实习。袁文平老师曾带队深入重庆钟表厂进行企业改革调研，我和邓全贵、郭启东、伍玉坤四人一组曾经去重庆进行过农工一体化的调研。为了鼓励同学们积极思考与探索，系领导还鼓励并资助同门创办了《学经济》这个理论刊物。这个刊物培养了一大批同学的科学研究能力，还在上大学读书期间，政经1978级就有同学在《经济研究》《红旗》等顶级刊物上发表了文章，老师们皆为之惊叹。与我同寝室的许金生同学评《安娜·卡列尼娜》《约翰·克利斯朵夫》《简爱》三本书的观点在校内外产生了轰动效应，在当时就拥有了无数"粉丝"。

临近毕业，我感觉到自己已经离不开生活了四年的成都，离不开培育我的四川财经学院了。我向李运元老师提出了希望留校跟随他从事中国经济史教学的想法，得到了他的大力支持与鼎力相助。到毕业分配时，我们这一届留校的同学达到了20多人，其中有10余人分配到了马列教研室、金融系、财政系、校办工作，10余人留在了本系。

当我们由学生转变为系上的青年助教之后，系领导为我们创造了继续深造、进一步提高的良好条件。我们这批人大多都曾经被派往国内一流大学进修半年以上。我就被派往厦门大学历史系进修一年，得以较为系统地补习了历史学的课程。返校后，为了帮助我们站稳讲台，老教师一次又一次地听我们试讲并进行点评。为了让我们紧密联系学生，系上特意安排让我们兼任班主任，或带学生深入基层实习，指导学年论文和毕业论文的写作。在我30多年的教学生涯中，除为每个年级的本科生、研究生开设"中国经济史""中国经济思想史"等主干课程之外，还兼任过政经1981级、1988级两个年级的班主任。自1984年开始，我与白云升老师合作，带领政经1985—1989级五个年级同学到都江堰、映秀、卧龙进行经济地理课程教学实习，分别在普格县、名山县、蒲江县、北川县（现北川羌族自治县）进行过每届一个月的毕业实习。我对此的深切体会是：作为一名教师，不能只是将自己的工作局限在授课这个层面，还需要有班主任或指导过学生的社会实习、学年论文、毕业论文的经历，才可能与学生有着广泛的接触、深入的交流与沟通，才可能教书育人，并且对症下药地给予学生真正的帮助。

1993年学校选派我任图书馆馆长，我的工作重心亦随之转移。在工作调动后，作为政经系的一位专业课任课教师，14年来我一直坚持在政经系任教、指导本科生和研究生，时刻关注着政经系的学科建设、人才培养与学术研究。政经系在1998年更名为经济学院。

2007年，学校调我返回经济学院做执行院长，给了我一个鞠躬尽瘁、回报培育我成长的政经系的机会。在任职的六年期间，我尽心尽职尽责地做了几件事情：

一是与海外特聘院长甘犁教授精诚团结，紧密配合，努力推进学院的国际化进程。二是大力引进师资，自2007年以来，学院累计引进海内外博士近30名，除一人解聘外，大多数引进人才已成为各个学科的骨干教师。三是通过2007—2012年长达五年之久的"211"三期工程建设，在各个学科领域产出了一大批具有标志性的学术研究成果，夯实了学科建设的基础。四是通过"汤象龙先生百年诞辰纪念"活动，彰显了汤象龙作为中国经济史学科主要奠基人的学术地位；通过"刘诗白教授从教65周年纪念"，出版10卷本的《刘诗白全集》，彰显了刘诗白对中国社会主义经济学理论的贡献；通过出版《陈豹隐全集》，彰显了陈豹隐对马克思主义经济学传入中国的学术贡献；通过出版《彭迪先全集》《袁文平文集》《杨致恒文集》《张光照文集》《吴忠观文集》《（李运元）柿红阁文集》，彰显了从政经系到经济学院我院教师的学术影响力。

从我1978年踏进四川财经学院那天算起，迄今已40年了，自1982年毕业留校工作，迄今也36年了。回顾这40多年的历史，我的深切体会是：自进入四川财经学院以后，我们见证了她的奋斗、拼搏、繁荣与辉煌，见证了她在始终如一地践行"经世济民、孜孜以求"的精神。我们在这里的学习、工作与生活，不仅在书写我们自己的历史，亦在书写政治经济学系、经济学院、西南财经大学的历史。"江山代有才人出，各领风骚数十年。"在学校的历史长河中，学校、学院是铁打的营盘，我们每个人都是流水的兵。但正是这一代又一代人的薪火传承，才有了历史的延续，才铸就了今日西南财经大学与经济学院的辉煌。

摘自《我的1978》，有改动。

40年前记忆深处的老师们

■ 黄智明
1978级校友

对于每位财院学子来说，光华园里度过的岁月是那么难忘，深植于心底，总是在不经意间浮现脑海。给我们上过课的老师，印象最深的有以下几位：

毛伯林老师，中等个子，微胖的身材，常穿一身中山装，一派儒雅。给我们讲授"会计学原理"课程。他那略带川北口音、不疾不徐的声音，竟把我们预计会枯燥的会计学讲得生动有趣。每逢毛老师出现，课前课后总被学生包围，他总是不紧不慢，仅用简单的一句便使大家茅塞顿开。

当时毛老师是我们第一堂专业课的老师，对我们要求十分严格——每个人的笔记本都要上交，并且他会在每个人的笔记上都做好批注，还经常到寝室给同学辅导功课。他用这种严谨的工作态度把我们引进了神圣的知识殿堂，毛老师不仅注重言教，更注重身教。他备课和讲课都非常认真，从不马虎。每学期开课前，他总要根据不同的教学对象，更新自己的讲稿，做到因材施教。讲课前更是重温讲稿，要把第二天讲的内容在脑子里"过"一遍，看有没有遗漏和不当之处。即使是学生考试成绩登记这类具体的教学事务，他也非常仔细。一般情况下，老师评阅完试卷，将考试成绩登记到学生成绩记录表上就完事了。他却在完成此项工作之后，还要将试卷成绩与学生成绩记录表的记录一一核对，以免发生错漏。正是先生严谨治学的态度和对教育事业的敬畏之心、对学生的热爱之情，博得了我们的赞许和敬佩。

税显光老师是1952年西南军政委员会发文在原私立成华大学基础上组建四川财经学院时，由负责筹建的著名经济学家彭迪先教授亲自点名从川大调到财院的。同时调到财院的还有刘诗白、柴泳、何高箸、高成庄、罗经先、罗象谷和归润章七位先生，其中有五位是彭先生在武汉大学任教时的学生，当时都是四川大学经济学院的年轻讲师和助教。多年以后，他们都成名成家，成为光华园的中流砥柱。

税老师给我们讲授"工业会计学"课程，虽然讲的是枯燥无味的专业课，但引经据典，让刻板沉闷的会计课生动起来，而且他中气十足，讲课时声震屋宇、气势如虹，记忆力惊人，口若悬河地将所引用的资料是哪一个人、哪一个年代，在哪一本书、哪一章节、哪一页甚至第几行都说得清清楚楚。有同学实际认真对照检查，结果竟然分毫不差。他严谨务实的学风让我们佩服得五体投地，他的言传身教也深深地影响了我们，让我们对会计有了浓厚的兴趣。

他讲课的特点是逻辑性强，条理清楚，比如凭证签章，就要讲：为什么凭证要签章，怎样签章，签章后由谁审核，发现签章错误又如何处理等。事无巨细，清清楚楚。我们的笔记不做整理，就是一本教科书和一本会计工作操作指南。最痛苦的也就是他的考试，几百页的一本书，几十页的笔记，不指定考试范围，他的课程是诸多课程中考试成绩不及格人数最多的。

夏轻舫老师在北碚会计学校时就是教授，我们进校后，他负责为我们讲授"工业经济活动分析"课程，使用的是他自编的教材。这也是财院的一大特色，教材都由任课老师负责编写。夏老师上课时将教材往讲台上一放，拿个粉笔头就侃侃而谈，对所讲授的内容滚瓜烂熟，也不用看讲义。

他有一个习惯性动作，就是不时用手指去梳理他的头发。夏老师慢条斯理、不紧不慢地旁征博引，费解的"工业经济活动分析"经他一讲解、梳理，我们茅塞顿开、受益匪浅。

张应平老师是新中国成立初期中国人民大学的研究生，理论和实践经验都是不错的。他家住在桂花巷一个院子里，只有两间房，居处局促。我们交谈多数都是在长顺上街桂花巷口那家名叫"枕流茶社"的茶馆和长顺下街那家名叫"竹园"的茶馆，这两家茶馆曾经是我的课堂，张老师在这里为我和百奎学友讲授了许多知识和做人的道理。我能够到成都大学，也是张老师向成大的周杰普先生推荐的。由于旧城改造，桂花巷张老故居被征占。张老已仙逝多年，我偶尔经过张老故居所在地，竟连"望庐思其人"都不可能了。

王明万和杨智毅老师虽然没有正式给我们上课，但却是和我们相处时间最长的老师。差不多两年时间，无论是"会计学原理""工业会计学"还是"工业经济活动分析"，上课时他们都和我们一起听课，课间在教室、课后在寝室为学生解答问题，在家里给学生批改作业。韩愈说："师者，所以传道受业解惑也。"如果说税显光老师、毛伯林老师和夏轻舫老师是为我们传播道理、教授课业的，那么王明万和杨智毅老师就是为我们解答疑惑的。我们能够顺利完成学业，他们功不可没。

这里尤其要提的是林万祥老师。按照学校规定的培养计划，第四学年学生要写毕业论文。我自拟的论文题目是《论无形损耗与折旧的关系》，林万祥老师是我的论文指导教师。由于各种原因，我的这篇本科论文没写到位，后来也没正式发表。前一段时间偶然发现它的初稿竟保留了下来，甚为珍视。我的论文初稿首页上有林老师的批语——"写得不错，可在理论上进一步阐述"，共十四个字。我知道林老师在这个问题上的看法同学术主流是一致的，我在文章中所持的观点是他不同意的，在基本观点没有改变的前提下，我仍然按他的要求进行了多次修改。时隔久远，林老师对我的其他指导想不起来了，只记得曾到他家中谈过几次话。他住筒子楼（"七栋房子"），居处局促，我们谈话时间不是很长，他所说的与我所想大略相近。现在想来，也是一种有意义的、有价值的指导。论文答辩结束后，我的论文获得了"优秀"。张应平老师后来告诉我，在会上，有个别老师对我的论文有异议，是林万祥老师用充分的理由为我力争的。

　　我离校已经36年了，看到当年离校时的留言仍然感慨不已，"保持联络"短短四字，蕴含着诉不尽的牵挂。千丝万缕的感情默默如流水，流深而愈无息。

摘自《我的1978》，有改动。

我的1978：往事拾遗

■ 武振荣
1978级校友

1978年11月26日那天，我独自骑了一辆"永久"牌自行车拖着简单的行李到光华园报到。校园里的一草一木，一房一瓦，一景一物，虽然都颇有些陌生，但那不就是我梦寐以求的知识殿堂吗！校园内有一条流水潺潺的小溪。小溪的那一边是临时的图书馆，图书馆不大，书籍资料也不太丰富。图书馆旁，还有几间茅屋。小溪的这一边则是我们学习、生活、运动的场所。记忆最深的就是为我们好几届学生都津津乐道的学生宿舍——黄楼，我在黄楼学习生活了近10年。

我们入校时，大家都有一种心愿：要把被耽误的时间争分夺秒地抢回来。在晨曦初露的小路上，随处可见有人在朗读外语；在暮色里的路灯下，也随时可见有人在复习功课；快熄灯了，教室里还座无虚席；熄灯后，在寝室过道甚至是卫生间里，也常常有人在孜孜不倦地学习。

此时此刻，同学们那一幕幕在知识海洋里竞逐的情景、一幅幅在为实现人生梦想而攻书的画面，又浮现在眼前。那是一个对知识如饥似渴的奋进年代，那是一个注定精英辈出的火红年代。

光华园的学习紧张有序，校园生活也充满勃勃生机。课后，同学们或到运动场挥汗如雨，或在校园的小路上漫步小憩。有时候，我和一些同学也会悄悄地溜出校园，到邻近的峨眉电影厂看露天电影。周末学校也会有交谊舞会，只见先行者舞步轻盈，翩翩起舞，挥洒自如，又见初学者步履蹒跚，左手左脚，满头大汗，时不时引起旁观的同学会心一笑。校园生活的奇闻轶事也比比皆是。记得有一次，一位同学在图书馆问管理员有没有"字书"，管理员一时竟丈二和尚摸不着头脑，经过好几番沟通，才弄清楚，原来这位同学是想借小说；记得还有一次，班上一位女同学，借了一辆"凤凰"牌自行车进城看电影，回来后才发现，骑回来的竟然是一辆"雉鸡"牌的自行车，"凤凰变雉鸡"，一时成为笑谈。

那个年代，对于学习财经专业，也许很多人像我一样，没有什么基本的概念；那个年代，也许很多人也像我一样，有一个

文学梦。

学习财经专业，有时候是枯燥的。我曾经借过一本《资本论》来读，什么"1只绵羊=2把斧子"呀，简直就是天书呀。那时也只好把它当成练习普通话朗读的材料了。后来在大学里，通过老师的讲解，我才懂得了这是物物交换的价值分析的逻辑起点，并据此解析价值、相对价值、使用价值、等价关系等等。商品经济关系真是太奇妙了。直到现在，我仍然非常佩服给我们讲授"政治经济学"课程的一位老师，他居然能背诵出许多经典作家的名句，甚至包括其中的逗号、句号，云云。这也成为我们茶余饭后闲聊的话题之一。当然，财经科学也是严谨且逻辑严密的。记得一位同学曾戏谑地称他的会计学教授父亲一辈子只懂四个

字——借方、贷方。然而，"借方、贷方"之间所勾连的千变万化的内在关系，"有借必有贷，借贷必相等"的金科玉律，也无须证明。

难能可贵的是，同学们在学习的过程中经常相互分享学习的心得与感悟，对学习的理论知识进行分小组讨论也是常态，大家都认真准备，争先恐后地发言，有时甚至争得面红耳赤，讨论中充满思想火花的碰撞。特别是1978年那场关于"真理标准"的全国性大讨论，也当然成为我们热烈讨论的理论和实践问题之一。到后来，我居然也喜欢上了财经科学了。这还要感谢曾康霖教授给我们讲授的"货币银行学"课程，他的讲授从货币、信用、银行延伸到金融，从课程的概念、结构到该门课程的体系的融会贯通，不仅使我学到了相关理论与知识，也使我逐步认识到了当代经济的核心是金融经济。

后来，我常常思考的一个问题是：究竟应该选择什么样的专业？如果说学工科的学生学到的更多是"硬功夫"，如学习计算机科学的学生很快就可以编写简单的程序，那么对于学财经的学生来说，培养出的更多的也许是"软实力"，如可以对经济社会发展进行综合判断与分析。其实，"硬功夫"和"软实力"的融合，才是当代人立足社会的基本素质。曾有人称，经济学是社会科学皇冠上的明珠，这也许是一家之言，但也不乏真理的光芒。

1978年，在我人生的旅程中是如此弥足珍贵，难以忘怀。我从一名工厂的车工，重新跨入大学校园，成为一名新时代的大学生；我从机器轰鸣的车间、铁屑飞溅的车床前，来到了鸟语花香、书声琅琅的光华园。这不仅是个人命运的巨大转变，也折射出这个时代开始重新重视知识、重视人才。知识改变命运，时代造就精英。后来的人们提到1977级、1978级的大学生时，常常认为他们是那个时代的精英。知识改变命运，这几乎就是颠扑不破的真理，毋庸置疑。培根有一句名言："知识就是力量。"而学习掌握知识的最好方式就是多读书、读好书、会读书，广泛摄取，集腋成裘，在浩瀚的书海中遨游，享受乐趣，汇聚力量，构建自己的知识体系。书壮英雄胆——这是我真切的感受。

"日出江花红胜火，春来江水绿如蓝。"这是1978级同学入学时母校在给我们的信中引用的白居易的诗句。春花秋月，夏云冬雪，四十载岁月已悄然流逝，但，江花依然火红，江水更加碧蓝。今夜，举头望"红月"（就在撰写本文的今夜凌晨，恰逢十多年一遇的"火星大冲"，"红火星"完美邂逅"红月亮"，故称"红月"），月光如泻，思潮如倾，怎不忆当年？明朝，昂首眺东方，雄鸡唱白，彩霞迎虹，日出尽开颜。

摘自《我的1978》，有改动。

我曾经的五彩青春

——大学生活回忆

■ 陈　永
1979级校友

　　大学四年，是我最美好的人生阶段，它像太阳给我披上了一身绚丽的颜色，使我难以忘怀。当青春渐渐远去，这些点点回忆和同学友谊，已沉淀为我人生中最宝贵的财富。

　　当我第一次踏进大学校门的时候，我甚至有点做梦的感觉，想到要在这里生活四年甚至更长的时间，心中有种说不出来的感觉：是欣喜、是激动、是新奇，还是有点莫名的孤单？我也不知道，但总感到要经历许许多多的故事，一切都是重新开始的！

　　在系里报到注册后，班上见面的第一位同学是唐瑞富，他正在公共洗漱间洗衣服，我也去洗衣服，见面一开口他就问我姓什么，哪里人，哪个系，住哪间寝室。我的第一印象是，他亲和力强，口齿犀利，善于表达，能成大器。班上的同学中年龄最大的是林家伟，当时他28岁，入校前在成都一个集体所有制的单位上班，社会阅历丰富，很得大家的尊重。最小的同学是李峰，当时他15岁，别看他岁数小，但问大家的问题最多，且都是重量级的。这两位同学恰巧都和我住在一个寝室，一个住在我对面，一个住在我上铺。我们管林家伟叫"老大哥"，管李峰叫"小弟弟"。我们的班长陈永正在云南当过知青，学习成绩好，工作能力强。何跃明和李绍良写得一手好字，钢笔毛笔都有两把刷子。华力强和王立新是学校篮球队的队员，刘晓峰的足球水平和外语水平是全班公认的高。蒋少龙会拉手风琴，文艺细胞丰富，我常会把他与知名作家蒋子龙相提并论。大家都有不同的经历，各有自己的魅力和风采，我们走到一起，组成了学习生活的班集体，开始了火热的学习生活。

第一学期柴泳老师教的是"政治经济学概论"，江老师教"高等数学"，谢敏敏老师教"英语"，班里这几科的佼佼者是陈永正、周馨、林家伟。柴老师很青睐班上的女生，说吴兆华学习刻苦，说关晓霞、周馨、李希的钢笔字写得好，笔记也记得好，连她们用的硬面抄笔记本样式都推荐给全班同学。我也记得关晓霞、蒋少龙常去江老师那里诉苦，毕竟他们数学基础不好，无奈于大学的数学知识深奥，摸爬滚打走过来不容易。我的数学、英语和政经概论课的基础都不好，很多东西听起来感到吃力，当然应付考试应该是没问题的。但我真不知道在"高等数学"课方面是怎么走过来的，函数、导数、积分、微分、数列……我只好请教工经系的同学，并比别人多花精力做习题，一年下来，数学考试成绩居然进入班级前几名。我的专业基础课的弱点主要是抽象思维和逻辑思维能力不够，什么价值、商品拜物教、资本的循环和周转……我学了一两个月还没学懂，直到我妹妹从军区司令部办公室图书室找来一本罗森塔尔写的《马克思〈资本论〉中的辩证法问题》，我一口气看完后，才在政治经济学上豁然开朗。

我在大学中去的最多的地方就是图书馆阅览室，其实用现在的标准看就是一个图书室，只有200~300平方米，约有两三百个座位，那时没有电脑，条件很简陋，但那里最吸引我的是有几百种报刊。图书馆阅览室是晚上七时开门的，每晚我都会准时光顾，直到关门才离开。在那里我看了许多的书报杂志，做了大量的笔记。我1981年在学报发表的第一篇学术论文《社会主义社会不存在"剩余劳动"吗？》，就是在图书馆完成的。图书馆阅览室只有一个老师，新杂志来后，要登记后才上架，为了及时看到新的杂志，我就用休息时间主动去帮图书管理老师装订杂志、整理图书。时间长了，我感动了图书馆这位老师，还从她那里学会了一手装订杂志的好手艺，以后我自己的杂志也全部照此处理，有的装订杂志保存至今。

刚进学校，我当选为班级学习委员，和唐瑞富一起编过系《学经济》小报，这是一本系学生会办的油印小刊物，主要为本系同学提供练笔机会和学习参考，原由78级主办，我们入校后，就交给我班，我是主编之一，唐瑞富是联络员。每次收到稿后，我们都要选稿、修改刻钢板、油印和分发到各班。同学们写稿的积极性很高，我班的陈永正、周馨、关晓霞、何跃明、曾益，还有80级的牛建平、熊霞、钟勉都是经常的投稿人，我对本班的稿件一般不敢乱动，但对80级同学的稿件要求严格。记得一次做学《资本论》专题，熊霞和钟勉各交来一篇体会文章，我起码给他们打回去修改三次才刊用。经过磨炼，后来他们都成了《学经济》小报的撰稿者和联系80级同学的桥梁。

大二后我被推选到系学生会，当选系学生会主席，参与了许多社会活动，占用了一些课余时间。但通过参加各种社会活动，我认识了许多高、低年级的同学，还得到过许多老师的帮助和指点。邓全贵、陈伟达、贺力平、许金生、唐昌放、刘振声、吴家农、刘灿、封希德、李明芬、牛建平、张智勇等，他们有的与我在学生会共事，有的与我一起编小报和组织学生活动，我从他们身上学到了许多东西。许金生被有的同学说成比较"另类"，他不修边幅，一个人住在一间屋里，但我发现他思想深邃、谈吐非凡，我很愿意和他接触，想听他给我滔滔不绝地讲一些得意见解，想让他给我推荐书籍。从他那里，我更多地了解了黑格尔、斯宾诺莎、卢梭、托尔斯泰……也第一次接触了真善美概念的内涵，真是受益终身。在大学历练中，我从开始的陌生和新鲜，转向追求使我一生受用的学识和品质。我学会了严肃、认真、守诺、敬业和成熟，还增长了那个很虚幻也很重要的东西——能力。

我母亲是第二野战军军政大学的学员，后从事青年工作，会朗诵诗歌，我从小耳濡目染，也有了一点诗人的细胞，这也许是一种独特的基因。记得1979年国庆前夕，我班与78级同学开联欢会，我上台朗诵了一首诗《将军，你不能这样做！》。这首诗大意是讲一位从枪林弹雨中走过来的老将军，生活腐化，脱离群众，受到年轻一代的严厉批评。开头有几句我还依稀记得："我说什么？我该怎么说？你是受人尊敬的前辈，我是后之来者。你我之间，相隔着战火硝烟的三十年代，四十年代。批评你，我从来没有想过。"我有点朗诵的才能，加上情绪到位，在比赛中获得了唯一的一等奖。1981年学校搞文艺汇演，每个班都要出节目，这个任务就交给了我。我在《光明日报》上看见了一首鼓励人才辈出的诗——《啊，人才！》，因这首诗太长，足足有一个整版，我还没有背熟就走上了舞台，一时紧张，朗诵到一半就把后面的词搞忘了。好在我的底子还在，就只好即兴朗诵，为了追求那种气氛和感觉，我边朗诵边做手势，一气呵成，得到了同学们的热烈掌声。下来后我头脑却一片空白，自己也不知在台上说了些什么。我小心翼翼地问同学，他们是否看出了表演中的破绽，同学们拍着我："你的朗诵感情充沛，表演太成功了！"节目后来还获了奖。自那以后一段时间，我好像成了学校里的名人，有时个别女同学从对面和我相遇时，会突然停下脚步，随后张开手臂做一个表演的姿势喊一声："啊！人才！"然后在一阵笑声中跑开，弄得我还很不好意思。

我是穿着绿色的军装走进四川财经学院的，从骨子里讲，我总有一点优越的感觉，毕竟从小在军营里长大。因为大学里的现役军人太少了，很让同学感到新奇。刚到学校那会儿，我还没有几件老百姓的衣服，换洗时偶尔会穿一次军装，也许是追求一种浪漫，也许是一种无法压抑的炫耀，但这种想法很快就无影无踪了。有一天中午，我在饭堂排队打饭，周围同学向我投来异样的目光，诧异也好，欣赏也罢，我终于决定暂时把军装收起来，把"绿色"暂时抹掉，但在我的心里，一直装着军装的符号和情结。毕业那年我报考了四川大学硕士研究生，初试合格后转到母校

的社会主义经济理论专业方向复试，由于原总政治部有关文件规定，"现役军人报考地方院校硕士研究生，一经考取，须先办理转业手续后方可就读"，我必须在读研和回部队之间做出选择。经过反复考虑，为留在部队工作，我主动放弃了复试。记得离开学校前，我专程去已是学院院长的该专业方向的硕士生导师刘诗白教授家向他告别，他送给我一本才出版并亲笔签名的有关《资本论》的学术研究论文专集，他对我说："我尊重你的选择，国防经济学是结合部队的新领域，回去后可以在这方面努力。"就这样，我带着老师的期望，带着对未来的追求，重新回到了部队。我回到部队后，重新穿上了心仪的军装，被授予少校军衔，1991年晋升为中校军衔。后我转业到地方工作，先后干过三峡移民、世界银行贷款、招商引资和侨务经济工作。但无论干什么，我都希望能得到一个结果，获得一种成功。当然我也得到了几个第一，算是满足一下小小的虚荣心，也很开心了。

"春风堪赏还堪恨，才见开花又落花。"我一直在攀登，但始终没有到达顶点。工作期间，我曾到过二十

多个国家，接触过数以千计的海外客商和华人华侨，招商数额达五亿多美元，可谓业绩辉煌。但回想起来，我由此放弃了对我来讲可能更为合适的一种选择和道路，放弃了年轻时代的一种追求和理想，愧对老师的嘱咐，为此，我心中也时常泛起酸酸的感觉。我为此拼命挣扎过，并且也努力了一段时间，但我没法坚持下去，幸好，我走过来了。也许遗憾大于兴奋吧——或许这个世界上本来可以多一位研究国防经济学的学者呵！

　　在校四年只是走进了一个驿站，也许经历了如此感怀的四年，才让我开始懂得以后的路如何去走，我想，这才是我在这个"过程"中所真正学到的有价值的东西。对我来讲，已经没有也许了，也不会有更多的奢望，只希望还有一种新的人生价值在我今后的生命中会有完美的体现。当然，这每一笔都要自己去书写，不是用手，而是用心去书写已走过的和将要走过的一段段人生旅途。愿我的每一位同学都不会忘记那段"激情燃烧的岁月"！我也衷心祝愿每一位老师、同学及其家人身体健康，生活幸福美满！

摘自《1979年那是一个春天》（内部资料），有改动。

刘洪康教授与人口研究所的故事

■ 陈明立
1964级校友

　　受到历届光华学子敬仰的原四川财经学院副院长、学校人口研究所和原法学系的缔造者、西南财经大学顾问刘洪康教授离开我们已经13个年头了，但是他的学者风范、领导风格、思想风貌和拳拳赤子之心，却依然历历在目。

反响热烈 一文激起千层浪

　　那是1979年11月7日，当时还在川北一个小县城工作的我，收到一封来自母校的信，是王永锡老师写给我的，告诉我省上成立人口理论研究室，放在我校政治经济学系，希望我争取尽快回去。读完信我激动得热泪盈眶。我退回了其他地方的商调函，急急地回到母校，王永锡老师把我交给了当时正在筹建人口理论研究室的刘洪康副院长。得到刘老的认可后，我于1980年年初正式调回母校人口理论研究室工作。

　　1979年12月7日—13日，全国第二次人口理论讨论会在成都召开。在会议快接近尾声的时候，年近古稀、头发花白但精神矍铄的刘洪康教授登上了大会主席台，以其平日交谈少有的洪亮声音，就他提交的论文《试论马克思主义人口理论的一个基本观点——两种生产》作了大会发言。刘老全新的学术见解，对当时还沉浸在人口规律讨论中的人口学术界，产生了强烈的震撼。会场一片寂静之后，爆发出了热烈的掌声。当时出席会议的中央领导同志、国家首任计划生育委员会主任陈慕华，以及来自全国的人口学界代表对刘老的论文和大会发言给予了很高的评价。在大讨论期间，刘老又连续发表了一系列相关人口理论文章。

刘老的突出贡献，使他成为人口学界声望卓著的专家之———被聘为国务院人口普查办公室顾问、国家计划生育委员会专家顾问委员会顾问，被推举为中国人口学会常务理事、四川人口学会会长、四川省专家顾问团顾问等。

博闻强记 理论功底深厚

刘老在上述哲学、人口学理论上的重大突破和贡献绝非偶然，这直接源于他的博闻强记和深厚的理论功底。

刘老从早年留学日本开始，就一直关注经济学、哲学、社会学等学科领域的发展，回国后一直从事教育事业，在经济学、哲学方面有着深厚的功底。作为一门综合性很强的学科——人口学的研究需要更为广阔的社会背景知识的积累及深厚的跨学科理论功底的不断夯实。刘老从20世纪70年代中期甚至更早就开始关注人口问题，并将自己的广博学识运用到人口研究中。哲学给了他辩证的思维、缜密的逻辑、清晰的推理；经济学给了他唯实的态度、融通的观点及对生产的深刻理解；而社会学则使他在不懈地分析中整合出人口的多种规定和关系的知识，涓涓细流汇集成海。"人口是一个不断发展变化的总体。它的数量、质量、结构、分布和密度等都是在变化的，而所有这些发展变化都与社会经济发展和社会生活各个方面有着密切的关系。"刘老的见解深刻而明晰。

刘老具有非凡的记忆力，对过目的每一届新生，下次见面都能叫出他们的名字，对任何发生过的事情，哪怕微不足道，总能记得那么清晰，因此被同学们称为"照相机"。刘老拥有复式思维能力，可以同时进行两个截然不同的话题的思维活动，一边与你谈话，一边却在脑子里思索着其他问题，而且毫无逻辑混乱。他广览中外之书、博采众家之长，求索深思，开放思维，关注学术进程，始终站在学术前沿，因而他的观点、他的谈话、他的讲课内容常常使学生回味无穷、经久不忘，深受启迪。这种治学特质也表现在他对语言的学习和研究上。他不仅精于日语、英语、世界语，而且对俄语、法语、德语也有相当程度的掌握。这些又为他注重国内外学术交流、走出国门看世界奠定了坚实的基础。他在《再论两种生产》一文中将恩格斯《家庭、私有制和国家的起源》一书的多种文本进行原文对照分析便是典型的例证。作为中华全国世界语协会名誉理事、四川省世界语协会理事长，他这位"语言迷"久负盛名。他曾将《聊斋志异》中的一些故事翻译成世界语，可惜没有来得及整理出版。

寄意深远 甘为人梯育人才

1978 年复校给我们这个老财经院校带来了春天，刘老更是兴奋无比。一边最大限度地奉献自己的才干，一边将目光投向了学校、学科未来的发展及其人才培养上。1979 年 6 月，在四川省委、省政府的支持下，刘洪康教授主持创建了四川省第一个人口研究机构——四川省人口理论研究室，后改称四川财经学院人口理论研究室。1980 年年初，刘老就对我校人口学研究的发展构想作了一番描绘："我们现在是人口理论研究室，今后要发展成为人口研究所，建立人口学系，有可能将来要建立人口学院，国家应建立人口委员会"。在他逝世时，他的设想基本上得到实现。

1984 年人口理论研究室扩建为人口研究所；1983 年，人口研究所获得硕士学位授予权，1984 年，人口研究所招收了第一届人口学硕士研究生；1986 年，人口研究所又获准博士学位授予权，是全国最早的5个人口学博士点之一，刘洪康教授成为当时我国人口学界仅有的几位博士生导师之一；1987年，人口研究所招收了第一届人口学博士研究生。同年，由刘老亲自组建、命名，经国家教委批准，我校建立法学系、设人口学专业，并招收了第一届人口学专业本科生。在刘老的培育下，人口科研和教育事业一步一步地朝着他当初设想的预定目标前进。

为了人口科学事业的长远发展，刘老通过各种方式和途径培育新人：对于留校和分配到人口研究所来的毕业生，规定他们必须首先要在资料室工作一段时间，然后才能作为正式的研究人员；要求教学科研人员必须注重外语的学习，要求掌握两门或多门外语；让出自己外出开会、学习、出任某些职位和大型专著编委等有利条件和机会，给年轻的、有发展前途的教师去参加或担任，逐步提高他们的水平和学术知名度；注意人才梯队层次的建设，研究所从30岁到60岁的每个年龄层，都有一定人员，使得教师年龄结构呈梯形分布；凡有相关学术讨论会，他更是要求每人都必须撰写论文，尽可能参加。自1979年以来，由于刘老的威望，50多个外国政府机构、大学、国际性人口机构和团体，以及联合国人口基金会曾同我校人口研究所建立了联系，并馈赠了大量资料及一些相关设备。我校人口研究所也派出多名教师先后到美国、澳大利亚和加拿大等国去学习、深造和进修。

老骥伏枥 锲而不舍

刘老从不放弃学习的机会，不断吸收新的知识，探索新的科学领域。早在20世纪80年代初，王安电脑有限公司、苹果电脑公司来成都展览，当时人们大都还不知道计算机是什么，刘老却以极大的兴趣和高瞻远瞩的科学头脑，带领人口研究所的全体教师和部分学生去参观学习。面对当时还体积庞大而笨重的计算机，刘老已经认识到了计算机这一技术出现的划时代意义，并指出计算机必然会得到快速发展和普遍运用。

刘老深邃的思想，源于他锲而不舍的治学、研究精神，源于他犀利的目光和敏锐的嗅觉，"世界虽大，我心有之。"正是这样，病榻上的刘老也不肯放下手中的书本，他坚持精益求精、至善至美，不断追求和进取，因此才有了对一些学术问题的二论、再论，使学术研究向着纵深方向发展。1987年刘老已查出身患疾病，但他仍然带病坚持参与人口所的日常工作，坚持研究生、博士生的教育指导工作。1989年他已重病在床，还坚持为编写《人口理论》一书呕心沥血。他在病床上以清晰的思路但已衰弱的声音进行口述，由他的博士研究生阎

海记录整理写下了该专著最具分量的第一章和第二章，并对全书的编写提出了指导性意见。该书以全新的内容体系和构架出现在当时的人口学界，刘老再一次为人口学研究做出了重要贡献。

德随量进，量由识长。大处着眼，施不求报的刘老正是凭借着毫不松懈地学习和研究完成着人生路上的一次又一次跨越。他耿耿忠心于自己的事业，默默奉献于自己的事业；他谆谆教诲着学生，循循善诱着自己的学生。高山仰止，汇流百川。刘老不愧为一代教育家和学术大师、光华学子的楷模！

摘自《光华日月五十春》，有改动。

怀念恩师程英琦先生

■ 刘锡良
1978级校友

英琦师离开我们已有二十多年了，每次提笔，心里总是沉甸甸的，许多往事又一幕幕重新浮现在脑海之中。

1982年我大学毕业，在先生的鼓励下，考上了研究生。当时的金融系领导周见隆书记、何高箸主任考虑到先生年事已高，身体不好，行动不方便，加之个人独居，而我们这批研究生中唯我与先生关系最为密切，在征得先生本人及我的同意后，我住进了英琦师家中，前后与英琦师朝夕相处达两年多的时间，直到先生去世。因此，对先生的为人、治学及晚年的情况，我算是很有发言权的人之一了。先生是四川涪陵人，生于1908年4月29日，曾于1930年获燕京大学法学院经济系学士学位，其后，于1934至1938年间留学英国，在世界著名经济学家凯恩斯的亲自指导下获英国伦敦大学经济学院经济科学硕士学位。

严谨治学

先生是国内研究西方货币金融理论的权威，对凯恩斯及约翰·弗里德曼的理论及政策主张有较深入的研究。先生具有丰富的教学经验和高超的讲课艺术。为了给我们1981届、1982届两届金融专业的研究生讲好这门课，他首先是在大量查阅中英文资料的基础上，写好讲课稿，有些翻译资料，特别是凯恩斯的《就业、利息和货币通论》中的有些章节不准确或比较难懂，他就重新翻译，以便让学生理解。写好讲稿以后，先生提前三天先给我个人讲一遍，并将音录下来，征求我的意见——哪些讲得不透，哪些讲得太深，或哪些难以理解，哪些讲得还不够准确、条理性如何。第二天我又把录音放给先生自己听一遍，发现有哪些不妥的地方或不太满意之处，他再修改讲稿，并写好教案，仔细安排好各个教学环节，如哪些内容由自己讲，哪些内容由学生讨论，直到每个细节都安排好，自己感到满意为止。他常说，当老师首先是讲好课、备好课，这既是对学生负责，也是对自己负责。

其次是写文章。先生20世纪30年代留英回国后，曾在许多大学执教，是国内的知名教授之一，曾担任过《经济学》杂志的主编、大学经济系主任。国内许多知名学者都曾是先生的同事或学生。二十世纪三四十年代，在国内的有关经济学刊物中，常能见到先生的著述及主编的杂志；1978年复校以后，先生在教书育人之余，也重新开始撰写学术论文。先生会根据自己的思考和分析，提出若干值得研究的问题或学科前沿性的问题，然后集中于其中一两个问题思考，有了初步构思以后，再找几个老师或学生一道谈谈自己的想法，征求大家对问题的看法，其后再大量查阅有关的中英文资料或文献，撰写论文初稿，完成初稿后，再找几个人一起座谈讨论，为文章找毛病，便于修改。修改好文章后，找人抄写工整，自己再仔细推敲文字及标点符号，并一字一句地读，看是否读之上口、用词及修辞是否准确、语音的平仄如何等，自己觉得比较满意之后，再请图书馆的汪沪生老师把文章转交给财政系的杨希闵老师，并就文字、语法修辞等请杨老师作进一步的推敲，杨希闵老师看完并提出具体意见之后，程先生再自己修改，并通读一遍，自己觉得没有什么问题后再拿出去发表。一篇文章，前后大概花费先生半年或更多时间。目前，我们能见到的先生晚年的著述虽不是很多，但都是精雕细琢之作，他撰写的《凯恩斯的金融学说》与其主编的《凯恩斯的货币理论与政策》，为我国经济金融学界积累了大量宝贵的财富。

甘为人梯

1978年复校时，刚在财政系信贷教研室基础上建立起来的金融系师资队伍奇缺，只有几位教师，而梅远谋教授、温嗣芳教授、程英琦教授等都是70多岁的高龄，

何高箸教授当时虽年轻一些，但也是60岁高龄且体弱多病，其余的就是曾康霖、何泽荣、夏发童、冯肇伯等几位老师。怎样培养一支合格的师资队伍，怎样确立中国金融教学的课程体系，怎样强化对外的学术交流和搭建学术交流平台等成为金融学科建设重中之重的大事。

先生晚年的主要精力放在师资队伍的建设上，为新老师站稳讲台当好参谋。当时许多老师多年未讲过课了，有一部分教师刚从其他工作岗位调入学校任教，而当时的学生，特别是78级的学生，阅历广，知识面宽，年龄比较大，怎样教好这些学生是一个很具有挑战性的问题。程先生作为教研室主任，教研室每位教师的讲稿及教案，他都抽出大量的时间仔细审读，并对每章、每节应讲的重点、难点，时间安排，应注意的主要教学环节，作业安排等提出自己的书面意见，供教师参考。此外，尽管先生长年哮喘，行动不便，但仍常挂着手杖去教室听课，从家到教室的路程对常人而言并不算什么，而程先生则必须中途停下来休息若干次。他听完课后，并不是听了就算了，而是把讲课的老师请到他家里，谈他听课的感

受，从板书、讲课的语言节奏、重点难点问题的讲授及其他教学环节，与讲课的老师详细交流意见，并帮助这位老师进一步修改讲稿或教案，直到对该老师的讲课比较满意为止，而对长期不能改正缺点的老师，总是毫不留情地提出批评。正是由于他们这一批老教师的严格要求及亲切关怀，金融系的教师队伍很快成长壮大起来，许多教师的授课水平迅速提高，受到全校师生的好评。

怎样才能把金融专业办成国内有影响力的专业，达到一流水平，这是当时金融系面临的一个重大课题。程先生当时年事已高，自己走出校门进行学术交流基本上是不可能的事，但他利用自己在学术界的威望，加强与各院校及科研院所的广泛联系，把一些国内知名专家如胡寄窗、刘吉傲等请到学校来进行学术交流，同时，积极与国内外知名的专家、学者、教授（如郭家邻、刘涤源、李崇淮、腾茂桐、潘源来等）联系，设法为系上一些老师或研究生的国内进修、出国深造创造条件。当时许多老师或研究生出差开会都有一个习惯，即请程先生写张条子，以便登门向有关专家请教，而这些专家们只要见到程先生的条子，一般都想方设法抽出时间，给予热情接待。正是由于程先生等教师的努力，金融系的学科建设发展很快，科研水平及跟踪学科前沿的能力迅速提高，金融专业的学术声誉也达到较高水平。1984 年金融专业首先在国内获得硕士学位授予权，1987 年国家教委评估货币银行学硕士点，我校与人大、总行研究生部并列全国一流水平。

勤奋工作

先生晚年，由于健康原因，晚上基本上不能工作，但白天工作中，属于先生自己的时间也是不多的。一是要接待全国各地慕名而来的来访者。这些来访者中，有高校的知名教授、在校学生、研究人员，有一线的实际工作者。有的是来请教或讨论问题的，有的是拿论文来请先生提意见的。先生总是热情接待，有时还请其他的老师或研究生一道与来访者共同研究和讨论问题。二是接待来自本校的教师和学生。先生总是不厌其烦地讲解，并写出有关问题的参考书目，指出问题的研究方法，以及学说史上有关学者对此问题的看法等。当时我们这批研究生有一个共同的感受，那就是每当我们向先生请教一次后，思考问题及研究问题的方法、对问题的认识等，就会有明显的进步。三是认真批改教师的教案、讲稿及师生的论文、译著。许多讲稿都是厚厚几大本，而先生总是逐页审读并提出具体的修改意见，如自己把握不是太准的地方，他又把写讲稿的老师找来一道讨论研究。先生对论文、译著，更是逐字逐句推敲斟酌并提出非常具体的书面修改意见，要求译著不仅翻译准

确，而且文字要通俗易懂优美。

先生古稀之岁还心系我国的经济建设，与有关政府部门、银行、企业保持紧密联系，为他们出谋划策、提供锦囊妙计。学生放假回家或外出开会、调查回来，先生都要详细了解实际中的情况，关注改革开放的新进展，关注民情、民生的变化。故先生于1980年曾被评为成都市先进工作者，出席了成都市先代会，乃实至名归。

先生在其漫长的一生中，学而不厌，治学严谨，视野开阔，贯通中西；诲人不倦，桃李满园，树蕙滋兰，成就者众。正是由于我校金融学科中像英琦师这样一批老教师的严谨治学，甘为人梯的精神，为金融学科的发展壮大打下了坚实的基础，为金融学科的建设创造了良好的学术氛围。我校金融系发展成为中国金融人才的重要培养基地，我校金融学科也于2002年9月被教育部评为国家级重点学科，2007年再次被评为国家级重点学科。

摘自《光华日月：献给西南财经大学建校五十五周年》（内部资料），有改动。

谭本源教授教我
何为学问、如何做人

■ 尹音频
1979级校友

"春蚕到死丝方尽，蜡炬成灰泪始干。"敬爱的谭本源教授离开我们已近十个年头了，但他那谆谆教诲、高风亮节、宗师风范却永远铭刻在我们心中。

为师之表：鞠躬尽瘁

1952年，中国西部第一所培养高级财经管理人才的大学——四川财经学院诞生了。自此，先生开始了他在光华园四十载的耕耘。

谭本源先生学识广博，理论功底深厚，先后为本科生开设了"经济学""政治经济学""社会发展史""财政与信用""货币流通与信用""财政学"等多门课程，是财政系的资深教授。

记得上"财政学"第一节课时，先生问，什么是"财政"？我们一脸茫然。先生转过身，在黑板上用中文、英文、俄文、法文、德文、日文书写出"财政"，进而精辟地讲解了财政的本质与职能。我们无不为先生的博闻强识所折服。

1983年，财政系招收了首批硕士研究生，谭本源先生以满腔的热情投入研究生的教学与培养工作。为了开拓学生的思维与视野，他开设了"西方财政思想"课程，借鉴与批判地介绍了亚当·斯密、李嘉图、凯恩斯等西方学者的财政学说与观点，使我们在那相对封闭的年代，沐浴到学术的自由之光。1986年财政系获得博士点授权资格。谭本源先生作为博士生指导小组的成员，倾尽其才学与精力，悉心指导博士生，所提出的包含先生真知灼见的修改意见竟达上万言。

作为财政教研室主任，谭本源先生以同样的热忱对待青年教师。我们怎能忘记：为了帮助青年教师尽快走上讲台，先生将自己编写的讲义发给我们，审阅讲稿，深入课堂听课，探讨改进之方；为了使青年教师博采众家之长，先生四处奔走，呼吁与落实选派青年教师到国内外院校研修学习；为了帮助青年教师抵御"一切向钱看"的外界诱惑，他总是教诲我们，"做学问的人要耐得住寂寞，经得起诱惑。如果年轻时不好好做学问，打下扎实的功底，今后怎么做人教人。"看到许多年轻学子下海经商，年轻教师打工兼课，甚至丢掉主业搞副业创收时，先生总是痛心疾首，感慨万分。

在科学研究领域，谭本源教授潜力致志、锲而不舍、求是创新、著述丰富。他所编写的《社会主义财政学》《社会主义财政与信用》成为国内数家财经类大学的教科书。他所撰写的《社会主义财政信用的调节机制》《财政职能新探》等论文曾获1995年财政部颁发的"第二次全国财政理论研究荣誉奖"，还多次获得省政府、省财政学会、西南财经大学优秀科研成果奖。这些论著体现了谭本源教授的理论求索与现实思考，尤其是以下这些前瞻性的学术观点引起了学术界的关注与广泛的社会影响。

谭本源教授提出，"在我国各种货币关系中，凡是与国家的存在及其活动有关，为国家有计划地建立起来，并为国家有意识地利用的货币关系，就构成我国财政体系的组成部分。"此外，他认为，财政职能是财政社会使命的表现。财政的社会使命就是要处理好社会的基本矛盾，巩固和发展生产方式，巩固和发展国家政权，保证社会的正常运行，不断前进。

20世纪80年代末，谭本源教授带领我们七名青年教师日夜奋战，编译了《赤字经济》一书。该书汇集美国当代著名经济学家的11篇论文，是一部集研讨赤字理论与实践之大成的高水平著作。由于该书以赤字问题为中心，广泛地涉及财政、税收、金融、国际贸易、政治等方面问题，注重实证研究方法，因此它不仅对研究美国财政机制有参考价值，而且对探讨我国赤字与财政经济体制改革也具有借鉴意义。在那译著稀少的年代，该书经中国经济出版社出版之后，成为一部经济类畅销书。

做人之道：德贯终生

在谭木源先生朴实无华的家中，先生所选录的清代民族英雄林则徐的名联十分引人注目："广栽桃李满天下，长引甘泉哺后生。""事能知足心常春，人到无求品自高。"这是先生一生严谨、睿智、仁慈，淡泊名利、毫不利己、一心为人的真实写照。

科教兴国，经济强国。这是先生在青年时代心中最大的愿望，并一生都在努力实践。然而在20世纪80年代的商品经济大潮中，浮躁之风、急功近利之风盛行，学而为官、学而为商之风盖过了读书之风、学术研究之风，在讲台上能站得住，在书桌前能坐得住，在市场经济浪潮中能扛得住的学子愈来愈少。但是，先生在人生舞台上大半个世纪，是站直了，坐端了，扛住了。他一生淡泊名利、甘愿寂寞，致力于经济科学的研究。他提出了许多很有见地的观点，写下了许多有影响力的著作，为国家培养经济人才殚精竭虑。他是财大师生的一面旗帜。

大公无私，乐于助人。这是先生为人处世的准则。我们怎能忘记：一位青年教师家离学校远，曾在他家寄住多年；青年教师购房困难，他伸出援助之手；在调整系领导班子时，他甘为人梯；退休之后，他为税务系所返聘。面对工作，他勤勤恳恳，面对报酬却推辞再三，并说"我不能来坐享大家的劳动成果"。最后，在他的强烈要求下，提前结束了返聘。这真是堂堂正正而来，两袖清风而去！

勤勉简朴，热爱生活。这是先生的生活之道。除了研究经济之外，先生还非常喜欢古典文学，对唐诗宋词有很深的造诣，他曾手书一联："爱花、爱酒、爱书、爱国、爱苍生，名士皮毛、英雄肝胆；至明、至洁、至大、至刚、至诚态，圣贤学问、仙佛心肠。"由此可见先生的人品与文品之崇高。

谭本源先生与雷瑶芝老师是相濡以沫的教育爱侣。他们从青年时代起，一起追求真理，并肩奋斗，教书育人，数十年风雨同舟。可以说，历经了世纪的考验，这样的情感是多么厚重，是多么铭心刻骨，是多么难分难舍。正如先生弥留之际所说，"命系一丝，情系全家"。

然而，在1998年萧瑟的秋季，我们敬爱的谭本源先生走了，跟他活着一样，没有张扬自己，没有惊动别人，也没有歌功颂德的悼词和隆重排场的仪式。他只想淡泊、宁静、高远，他只想传道、授业、桃李遍神州，他只想真知灼见著作留后世。谭本源先生，您的品格与日月同辉，您的思想与江河同存！

摘自《光华日月：献给西南财经大学建校五十五周年》（内部资料），有改动。

走出盆地"牵手"人行，
更名财大势勃发

■ 杨婧岚
西南财经大学党委宣传部（新闻中心）原新闻编辑

改革开放，春风化雨，财经教育如枯木逢春，风正水好，校园沧桑巨变。走出盆地进入总行管理，更名为西南财经大学并成为行属重点院校，进入国家"211工程"重点建设，再跨入教育部直接管理的国家队行列，这关键的四大步，一步一个大跨越，一步一个新天地。每当回顾这段激动人心的创业史，财大人总是深切感激中央和地方党政领导的亲切关怀和支持，而对于其中一些重要事件的回忆，眼前总是浮现出几位巾帼领导的身影。她们先后与财大结缘：时任四川省高教局副局长的王文肃、中国人民银行教育司司长陈力、中国人民银行行长陈慕华与教育部副部长彭珮云。在西南财大第二次创业的关键节点，她们心怀对国家高等财经教育的一片赤诚，慷慨伸出热情之手，给予支持和推力，让学校犹如顺水行舟，渐行渐远，迄今成就了大发展、大跨越的四级跳。

王文肃、陈力：走出盆地"牵手"人行

1978年4月1日，国务院批准恢复和增设五十五所高校，消息传来，光华园彻夜欢腾，无人睡眠。然而此时，同命运多舛的中国高等财经教育一样，四川财经

学院空余半壁校园，百废待兴。遥想建校初期，学校成为1952年、1953年国家按大区布局的全国四所综合性财经院校之一，光华园即已云集了西南地区17所财经类院校系科，承接了众多院校积淀下来的深厚的历史底蕴，荟萃了陈豹隐、彭迪先、杨佑之、汤象龙、梅远谋等50余名财经学科知名教授，星光熠熠，弦歌不绝，实力雄厚。可是眼下，面对"文革"重创后校园被占、校舍奇缺、办学条件捉襟见肘、举步维艰的局面，川财人虽咬紧牙关，复校当年即招收356名本科生，但办学条件又是如此之差，怎么办？

1978年年底，时任四川省高教局副局长的王文肃只身前往北京。她此行的任务既单纯又重大：为四川财经学院找个新"婆家"，重新规划学校的建设与发展。出于对高等财经教育的重视，加之四川省财力弱、负担重，经省委、省政府多次研究决定：北上求援，争取财政部接纳财院。想到临行前省长鲁大东语重心长的嘱托和川财人渴盼的眼神，王文肃觉得肩上沉甸甸的——一定要给四川财经学院找个好"婆家"！

当王文肃来到财政部时，知道财政部已经接管了辽宁财经学院、上海财经学院、湖北财经学院（即后来的东北财大、上海财大、中南财大）。后来学校方知，财政部原来就想接管川财，然而与有关方面未能谈妥，待财政部已有3所本科院校之后，便难以再接纳川财了。正当王文肃心怀不安之情走出财政部大楼时，在楼梯上，她迎面碰到了一个熟人——原教育部高等教育司副司长，现任中国人民银行教育司司长的陈力女士。殊不知她两人的偶然相遇，会成就一桩天造地设的"好姻缘"，书写出我国高等财经教育史上的一件奇事。

无巧不成书，陈司长这些天正在为我国急迫需要的金融人才培养工作而日思夜想。一听王文肃正为四川财经学院寻"婆家"而犯难，陈司长不假思索，当即发出邀请："到我们这里来吧，我们人民银行目前还没有一所行属高校呢！"喜出望外的王文肃马上向陈司长介绍了学校的情况："'文革'中川财师资力量没有散，保留了一大批像王叔云、刘诗白、刘洪康、吴世经、许廷星、雷瑶芝、温嗣芳等热爱财经、热爱教育的教授、专家，是全省师资保留得最好的高校，相信他们完全有能力把财院办好。"听后，陈司长更为痛快，当即表态："就让川财院到我们银行这里来吧！"王文肃喜出望外，考虑到学校成为"总行独生子"，对学校会有更好的发展，她就一口答应了。随后，在四川省委、省政府和中国人民银行总行的支持下，教育部于1979年1月8日发布《关于同意改变湖北财经学院等四所院校领导体制的通知》（79教计字006号）。1980年5月15日，中国人民银行科教局陈力、四川省人民政府高教局鲁光代表双方签署《关于接交四川财经学院协议书》，规定从1980年1月1日起，将四川财经学院改为由中国人民银行和四川省双重领导，以中国人民银行为主。自此，学校进入总行直属，获得建设和发展的重大机遇，奏响了走出盆地、面向全国、快速起步、快速发展的第一首激情交响曲。

一定要把失去的时间补回来！憋着一股劲的川财人以出色的成绩回报了总行这个好"婆家"的厚爱：在总行的支持下，川财人迅速新征土地300多亩，解决了校址问题；新修5幢学生宿舍及教学楼等设施，新校舍条件在当时省内高校中堪称一流；学校硬件与软件的诸多问题也得到改善，校园环境得到美化。归属总行管理后，学校加强了金融学科及其他经济、管理类学科建设，更适应了我国快速变化的经济形势，各种有形无形的、近期和长远的利好因素，在学校快速起步、快速发展上起到了重要作用。几年后，总行领导视察学校，不禁惊喜于四川财经学院发生的巨变，并对总行的投资大感欣慰：好钢用在了刀刃上！

我们深知，从表面上看，王文肃与陈力两人的楼梯偶遇，成就了中国人民银行总行与四川财经学院的一段美满"姻缘"，而其实质是它顺应了国家改革、发展的社会经济大变迁，顺应了国家对高等教育的高度重视，以及当时各个部委积极办学的体制性需求……看似巧合的这段"姻缘"，凝结着多少人对中国高等财经教育的拳拳赤子之心。因此，这是中国财经教育的春天所促成的"天作之合"，是种种因缘际会，天时、地利、人和的美好结晶！

陈慕华、彭珮云：更名财大势勃发

如果说学校与总行的缘分始于两个人的楼梯偶遇，那么最终促成这桩美事的是两位巾帼领导——时任中央委员、中国人民银行行长的陈慕华和时任教育部副部长的彭珮云。让我们再次回到二十多年前的那些历史瞬间。

一天，陈慕华行长收到一封来信，这是四川省委书记谭启龙、省长鲁大东以省委、省政府名义写给她的。信中表示，坚决支持四川财经学院归属中国人民银行总行。原来，王文肃回到四川向省委、省政府报告后，省委、省政府当即决定直接致信陈慕华行长，希望总行接纳川财。

其时，陈力已将川财千里寻"婆家"的事向陈慕华行长作了汇报。在1978年拨乱反正、百业待兴的时刻，陈慕华行长非常清楚地意识到办教育的重要性。金融业要发展，人才是关键！陈行长当即提笔作出批示：同意接纳四川财经学院！接着她又指示，立即向国务院报告：请求接纳四川财经学院为行属高校，作为全国金融系统人才培养的重要基地。正是在陈慕华行长的热忱、积极支持下，促成了国务院批复同意中国人民银行接纳四川财经学院的决定。

陈慕华同志任职总行行长期间，对学校建设发展的点点滴滴倾注心血。不仅西南财经大学出版社是在陈慕华行长的直接关心和支持下建立的，而学校由学院更名为大学，这事关学校发展全局的一步棋也饱含着陈慕华行长的厚爱和期冀……20世纪80年代初，由于我校进一步发展的需要，以及当时上海、辽宁等财经院校先行更名，学校领导一致认为：川财更名已势在必行。进入总行直属后，学校走出盆地，成为中国金融行业人才培养的重要基地，办学思路和眼界大为拓宽。名正则言顺，言顺则事成，更名西南财经大学，必将有利于学校办学声誉和实力的进一步提升。当学校将期望更名的请示呈送总行，再次得到以陈慕华同志为首的总行党组的热情支持，中国人民银行批复同意四川财经学院更名为西南财经大学，同时明确西南财经大学为中国人民银行重点院校。学校更名，有了总行的批复，还须经国家教委批准公布。然而，川财更名一事因国家教委相关政策的临时调整而出现了一些障碍。王文肃同志再次北上，邀请时任教育部副部长的彭珮云女士来我校视察。彭珮云在听取了学校领导的汇报，考察了学校的师资力量、办学实力和学校未来的发展规划之后，认为四川财经学院更名符合标准，经过一番努力，我校最终顺利更名为西南财经大学。回过头来看，当时的更名一举对于学校的建设和发展确实重要，它为办学实力再上新台阶奠定了体制性的基础，营造了后来大发展的空间。

怀着对中国金融人才培养的责任感和远见卓识，在学校发展的多个关键节点上，陈慕华这位目光远大、雷厉风行的女行长始终给予西南财大以支持和钟爱，如同一位睿智细心的园丁，以炽热之心诚挚呵护了新时期高等金融教育的茁壮成长。

摘自《光华日月：献给西南财经大学建校五十五周年》（内部资料），有改动。

歌曲联唱：我们这代"60后"

■ 廖中新
1982级校友

　　"接过雷锋的枪，雷锋是我们的好榜样，接过雷锋的枪，千万个雷锋在成长。"20世纪60年代出生的人，沐浴着党的阳光雨露，我们的童年、少年一直是在《东方红》《大海航行靠舵手》的革命歌曲呵护下成长的。粉碎"四人帮"是国家的一个转折点，也是我们这一代人的转折点，让许多有志青年通过高考，来到了大城市，改变了一生的命运。

　　80年代初，百废待兴，国人一派朝气蓬勃。我们经过高考的奋斗，从祖国的四面八方来到了光华园。当时的心情再也不是高三时"我想唱歌却不敢唱，小声哼哼还得东张西望……"，也不是"小呀嘛小二郎，背着书包上学堂，不怕太阳晒，不怕那风雨狂，只怕先生说我懒呀，没有学问，我无脸见爹娘"。上了大学，就像是来到了金字塔顶，唱的是《祝酒歌》——"美酒飘香啊，歌声飞，朋友啊请你干一杯，干一杯，胜利的喜悦永难忘，杯中酒满幸福泪"。那时候，整个校园飘荡着"沿着校园熟悉的小路，清晨来到树下读书，初升的太阳照在脸上，也照着身旁这棵小树，亲爱的伙伴、亲爱的小树，请我们记住这阳光雨露，让我们记住这美好时光，直到长成参天大树"的歌声，优美的歌声诉说着愉快的心情。记得大学的第一次集体活动，我们财政专业1982

级的全班同学在班主任欧兵、孔勤老师的带领下，到了市内人民公园，在湖中泛舟。大家唱起了"年轻的朋友们，今天来相会，荡起小船儿，暖风轻轻吹，花儿香，鸟儿鸣，春光惹人醉，光荣属于我们80年代的新一辈"，无比的自豪和骄傲。一条小鱼欢快地跳到了我们这只船上，兰平同学敏捷地捉住了它，于是大家划船更起劲了。"让我们荡起双桨，小船儿推开波浪"，我们在抒发万丈豪情之余，似乎把公园的湖当成了欢乐的海洋，"我爱这蓝色的海洋，祖国的海疆壮丽宽广……"。还记得第一次郊游，全班同学来到了黄田坝的清波堰，感受那"长亭外，古道边，芳草碧连天，晚风拂柳笛声残，夕阳山外山"，心情真是格外地《甜蜜蜜》。

校园的生活是丰富多彩的。学习上，我们抱着崇高的理想，"为了实现四个现代化，甘愿洒热血和汗水"，牢记着叶帅"攻城不怕坚、攻书莫畏难，科学有险阻、苦战能过关"的教诲，在那个知识爆炸的年代努力学习着。尽管每遇期末考试就有悲壮，但一旦顺利考完，那心情就是"解放区的天是明朗的天，解放区的人民好喜欢"。第二天就真的是有《我的太阳》——"啊，多么辉煌、灿烂的阳光，暴风雨过去后，天空多么晴朗"。

紧张的学习之余，校园的文化生活也是多姿多彩的。在赛场上，同学们为院系的荣誉而拼搏，为自己的队伍而呐喊，大有军人作战的风范——"向前、向前、向前，我们的队伍向太阳，脚踏着祖国的大地，背负着民族的希望，我们是一支不可战胜的力量"。记得1984年电子科技大学男子篮球队来我校挑战，争夺四川高校总冠军，为了给我校篮球队壮行，赛场上响起了"雄赳赳、气昂昂，跨过鸭绿江，保和平、卫祖国就是保家乡……"的歌声，为我们心目中的英雄周斌、王智雄起。1985年中国女排得了世界冠军之际，大家又彻夜欢呼，从窗台上抛下缤纷的纸花乃至破棉絮，脸盆也敲破无数个，共述说"难忘今宵、难忘今宵，共祝愿祖国好、祖国好……"。

80年代的校园有一种团结紧张、严肃活泼的氛围。在宿舍走廊内，在寝室阳台上，随时可听见吉他、口琴的优美旋律，在浣花溪畔，在清水河边，处处洋溢着同学们的欢声笑语："那时候天总是很蓝，日子总过得太慢"。偶尔也有淡淡的乡愁袭上心头，思念故乡那"亭亭白桦、悠悠碧空、微微南来风"，想起外婆的澎湖湾——"阳光、沙滩、海浪、仙人掌，还有一位老船长"。女孩们则忧伤地说："我从山中来，带着兰花草，种在校园中，希望花开早，一日看三回，看得花时过，兰花却依然，苞也无一个"，思乡之情溢于言表。我们班来自黑龙江的贾昌福同学则常常扯

开嗓门，唱"我爱你，塞北的雪，飘飘洒洒，漫天遍野……"；而来自东海之滨的何成梁同学也经常叨念"大海啊、大海，是我生长的地方，海风吹、海浪涌，随我漂流四方"。来自西北的同学则吼着"我家住在黄土高坡，大风从坡上刮过，不管是西北风还是东南风，都是我的歌"。来自南方的冯绣春同学也时常低着头回忆"我从垄上走过，垄上一片秋色，田里稻穗飘香，风来声瑟瑟，仿佛为季节讴歌……"乡愁来了的时候，挡都挡不住，那上晚自习的钟声，就像是"南屏晚钟，随风飘送，它好像是催呀催醒我的思乡梦"。

80年代初，校园谈恋爱绝对是奢侈品，能消费得起的人很少。但那时同学间谈恋爱较之现在也绝对是高雅、文明、含蓄，"两颗心要承受多少痛苦的煎熬，才能够彼此完全明了"，有的人常常只能借花借月述衷肠——"这绿岛像一只船在月夜里摇呀摇，让我的衷情随那流水，不断地向你倾诉"。大胆一点的也只能是"你问我爱你有多深、我爱你有几分，我的情不移，我的爱不变，月亮代表我的心。"（月有阴晴圆缺，怎能代表你的心呢？）

　　较之现在的校园同学，我们的感情表达方式已是古董。现在更多的是相信自己的眼睛，直观地请"对面的女孩看过来，看过来，看过来，这里的表演很精彩"，结果是"我上看下看左看右看，原来每个女孩都不简单"；而女孩子则反唇相讥"你不要这样看着我，我的脸会变成红苹果，我是女生，漂亮的女生，你不懂女生"。现在的人动不动就是《我的爱如潮水》，还要《让我一次爱个够》，似乎现在的爱已《悄悄地蒙上了眼睛》，会《让我欢喜让我忧》。常常是"爱到尽头，覆水难收，爱悠悠，恨悠悠"，一会儿"给我关怀，为我解忧"一会儿又"为我平添许多愁"，真是搞不懂。有的人还经常地"我曾经问个不休，你何时跟我走，可你却总是笑我一无所有"（看来爱已需要实力了）。甚而如《北京人在纽约》吼"千万里，我追寻着你，可是你却并不在意，time time again，you ask me，问我到底爱不爱你"，都天马行空了，却还是驾驭不住爱。当然现在更多的人对爱情还是"跟着感觉走，紧抓住梦的手"，不在乎天长地久，只要曾经拥有。

　　我们是80年代中期毕业的，那年夏天同学们即将离校奔向祖国的四面八方之际，那份对校园、对学友、对老师的眷恋之情浓得就像黑芝麻糊。那几天，居然让光华村的小酒馆啤酒告罄。在送同学上火车离开成都那一刹那，大有"送战友，踏征程，任重道远多艰险，洒下一路驼铃声"的悲壮，那离别的情形至今还历历在目。

　　毕业后，因为天南地北，同学间联系甚少。偶有同学来成都公干，于是就成了我们这些在蓉同学小聚的由头，每逢这种时刻，大家都要感叹"时光的背影如此悠悠，往日的岁月又上心头"。有时大家还专门回母校来听那曾经熟悉的上课铃声，似乎"流连的钟声还在敲打我的无眠，尘封的日子始终不会是一片云烟"。当然相聚的意义更多的是"所以快乐着你的快乐，幸福着你的幸福"。没有机会回母校的同学有时也通过电话诉说对母校、对同学的想念，远在英国的王仲辉同学就曾打过电话回来诉说《我的中国心》，说"河山只在我梦萦，祖国已多年未亲近……洋装虽然穿在身，我心依然是中国心"。我们则询问《你在他乡还好吗？》。有时同学们在电话中也会诉说毕业后这些年在事业上的坎坷，叹息"悠悠岁月，欲说当年好困惑"，经常换单位的同学则是"走四方，路迢迢，水长长，迷迷茫茫，一村又一庄""再回首，云遮断归途"只好自嘲"我是一只小小小小鸟，想要飞呀飞，却飞也飞不高……"此时大家也只有请《水手》给他讲"他说风雨中这点痛算什么，擦干泪，不要怕，至少我们还有梦"，让他相信"山不转哪水在转，水不转哪云也转……"希望他"驿动的心已渐渐平息"。而对那些既没回过母校，又没有联系的同学，我们只有多一份惦念了："谁娶了多愁善感的你，谁安慰爱哭的你，谁把你的长发盘起，谁给你做的嫁衣……"

岁月如歌，随着年龄增长，我们这代人正陆续步入中年，同学们更是珍视友谊情怀。在此我也呼吁《同桌的你》和《睡在我上铺的兄弟》，以及广大的校友们，在相信《爱拼才会赢》和《命运不是辘轳》《风雨兼程》的同时，还要重视身体健康，经常要"左三圈右三圈，脖子扭扭，屁股扭扭，早睡早起……"，因为我们还要为国为家做事，还要为母校争取荣誉。啊，光华园，培养我的地方，我人生起步的摇篮，我们为你骄傲，为你自豪，我们也会为你《祝福》、为你增添荣耀，谁言寸草心，报得三春晖。

摘自《情系光华》，有改动。

浣花溪边一大学

■ 玛丽安·坎迪杜
西南财经大学美籍教师

中国，成都，五点半，雄鸡鸣声打破了黎明的静寂。六点，军号声催人早操。当你辗转床头回味梦境的时候，卖菜的小贩在窗下吆喝着招揽生意。这就是四川财经学院一天之始的前奏曲。

围墙外，牵水牛的农民在泥淖的田中犁地；围墙内，学生们正在混凝土和砖砌的大楼里学习现代化电脑语言。

能够上大学的学生是智力相对较好的学生，上大学要通过严格的考试。通过考试的少数人期待高等教育给他们带来的好处。没有考取的继续准备下一年的考试或者等待分配工作。考试前考生必须说明他要学什么专业。考试的总分决定考生进入哪一所大学。考分越高，就越可能到北京或上海的名牌大学学习。考生一到校，就分到各专业，学习立即开始。改换专业是极困难的，学生按照预先排好的课程表上课，没有选择的余地。白天，学生们有两小时的午餐和休息时间。下午4点到6点，学生们自由参加喜爱的体育活动。如果晚上没课，学生一般从7:30自习到10点教学大楼锁门为止。一小时后，号声宣告一天的结束，学生宿舍停止供电，但研究生可以通宵用电。中国学生不像美国学生那样抱怨学校的饭菜，他们都说食堂的饭菜质量高，味道好，也不贵。学校为新完工的二层饭厅而自豪，学生们一般带上自己的碗，买上饭菜后到饭厅外面食用。有的一边往寝室走一边吃，有的回到寝室再吃，他们说这样比较舒服。

成都没有美国学生常去的快餐馆和馅饼亭。可是我们经常看到学生在学校前门的一些饭馆里吃面条或吃一种里面有蔬菜和猪肉的叫作饺子的面团，吃时还要带一碟辣椒油。学生的大多数活动在寝室里进行，这里是吃饭、学习、玩的地方，在应该贴画的地方挂满了晾晒的衣服。研究生和青年教师可以享受四人一间的住房。

在没人的夜晚，有时也能见到一对情侣沿着灯光暗淡的操场散步，或者在学习时间，坐在教室后排窃窃私语。大多数学生都没有谈恋爱，他们说自己太年轻、太忙。父母也告诫不要在学习期间谈恋爱。

学生们的周末从星期六下午开始，到星期天晚上结束，那时他们得为下礼拜的课程做好准备。星期六晚上，各系也组织跳舞晚会。一些学生在自己的房间里聚会。迪斯科在学生中非常热门，探戈、狐步、伦巴也很流行。他们难得聚在房间里弹吉他演唱歌曲。看电影花钱极少，学生们挺喜欢。学生们也很爱玩扑克和桥牌，也爱下中国象棋。他们经常到公园野餐。

中国学生说能上大学感到非常幸福。受过高等教育的学生毕业后能得到令人羡慕的工作，这种教育能帮助他们事业进步。他们补充说，这也有助于中国的进步。

摘自《西南财大报》1986年4月10日，有改动。

75岁，我入党了

■ 谭明智
西南财经大学离休教师

今天是我党六十六岁的生日，也是我人生征途上永远不会忘记的一天。一个七十五岁的老知识分子得到党的关怀和爱护，被接纳为中国共产党预备党员，今天在党旗下庄严宣誓，我思绪万千，感到既高兴又惶恐。高兴的是我成了一名光荣的无产阶级先锋战士，但惶恐的是我作为一名党员、人民教师，身上的担子就更沉重了。在我短暂的余生里，能不能出色地完成党交给我的任务，会不会辜负党对我的殷切期望呢？

一个年逾古稀的老人，为什么志愿加入中国共产党？我的回答是，通过新中国成立前后的对比、"文化大革命"前后的对比和党的十一届三中全会前后的对比，我增强了对党的信念，这些活生生的历史事实教育了我，使我有了明确的方向，坚信"没有共产党就没有新中国""要振兴中华，只有在党的领导下走社会主义道路"。

"莫道人生无再少，门前流水尚能西。"中国共产党的大门是随时为有理想有抱负的老人敞开着的。在入党后，我能直接听到党的声音，受到党的教育，我希望能从党那里吸取更多动力，使我在晚年里为人民、为党作出更多贡献，不虚度我的一生。

几年来我一直这样看待我的入党：虽了却了夙愿，但绝不能把它当成归宿。入党是我新生命的开始，是我政治生命的一个大转折，尽管我的余生是短暂的，但我决心走出一条五彩缤纷的路，走出一条以共产党员为目标的"自我完善"之路。古人说："莫道桑榆晚，为霞尚满天。""老牛明知夕阳短，不用扬鞭自奋蹄。"我要做一个马拉松运动员，一旦开始，就要干到底，至死不渝。我作为一支蜡烛还不够，还要做一支火炬，一支燃烧得旺旺的、能一代代传下去的火炬。在新的历史条件下，我首先要珍惜一个共产党员的光荣称号，严格要求自己，自觉抵制资产阶级思想的侵蚀，在名利面前，经得起考验，全心全意为人民服务。我要做教书育人、为人师表的模范，做不尚空谈、多干实事的模范，做坚持四项基本原则，勇于开拓的模范，做维护人民利益，奋力向共产主义进军的模范，做遵纪守法，同不正之风和违法犯罪行为做坚决斗争的模范。真正起到一个共产党员的先锋带头作用，我首先要从自己做起，竭尽全力加强党的光辉形象和崇高威信。作为一名共产党员，我在群众中的言行绝不是个人的言行，而是代表党的形象，我只有奋斗牺牲为党增添光辉的义务，绝没有为党抹黑的权利。

"芳林新叶催陈叶，流水前波让后波。"我虽已退休，但身体还很硬朗，精力还很充沛，我决心本着老有所为的精神，继续奋战在教学第一线，认真指导好博士生，为人民的教育事业奋斗献身。

英国文豪莎士比亚说过这样一句话："有些人似乎永远不老。他们思想灵活，接受新见解，永无顽固保守之论；满足而不骄傲，安定而永不停止；他们能享受现实中最好的事物，又能发现未来的最佳事物。"做这样的老人，做有这种思想境界的共产党员，正是我这辈子的心愿。

摘自《西南财大报》1987年6月30日，有改动。

30年前首届学生科讨会，博士生导师谈科讨

■ 夏洪涛 1992级校友
■ 刘　理 1993级校友

　　西南财经大学首届学生科讨会迎着五月的阳光，和着初夏的节拍，在校园里轰轰烈烈地展开了。对此，学术界的泰斗有些什么建议和看法呢？抱着这一疑问，我们走访了我校几位博士生导师，请他们谈了各自对这次科讨会的看法。

刘诗白：面对现实，调查研究

　　我校名誉校长、经济学博士生导师刘诗白教授在繁忙的工作之中专门抽出时间接见了本报记者，他高度评价了这次科讨会，他说："定期举办这样的科讨会，对引导和提高大家的研究兴趣是非常有益的。"他称赞这次科讨会中同学们的热情很高，表现为交稿积极、参加人员广泛（有博士生、硕士生和各年级的本科生）、讨论热烈踊跃，认为这是一种好现象。

　　刘校长指出：我校是培养高级经济管理人才的地方。在改革开放的新形势下，国家急需高层次人才，高年级本科生要培养自己的研究能力、写作能力、实践能力，不能仅仅是读书，更要参与实践，培养理论与实践相结合的学风，努力多钻研，要"求新知"，培

养自己认识分析问题的能力。他鼓励同学们把科研成果"拿"出来，在杂志刊物上多发表一些文章。

当记者问到当前形势下我校科研工作的发展方向时，刘校长说："在校大学生应瞄准当前改革开放中的重大理论和实践问题，如金融改革、财税改革、现代企业制度的塑造、市场经济模式的转换等问题，都很值得研究与讨论，并且许多热点问题与学生的专业结合紧密，是'本行'。讨论与研究这些问题是对学生学习的一种检验，检验理论掌握得好不好，会不会用。"刘校长强调大学生应面对现实中的问题，多搞调查研究，利用节假日深入银行、工厂、农村进行实践活动，从而能够掌握第一手资料，带着问题参与实践，以此作为研究的素材，能更好地为理论研究服务。

王叔云：开拓知识领域 巩固学习成果

"举办科讨会，撰写学术论文，有利于活跃学术气氛，这是很好的活动。"刚刚外出访问归来的农业经济学博士生导师王叔云教授一开口就对本次科讨会予以充分的肯定，随后他便饶有兴致地和我们侃起"学生科讨"来。

王教授认为：大学生在学习过程中，把自己学习、思考的心得写出来，形成短小精悍的学术论文，这不仅能开拓自己的知识视野、知识领域，而且有助于巩固自己的学习成果，是学习的一种更高级的形式。

他提议论文的题目最好是从经济时事学习、社会调查了解与自身的结合处寻找，再围绕自己感兴趣的问题进行深入探讨；主张本科生写论文要"小题大做"——由对于一点现象或疑问的深入思考，挖掘出其内部实质。他指出，这样做一方面是由于在校学生的时间和能力有限，另一方面是因为形式短小精悍的论文更能提高学生思考的精密程度，锻炼语言的提炼能力。

对于平时如何开展学术活动，王

教授建议采取"科研小组""读书会"的形式：三五个志同道合且研究课题相近的同学，定期开展一定的学习讨论活动，取长补短、相得益彰。同时，他希望各系能鼓励、引导学生向各学术刊物投稿，认为这是学生寻找科研动力的一种方法，而且学生还可以从修改稿和原稿的比较中得到启发，有益于学识的提高。

采访结束时，王教授向我们展示了他为召开的首届学生科讨会所题的贺词："文如云水思如海，舌有风雷笔有神！"这也是他对这次科讨会的期望和总评。

赵国良：注重联系实际体现学科优势

赵国良教授是工业经济学博士生导师，同时兼任我校工业经济研究所所长。对这次科论会，他结合已经举行的几个系的科讨会实际情况，作了客观的分析。

他认为从总体上讲，这次科讨会准备得比较充分，学校、各系都作了大量努力：邀请了专家学者讲学，开放了图书馆、资料室，聘请了指导老师。同学们积极性高，投入精力很多，在导师的认真指导下写出的论文质量也比较高；但仍存在不足，主要是实际调查研究不够。如果在科讨会前，学校能组织同学深入社会，进行调查研究，那样效果肯定会更好。谈及讨论过程，赵教授说："好的方面在于我们的同学敢于发表自己的见解，不好的则是同学们不敢评论别人的见解。"

赵教授提醒大家注意过去我校学生在科研方面有"起伏不定"的现象。从这次科讨会来看，现在同学们在科研上思想解放了，积极性提高了，论文质量也提高了，只是由于缺乏对实际的调查，论文深度不够。他希望广大同学对科研保持积极参与调查研究、注重实际的态度。同时他建议我校科研注意两点：一是注重改革开放第一线的实际问题的研讨。例如"什么是现代企业制度""如何建立现代企业制度"等问题的研究。二是我校科研应体现学校专业特点和学科优势。例如我校属银行系统，在金融方面有特长，应利用这一优势，加强这一方面的研究。赵教授说："做到了这两点，我们就能在四川省乃至全国的科学论坛上闯出一条新路。"

曾康霖：由研究生向本科生全面发展

"这次科讨会是我校科研发展的转折点，是我校科研由研究生向本科生的全面发展，它必将带动我校科研的全面开展，为我校科研工作开创新的局面，也必将带动我校教学等其他方面的发展。"金融学博士生导师曾康霖教授以他那睿智的目光评价了本次科讨会的重大意义，展望了我校科研工作的喜人前景。

"这次科讨会也可以大大促进教学的发展。"

曾教授继续讲述他的观点，"因为一方面，对学生而言，听课记笔记是一回事；学懂、学会、用理论来分析解决实际问题是另一回事；论文写出来了，要准确无误地表达自己的观点，并对别人的观点提出异议，进行讨论又是一回事。因此，举行科讨会有利于增强学生理论联系实际的能力，锻炼思维和表达能力，同时促进学生将所学知识融会贯通。另一方面，对教师来说，教师要指导学生作文，要对学生论文进行修改指正，也需要自己思考论文中提出的观点，有时甚至要自己进行重新学习，并且学生的某些观点对教师也会有启发。这些有利于施教。"

针对在校学生搞科研，曾教授提出三点意见：第一，要认识到学生搞科研与实际中的科研有差别，学生科讨会应该为教学服务。由于在校学生对社会缺乏深入的了解，论文的观点应该也只能主要从教师的启发和资料的查阅中提取。第二，要防止只注重实际问题研究的倾向。在当今的改革年代，对人们关心的经济热点、难点进行研究是可取的，但是不能因此忽略对基本理论的研究。从某种意义上讲，后者更接近学生实际，易于达到一定的高度。第三，学生应该结合自己的学习搞科研。抛开学习搞科研不切实际，其后果很可能是得不偿失，在校学生应结合自己的专业，在学习过程中搞科研。

此外，曾教授还指出了已举行的几个系级科讨会中普遍存在的不足——围绕同一问题的深入讨论不够，认识上的交锋不够激烈。他希望广大同学能够大胆探索、大胆讨论。

采访结束了，导师们的话却还在我们心中激荡。的确，在改革的年代，在"科学技术是第一生产力"的今天，以"天之骄子"自居的大学生们，只有解放思想、注重实际、加强科研，才有可能成为肩负"建设社会主义现代化强国"这一历史重任的跨世纪人才。我们衷心祝愿我校首届学生科讨会取得圆满成功，从而推动学校科研事业的蓬勃发展，促成"以学习带动科研，以科研促进学习"的良好风气，力争早日进入"211 工程"。

摘自《西南财大报》1994 年 5 月 27 日，有改动。

省委书记拜师记

■ 王文俊 新华社记者

　　五月初的一天，大雨下个不停，新当选的中共四川省委书记谢世杰，冒雨驱车到成都西郊光华村西南财经大学，专程登门求见我国著名经济学家、西南财大名誉校长、博士生导师刘诗白教授，拜刘老为师。

　　这天下午二时，谢世杰同志在西南财大宿舍区下车后按照事先打听好的地址，直接走进七栋楼内，上到三楼6号门前停步，轻轻按了一下电铃，刘老开了门，面对这位突如其来的客人不知所措，忙说："请进，请进。"

　　在会客室里，谢世杰诚恳地说："刘老，今天我是专程前来拜你为师，向你请教的。"

　　这位在国内外享有很高声誉，被美国、英国编入《国际名人录》的刘诗白教授谦虚地说："互相学习，互相帮助。"

　　从基层成长起来的省委书记谢世杰，交了许多农民和乡村干部朋友，对他增强同人民群众感情、了解情况、做好工作有很大帮助。但是，随着四川改革开放的深入，出现的许多新问题需要用理论和实际结合作出回答。然而，谢世杰感到他学的东西不够用了，这就要他不仅加强与老朋友的联系，而且还要与经济理论专家、学者和教授交朋友，虚心向他们学习，提高经济理论水平和领导才能，更好地为人民服务。

谢世杰说："我这个人长期在基层工作，农村经济还熟悉一点，但经济理论水平不高，缺乏城市经济管理经验，对社会主义市场经济也不熟悉。刘老是这方面的专家，今后我在这方面有什么难题就向你请教，在工作中遇到困难和问题也请你多多指点帮助。"

68岁的刘老，面带笑容说："我是四川人，理应帮父母官分忧解难。今后，你出题目，尽我所能，答好答案。"

四十多年致力于理论经济学研究的刘诗白教授，研究成果有：《社会主义商品生产若干问题研究》《社会主义市场经济理论》等六部专著，在报纸杂志上发表了与"社会主义市场机制""社会主义股份制"等相关的具有独特见解的近百篇论文，这些著作对我国经济建设与改革开放实践中的问题作出了系统性的理论分析，他的理论观点对我国经济建设与改革开放起到了一定的指导作用。

今天，刘诗白教授把省委书记的来临看作一件大事。刘老严肃认真地向谢世杰书记介绍了他最新的经济理论研究成果，他还运用市场经济理论，联系国内外、省内外实际，就四川如何发展市场经济，如何深化改革、扩大对外开放，加快四川经济发展步伐等问题，阐述他的意见。

谢世杰同志聚精会神地倾听着刘老的讲述，认真做着笔记，有时还提出一些问题，同刘老商讨。

谢世杰书记谦虚学习的态度感动了刘老，他也不客气地就如何做好当前四川工作提出了五点建议：一是做好宣传舆论工作，把广大干部群众的干劲进一步鼓起来；二是省上定了事就干，不要拖；三是对广大干部进行市场经济理论的教育，进一步解放思想，改变旧观念；四是扩大对外开放紧抓不放，引进外资要花点代价，让外商有钱可赚，他才会来投资；五是进一步落实调动科技人员的工作积极性。谢世杰说："干部中的思想认识问题，要靠教育解决，这项工作除各级党委要做外，希望经济理论工作者走出院门，给干部讲讲现代经济理论，换换脑筋，只要大家提高了理论水平和认识能力，思想问题就迎刃而解。"

接着，谢世杰书记向刘老请教了如何搞活大中型企业问题。他说："中央一再强调要搞活大中型企业，我们也在讲，但直到现在还没有真正走出一条路来。其搞不活的症结在哪里？我想托你们开个研讨会，专门研究一下这个问题。"

刘诗白说："这件大事抓得好，我赞成，我们愿意承担此事。"

这时，门铃响了，西南财大党委书记王永锡教授、校长甘本佑教授走了进来。谢世杰说："你们来得正好，我正和刘老商量一件事，想开一个学术讨论会，专门研讨怎么才能搞活大中型企业的问题。这个会有大型企业负责人、经济理论工作者、专家、领导干部参加。由你们牵头做好准备和省社科院、省经委联办，这个会要拿出一个高水平的意见来，供省委、省政府决策时参考。六月份开，你们看行吗？"

王永锡、甘本佑说："这是一件好事，我们愿意承担，保证做好准备。"

谢世杰高兴地说："西南财大人才济济，老师们默默耕耘，为全国和四川培养出大批优秀人才，请你们转达我对老师们的感谢和问候。"

这天下午4时30分，谢世杰起身走时说："我此次来受益匪浅。刘老，我们定个不成文的协议，你收下我这个学生，我常来请教，你发现我工作中有什么问题，也请及时指正，欢迎你到我家做客。"

刘诗白教授笑着点头说："好、好！"

摘自《四川日报》1993年5月24日第1版，有改动。

希望财大为振兴经济出把力

■ 张曹劳（笔名）

5月25日，天空格外晴朗。上午9点45分，一辆黑色轿车驶进光华园，在办公楼前停下。一位精神矍铄的长者从车里钻出，径直登上三楼会议室。"欢迎蒲副省长来校指导工作！"校党委书记王永锡、校长甘本佑快步走上前去，紧紧握住副省长蒲海清的手，高兴地连连说道："欢迎，欢迎！"这是继省委书记谢世杰、省委副书记宋宝瑞来我校后，又一位省级领导莅临我校。

（一）

主管全省经济工作的省委常委、常务副省长蒲海清刚一落座，就给校领导出了道题：金融如何改革，四川怎么办？

蒲海清说，"财经大学的教师，既要会讲经济理论，又要能解决现实经济出现的难题。最近省政府要开一个全省地、市、州长经济工作会，希望能邀请财大的专家教授出席工作会，为四川的经济工作出谋献计。"

蒲海清的话，顿时让在座的人感动不已，深感领导对财大的厚望和财大肩负的重任。

接着，校党委书记王永锡、校长甘本佑介绍了学校教育改革和发展的情况。甘校长说："学校的专业改革思路是——宽口径，厚基础。在保证专业稳定的基础上，专业内搞多个专门化方向，力求按市场需要培养实用型人才。今年学校新增设'证券与投资'和'房地产经营管理'两个方向，招收专科生就是专业改革的一项新举措。"

在谈到教学体制改革时，王永锡书记说："我们正在设想'一校两制'。即在保证原有教学体制和办学规模的条件下，联合各专业银行办学，建立股份制金融学院。"听到这里，蒲海清连连称赞道："好！好！你们的改革思路很好，我坚决支持。这不仅解决了学校的教育投入，更重要的是与用户结合，与金融部门联系，为社会输送实用型人才。"

蒲海清在听完学校有关教学、科研、师资队伍建设、住房等情况汇报后，通报了目前四川省的经济形势。

时间不知不觉过了两个小时。这时，校办唐主任拿着纸、墨和笔走到蒲海清面前，恳请其为学校题字。在校领导一再请求下，蒲副省长欣然泼墨写下了"繁荣财经科学，兴我中华"十个大字。

座谈会完后，蒲海清一行来到了电教中心。在电教转换室里，工作人员正在利用微机复制由学校自制的金融教学专题片"银行汇兑"。蒲副省长一边兴致勃勃地看着片段，一边仔细听着甘校长的介绍："今年四月，学校利用新开储蓄所，将教职工每月工资转为储蓄进行发放。既方便了教师，又有利于增加储蓄，支援建设。"蒲海清连连点头："不取现金，这样好啊。现在普遍存在资金紧缺，如果全省都这样做，再把信用卡制度搞起来，每年至少可集资10多亿资金。"

来到第三编辑室，只见工作人员正在试播一部野外实习录像。王永锡书记说："这是一部有关区域经济的教学片，经济系已连续六年进行野外实地教学。"听到"区域经济"，蒲海清深有感慨地说："对于区域经济研究，目前我国还未取得突破性进展，沿海与内地的经济落差眼看越来越大，希望你们好好研究这方面问题。"甘校长接过话说："学校已把研究西部经济发展作为科研工作的重点，专门组建了西部经济发展研究中心，但是科研离不开现实经济的土壤，我们希望省里能在教学实习与调查等方面提供方便和支持。"蒲副省长愉快地作答："我要为你们提供实习场所，并尽可能满足你们的一切要求。你们也是在为全省经济建设服务，我没理由不支持。"

（二）

"哗——"报告厅响起了一阵掌声。蒲海清被学校聘为兼职教授和我校西部经济发展研究中心顾问。

在热烈的掌声中，蒲副省长郑重地从甘校长手中接过聘书，高兴地说："我当了一辈子学生，今天可是第一次做老师。"当校长亲手为他佩戴校徽时，他显得很开心："虽然我主管全省经济工作，但原来是学工科的。从今天起，我成了西南财大的教师，但主要还是向财大的经济学专家学者学习，当一名学财经的学生。"谦逊之情溢于言表。

聘请仪式完成后，蒲副省长开始向同学们做《关于当前经济形势》的报告。他翔实地介绍了四川省市场经济建设进程，使同学们对四川经济腾飞蓝图有了深刻的了解。

在谈到四川利用外资情况时，他颇为自豪地说："四川是一个拥有1亿1千多万人口的巨大消费市场，不仅拥有雄厚的高尖端科技实力，还有丰富的自然资源和'天府之国'的美称。最近，我们又在交通、能源等基础设施建设方面加快了建设步伐。这一切，强烈地吸引了美、日、新等国家和港、台等地区的客商投资欲望。举个例子，前些日子四川省招商团赴港，刚下飞机便受到了商界名流的亲临欢迎，在欢迎仪式上，这些香港商界头面人物站立停留半个小时之久，事后新华社香港分社负责人说，这种现象在港少有。在这次招商引资活动中，我们达成引进外资协议90多亿美元。"

在谈到四川在市场经济体制建立、经济持续高速增长、基础设施建设不断发展、外资吸引利用取得突破性进展四个方面取得巨大成就后，蒲副省长重点向同学们阐述了目前四川经济工作中的问题：经济结构调整没有得到大的改善；基础工业纵向比较仍欠发达；对于新体制下宏观调控的研究进展不大；农村经济形势（如白条、绿条问题）依然严峻，农民生产积极性有待提高。

"这些问题，集中表现在宏观调控和资金不足上。资金总是趋向于流往回报率高的区域——四川的大量资金流入北海、海南、深圳等沿海地区，以至现在省内建设资金严重不足。物价、证券管理等方面也是难点重重，社会分配不公依然存在。再举个例子，像这样搞个讲座的老师领不了多少钱，而一个歌星'潇洒走一回'便是上万的收入，我们是不是可以考虑收这些歌星一点税，用在那些搞讲学的教授学者身上呢？"

蒲副省长推心置腹的谈话深深牵动了在座所有同学的心，增强了同学们对经济形势的忧患意识。

"在座同学们都是学财经的，我想请你们给我出出主意。"蒲副省长满怀厚望地说，"我们建设所急需的资金该如何融通？我们的税制面临的挑战该如何改革？实行新的市场经济体制后，旧的行政命令性物价管理已经不能适用，但宏观物价管理又该如何才能做到科学？企业要搞活，所有权和经营权要分离，要搞股份制，但是具体做法该如何才算稳妥？我国经济要与国际经济接轨，会计制度要变，相应之下要建立一个什么样的审计体系？我希望你们能理论结合实际，为我这个省长出谋划策。"

"你们是年轻一代，开拓性很强，俗话说，'初生牛犊不怕虎'，有些新观念、新办法你们想到了，我可不一定能想到。"他停了停又说，"一旦采纳了你们的观点，我要有所表示。发不起高额奖金，但我至少可以给你们发一张荣誉证书，以表明你们为四川经济出了力。"

"哗——"，报告厅内再次响起了热烈的掌声。

摘自《西南财大报》1993 年 6 月 20 日，有改动。

西南财大：中国金融人才库

■ 魏祥杰
《西南财大报》原总编辑

1994年2月的一天，四川成都金牛宾馆，国务院副总理兼中国人民银行行长朱镕基正在这里接见西南财经大学领导和四川省金融财税部门负责人。副总理请在座的领导自报家门，只听"毕业于西南财大"之声不绝于耳，他非常高兴，笑道，看来财大是个金融人才库啊！

作为中国人民银行直属的老牌院校，西南财大43年来为国家培养的2万多毕业生，遍布祖国大江南北的金融财税部门，可以说哪里有金融业，哪里就有西南财大人。

聚焦金融，打出自己的名牌产品

如同所有企业一样，没有特色就没有竞争力，学校也应当发挥优势，创造出具有自身特色的名牌拳头产品，占领人才市场。

对此，西南财大领导十分清醒，他们明确提出：按照以金融学科为重点，其他财经专业相互渗透、协调发展的方向办学。

一位校领导说，这个决策基于两点，那就是在我国金融业向市场化、国际化和现代化迈进中，要面对国际金融业的挑战和参与竞争。而制约金融体制改革的主要问题是人才：一是目前金融人才数量严重短缺，1992年全国金融从业人员248万人，占第三产业人员的2.11%，而发达国家一般占10%以上，即使按现有规模计算，每年金融系统需补充大中专毕业生4万人，而我们的金融教育每年只能培养1万人；二是按现代化金融业的要求，现有的金融队伍人员素质、知识结构和专业水平，更需要提高。

面向金融，学校加大改革力度，近10年中先后四次修改教学计划，加强基础，拓宽口径。全校25个专业都围绕金融行业发展的需要设置课程，培养人才，形成金融大专业，覆盖了金融部门90%的工作岗位。以保险为代表的一批专业，还根据用人部门的需要，在学生三年级学完基础课和部分专业课后，到业务部门进行"专业对口，挂职顶岗实习"半年，再回到学校缺啥补啥，这种有理论、重实际的人才，很受欢迎，成了"抢手货"。

争上档次，注重高层次人才培养

在全国理工农医林校校办财经的时候，西南财大注重发挥自己老牌综合性财经优势，把办学的重点放在上档次上。

他们认为，在激烈的市场竞争中，要保持特色，必须是人无我有，人有我精，在人才的档次与知识面上较量。因此，从1984年，财大研究生层次教育实现办学史上"零"的突破后[1]，发展迅速，如今已拥有了7个博士学位和16个硕士学位授权点，已培养的1075名博士和硕士研究生，占全国金融系统研究生培养总数的75%以上。

1992年，西南财大走出盆地，北上首都，首次专门为北京地区各大银行开办不脱产的专职MBA工商硕士研究生班，招收了31名政治思想好、专业素质较高的处级以上业务骨干。西南财大为振兴民族

---

[1] 学校首届研究生1981年招生，1982年2月入学，1984年共有18位研究生毕业。

保险业，增强其与国际保险业的抗衡能力，又创办了我国第一个以培养硕士研究生为主的"中国保险会计师培训中心"。同时，学校还为国家经委、劳动人事部开了"全国特大型企业经理厂长和总经济师专业证书班"，开办了全国省市保险公司部经理、地区市级银行行长进修班。

在研究生的研究方向和课程设置上，西南财大注重实用性和实效性，学校结合现实，三次调整课程计划，设置应用类研究方向。同时，学校还让研究生参加金融和经济改革的实践，参与制定地区经济发展战略；聘请中国人民银行副行长周正庆等一批具有高级职称的金融专家为兼职教授，在实际工作中指导研究生。

这些事情表明，西南财大立足校内，面向市场，立足金融，面向全局，在培养实际部门需要的高层次人才上打出了自己的特色。

注重应用，让人才库竞放光华

"繁荣财经科学，振兴祖国经济"是西南财大人才库的又一大特色。学校先后建立了10个经济、金融研究机构，"六五"计划、"七五"计划、"八五"计划期间，承担了国家、总行和省部级大量重大课题。1978年至今，学校有128项科研成果获得国家、总行和省部级奖。

在理论研究方面，《资金论》是国内第一部系统全面研究资金问题的学术专著；《资产阶级古典学派货币银行学说》填补了我国经济学说史中的空白；《产权新论》是我国第一部系统研究产权理论的专著；关于扩大社会生产核算范围的理论研究，为中国核算体系与国际核算接轨提供了理论支持。

在实际应用方面，西南财大运用金融市场与投资理论，主持并参与了我国第一家银行股份制改革工作——成都市汇通城市合作银行的组建；为成都市政府提供研究报告，论证了在成都建设我国西部金融中心的可行性；金融指标对比分析系统、多用户会计信息系统等金融电子化软件系统，不仅被银行采用，还推广到 30 多个单位。

西南财大的专家教授们，不仅为我国金融事业的改革发展出谋献策，成为国家金融决策的"参谋部"，而且也成为地方政府有关金融财经问题的智囊团。

1990 年，西南财大刘诗白教授向四川省委省政府提出优先发展川西平原"一条线"经济带的构想，并被采纳。经过几年努力，"一条线"上的德阳、绵阳等十多个市县经济迅速发展，对促进四川经济发展起到了积极作用，如今该构想发展为"一线两点"区域经济战略。1993 年，他和赵国良、郭元晞、丁任重等教授，受省委省府委托，对 22 户不同行业、不同经营状况的大型国有企业进行现代企业新体制改革试点。经过一年的实践，22 家企业的生产、销售和税利都高于同期其他工业企业，受到国家有关部委和省里领导的高度评价。

西南财经大学的领导认为，为适应我国金融体制改革和经济发展的需要，作为国家金融人才培养的重要基地，应该面向 21 世纪作出更高的"定位"，那就是建成五个重要基地：培养金融及其他财经部门高层次人才的重要基地；从事经济体制改革和金融事业发展的对策性研究和咨询服务的重要基地；金融高中级干部研修的重要基地；金融国际学术交流和文献信息服务的重要基地；西南地区财经和工商企业高层次人才培养的重要基地。

西南财大的宏伟蓝图，得到了中国人民银行和四川省及成都市的支持。有关部门将投入资金进行学科建设、优秀课程建设、师资队伍建设、信息网络建设和校舍等基础设施建设，使学校成为国内、国际知名的金融人才库。

摘自《西南财大报》1995 年 4 月 30 日

（原载于《中国教育报》1995 年 3 月 16 日），有改动。

评建创优，我们一起走过

■ 光辉（笔名）

2004 年 12 月 3 日，当教育部专家组在西南财大本科教学水平评估意见反馈会上郑重宣读了评估意见，肯定了学校六个方面的成绩，确认了学校的办学特色，提出了三个方面的建议以后，全场掌声雷动，全校欢欣鼓舞。冬日的光华园骤然升温，变得热闹非凡。

对这个结果，我们有一万个理由欢呼雀跃，这在西南财大的建设发展史上是浓墨重彩、大书特书的一笔；然而，我们更有一万零一个理由对此保持平静，我们觉得一切都是那么自然而然，理所当然！

从 1999 年年初到 2004 年年底，整整六年的斗转星移，两千多个白昼与夜晚的更替，西南财大人以同心同德、众志成城、振奋精神、凝聚力量的气概，合力同唱了一首排山倒海、气动山河的交响诗。让我们再回首，重新检视那些潮涨潮落、云卷云舒的日子。

雄关漫道真如铁

学校充分认识到，教育部专家组对我校本科教学工作水平评估，是我校在新世纪实施第三次创业的一件大事，也是我校建校史上难逢的一次发展机遇，这对于我校建设高水平教学研究型大学必将起到重要的推动作用。

1999年年初，学校在工作要点中明确写道：在全面推进学校教育改革提高教学质量的过程中，要以"迎评促建"为重点，抓紧落实各项教学建设工作，迎接教育部对我校教学工作的优秀评估。

一场群策群力的攻坚战，就此拉开序幕。

学校专门成立"迎评创优"办公室，对此项工作负专责；把"迎评创优"作为"一把手"的工程来抓，各部门、各院（系）必须"负责组织"本单位的创优工作；不断进行思想动员，深入细致地宣传"迎评创优"，统一思想，提高认识；组织落实各单位在规定时间内健全"迎评创优"工作小组；完善激励和约束机制；在校报开设"迎评创优"专栏，全方位及时报道"迎评创优"的各方面信息。

通过各种渠道和方式，全校师生员工都明白："迎评创优"事关学校的生存和发展；"迎评"是形式，"创优"是核心。在"迎评创优"过程中，一定要突出特色，建设出一批富有特色的标志性成果。时间紧，任务重，责任大，要从学校的整体发展来认识其重要性。

作为在国内外有广泛影响的全国重点高等财经学府，本科教育一直是西南财大办学的主体。在研究学校评建"创优"的指导思想时，学校经过认真讨论，确定了以党的教育方针和党的十六大精神为指导，全面贯彻实施教育创新，立足于各方面建设，着力于抓关键、抓薄弱、抓特色、抓改革，采取切实有力的措施，扎实工作，全面达到教学工作优秀标准，推进学校全面提高教育教学质量，办人民满意的大学。

2003年下半年，"评建创优"工作进入迎检阶段，学校成立了以党委书记涂文涛、校长王裕国为组长的"评建创优"工作领导小组，下设"评建创优"办公室，由分管本科教学的副校长刘灿为主任，下设七个项目建设组。在机构健全的基础上，狠抓组织落实、计划落实和责任制，使学校"评建创优"工作始终沿着正确的轨道健康发展。

群策群力，全校动员。全校上下的广泛参与，生动而具体地说明了评估工作涉及学校工作的方方面面。

创建期间，学校连续多年召开了动员大会，涂文涛书记、王裕国校长、刘灿副校长都作了重要讲话，阐述意义，指明工作方向。会后各院系、各部门分别召开动员会，做到全面发动，不留死角。学生工作部门的同志分头到班级、宿舍进行宣传动员和发动。评建办公室编制了宣传手册，全校师生员工人手一册。学校还专门召开了离退休老同志、老教师及青年教师座谈会，通报情况，听取意见。分管校领导到基层进行多次、多种形式的宣讲，有序地开展工作，保障

了"评建创优"的工作顺利展开。经过广泛宣传，全校上下做到了思想统一，认识统一。

自建、自评、整改；再自建、再自评、再整改……学校的"评建创优"历程，就是这样一个反复自建、不断整改提高的过程。6年的时间里，仅学校层面就组织了9次全校性的自评工作。校内专家组全面展开对院（系）的评估，通过考察提出了考察意见和评估结果，并将意见反馈，进行交流、讨论。各院（系）根据专家组的考察意见进行整改，并提交了整改报告。

学校和学院评建办的灯火，经常彻夜长明。大家夜以继日，连续奋战，根据指标体系的要求，整理和撰写相关材料。学校包括各学院（系）共整理了近2 000盒各类材料，汇编出版了《西南财经大学办学理念文选》《西南财经大学本科学生科研论文选》等书籍。

"四大报告"（《自评报告》《自评结果及依据》《校长报告》《特色报告》）的出台是集体智慧的结晶。学校领导班子对报告的每一稿，都逐字逐句地认真修改，提出了许多指导性意见，并作了许多重要修改。

学校52年①的办学历程，形成了哪些特色？面临哪些问题？学校现阶段的办学指导思想？学校教学改革工作的思路？学科建设的总体方略？今后的发展定位？这些问题需要在四大报告中回答，但这些问题的根本回答，则需要依靠广大师生员工。在形成初稿前，写作班子多次进行专题研讨；初稿形成后，学校召开了中层干部会，收集整理了全校中层干部提出的几百条建议和意见；同时还召开了老教师、老专家座谈会，倾听他们的真知灼见。

经过数十次修改的"四大报告"，是对学校办学历史和实践的科学概括，凝聚着集体智慧的结晶，也必将对学校今后的发展和改革起到重要指导作用。

风物长宜放眼量

教育部专家组在评估意见中指出，学校"确定了符合时代要求的办学指导思想，确立起强烈的改革意识、发展意识、主流意识、机遇意识。学校党政领导班子一贯重视本科教学工作，把本科教育确立为学校办学的主体，以'三个代表'重要思想和科学发展观为指导，确立起明确的教学改革思路，通过全面深化改革，使本科教学的观念、实体、体制、制度、流程、手段、技术不断更新，人才培养质量不断提高。学校抓住本科教学工作水平评估的机遇，巩固和扩大了改革的成果，本科教学改革和建设取得了明显成效"。评估意见的得出，在全校广大师生员工引起了强烈反响，全校上下深受鞭策、鼓舞及启发。评估意见充分地肯定了西南财大师生几十年办学实践所凝聚形成的"经世济民、孜孜以求"的大学精神，充分肯定了学校明晰的办学指导思想；科学地总结概括了学校在学科专业建设、师资队伍、教学改革、教

---

① 当时学校还未追溯校史至光华大学，以1952年四川财经学院创立为起点。

学管理、素质教育、学风以及办学特色等方面取得的成绩。

"评建创优"是思想和理念进一步清晰和完善的过程。全校教职员工经过多次讨论，就办学指导思想达成了共识，即坚持以邓小平理论和"三个代表"重要思想为指导，以培养思想品德优良的创新型应用型的高素质人才为中心，以经济学和管理学学科为主体、以金融学科为重点、多学科协调发展；巩固居于全国财经大学的前列地位，着力建设国内高水平教学研究型大学，在适当时机，实施由教学研究型向研究型大学转变的发展战略；坚持人才强校、学术兴校，弘扬和培育"经世济民、孜孜以求"的西南财大精神，立足西部，面向全国，为经济和社会发展服务，努力将学校建设成为部分学科国际知名的全国一流重点大学。

"评建创优"是学校教风、学风、校风建设进一步提升的过程，是大学精神进一步深入人心的过程，"经世济民、孜孜以求"的精神，已经全面渗透于学校的办学思想、人才培养、学术研究和校园文化之中。"评建创优"也是学校教学改革和建设上质量上提升层次的过程。评建工作极大地促进了管理、软件和硬件的建设，使学校的育人环境和条件得到明显的改善。学校实验室、多媒体教室等一批项目的建设取得了突破性的进展，体现了先进的教学思想和总体思路，获得了专家和教育部领导的高度评价。校园网的升级、电子图书馆的扩大规模、学生宿舍的新建与改建、教学大楼的整修、公共道路的修理和校园的绿化，构成了整体的规模效益。

回顾6年来评建工作的日日夜夜，全校师生员工齐心合作，各方配合默契，精诚团结，一心扑在提高人才培养质量上，付出了艰辛的努力，涌现出不少感人的事迹，彰显了财大人在"经世济民、孜孜以求"的精神指引下，"励精图强，团结拼搏，朝气蓬勃，争创一流"的炽热信念和强大凝聚力。

如今，当我们重新踏进西南财大校园，心底里的自豪感一如巍峨壮观的光华楼，冲天而起；"经世济民、孜孜以求"八个金光闪闪的大字，以夺人眼目的气势辉映出财大人振兴中华、矢志报国的精神。在这一精神的感召下，以"评建创优"为契机，财大人在第三次创业的征途上奋勇前进。

路漫漫其修远兮，吾将上下而求索！

摘自《西南财大报》2004 年 12 月 15 日，有改动。

求贤若渴，三度飞越太平洋
——构筑国际化人才高地行动纪实

■ 明海峰　1991级校友
■ 黄海波　1998级校友

面对高等财经教育的国际化竞争和财经院校新一轮的人才大战，学校领导班子始终保持着清醒的头脑。党委书记封希德教授曾经指出，"我们要树立'大人才观'，要放眼全球，海纳百川，在世界范围内延揽和使用人才，为建设国际化、高素质的人才队伍拓宽择人、用人渠道"。直接主管师资工作的校长王裕国教授也多次强调，"要加大对海外高层次人才的引进力度，以适当的条件吸引他们来校工作"。

我校时刻关注着当今国内外财经学科发展的最新动向，直面建设发展过程中的压力与挑战，深刻认识到要紧紧抓住我国对外开放事业不断深化的历史机遇，采取非常措施，切实加大引进海外高层次人才的力度。

2006年1月6日—8日，一年一度的美国经济学会年会在美国波士顿举行，年会同时为在美国攻读经济学博士学位的毕业生提供全球性的人才供需交流的平台，以供双向选择。通过甘犁教授的沟通与联系，由副校长卓志教授带队，由组织人事部、外事处、金融学院、经济学院、工商管理学院、国际商学院等职能部门和学院负责人组成的"西南财经大学美国经济学年会暨招聘海外人才代表团"于2006年1月6日访问美国。经过20多个小时不间断的飞行,代表团带着热情与诚挚,也带着来不及倒换的时差,直接来到了招聘面试的现场,在之后的三天时间里,共面试了20多名博士。面试时,在甘犁教授的直接参与帮助下,代表团的整个招聘程序遵循了国际惯例,有条不紊且效率较高,得到了应聘者的普遍认同。

利用此次会议进行招聘的还有北京大学、清华大学、复旦大学、上海交通大学、上海财经大学、厦门大学、中央财经大学等国内名校,可见对美国经济学人才的争夺十分激烈。值得一提的是,我校代表团是招聘会上最为重视和规格最高的国内团队,也是唯一的一个西部地区团队。在参加这次招聘的国内院校中,我校在地理位置、学校名气和引进海外人才待遇等方面都处于相对劣势,较大地影响了我校在招聘中的竞争力。但是,通过一些细致入微的周到安排,代表团发现我校最大的竞争力和比较优势体现在"真诚与配合"上。正如参加面试的方颖博士在给卓志副校长的来信中所写的那样,"我真切感受到了您和您的同事们的热诚。对于海外留学生的培养,你们的关心不仅仅体现在经济的待遇上,更体现在一些细致入微的安排上。就我个人而言,你们的工作之细、用心之诚,在这次来波士顿的国内高校中应该无出其右的了"。

在美国经济学会年会期间,中国留美经济学会召开了会议,我校以团体会员的身份加入该学会。副校长卓志教授代表学校介绍和宣传了我校的历史、现状及发展的前景。通过代表团成员的积极努力,首次出访和招聘取得圆满成功,不仅在广大留美经济学子中引起了较大的反响,而且在更大的国际舞台上进一步扩大了影响、树立了形象,为今后海外人才的持续引进和国际交流拓展奠定了基础。

2007年1月3日—18日,由副校长赵德武教授带队,由组织人事部、外事处、MBA教育中心、金融学院等单位负责人和教师组成的代表团再次飞赴美国，参加在芝加哥举行的美国经济学会年会和金融学年会，并利用会议招聘海外人才。副校长赵德武教授代表学校发表了演讲，向200多位留美经济学者和留学生介绍了学校悠久的办学历史、办学理念和特色、开放的学术氛围以及对中国金融经济管理发展的贡献，表达了对高水平人才的真诚渴求，让与会者对成都和西南财经大学留下了更加深刻的印象。他说，"我带着两万多名师生员工的热忱期盼到这里招纳贤才，决不是赶时髦，贴标签，因为西财人是创新而务实的；也决不仅仅是为了让我们的学术进步，影响扩大，而是想邀请大家和我们一道共同书写一个和中国经济奇迹一样重要的学术赶超的'story'，

改变中国人登上世界学术舞台的方式和历史！让世界听到中国学者更强有力的声音"！他还强调，"空间已不再是距离，网络化和学术市场趋于有效，我们完全能够在四川成都与世界同步，产生'顶天立地'的成果"。他的演讲多次被掌声所打断。在会后的交流中，许多留美经济学家表示，西南财经大学是全国较早来美国招聘人才的学校，也是西部首家来美国招聘的院校，改革力度和决心让人感动和信服。

在芝加哥期间，代表团每日都以饱满的热情演奏着一首扣人心弦的交响乐——为以海归人才为主体组建的经济与管理研究院吸纳新人。代表团与我校甘犁教授、刘俊教授、经济与管理研究院张居衍博士一道面试了30多位申请者，发出意向性协议20多份。在紧张的行程中，代表团成员耐心细致地为每一位应试者介绍学校情况，表达对高水平人才的渴求。由于时间紧，代表团每天的面试往往都要进行到凌晨1点。参与应聘面试的博士们纷纷表示"西南财经大学面试专业高效，学校领导高度重视，对海归博士的安排十分周到，体现了人文关怀和诚挚的情意。"

2007年8月1日—18日，由副校长刘灿教授带队的代表团第三次飞赴美国，参加在费城举办的美国管理学年会和在芝加哥举办的美国会计学年会，招聘管理和会计领域人才，了解相关领域学术最新动态。在年会期间，代表团对申请我校教职的海外管理学和会计学的6名博士进行了面试。刘灿教授代表学校介绍了我校学科建设、未来发展规划，以及海外人才引进政策待遇。申请者纷纷表示，愿意与学校建立并保持长期稳定的学术合作关系，回国发展将首选西南财经大学。同期到美招聘的还有清华大学、北京大学、复旦大学、厦门大学等国内名校，我校是中国西部唯一到美国管理学和会计学年会招聘教师的大学。

代表团在美期间，还先后访问了纽约大学Stern商学院、宾夕法尼亚大学沃顿商学院、莱斯大学琼斯商学院、特拉华大学、纽约市立大学Baruch学院、华盛顿州立大学、夏威夷大学商学院等多所美国知名学府，并分别与特拉华大学、华盛顿州立大学、莱斯大学琼斯商学院、夏威夷大学商学院等达成了校际合作协议，与纽约大学商学院、沃顿商学院等就教师互访、学生海外访学达成了框架性意见。此外，代表团还访问了摩托罗拉芝加哥总部，并与该公司副总裁、全球人力资源部经理、我校校友刘辉等就校企合作事宜进行了友好会谈。代表团还看望了在美工作学习的多位校友，与任教于美国知名大学，并前来参加管理学、会计学年会的曹江、杨旸、叶忠霞等校友进行了深入交流，邀请他们回校访问讲学并为学校推荐优秀人才。

学校三次组织海外人才招聘代表团，并由校领导带队，远赴美国进行现场招聘，迈开了我校规模化引进海外人才的步伐，使得我校海外高层次人才引进呈现"井喷"现象。短短一年多时间，共引进来自美国、英国、德国、日本、新西兰、澳大利亚、荷兰等国外知名大学经济学、管理学、法学、数学等学科专业毕业的近80位博士加盟，其中全职博士29人，特聘教授3人，讲座教授36人，课程教授15人。海外高层次人才的规模引进，进一步优化了学校教师队伍结构，显著增强了师资队伍建设的效益，教师们纷纷说道，高层次人才引进对东部沿海的重点大学而言可能是"锦上添花"，但对西部地区的高校来说就是"雪中送炭"，真正解决了我们的燃眉之急。

2006年12月，以甘犁教授为院长、以引进的海外博士为主体成立的经济与管理研究院正式挂牌。他们与校内师生融合趋势良好，对学校教育教学和人才培养模式改革、科研范式转换也起到了示范和带动作用。研究院以国家级人才为带头人，以海外人才为主体，以校内其他教学科研人员为支撑，共同组建高水平科研创新团队，充分利用其国际化教育背景和专业特长，协同攻关，有力地促进不同学科的交叉融合和科研范式的转换。研究院每周邀请海内外优秀学者来校举行一次学术讲座和研讨会，大力营造学术氛围，至今已成功举办学术讲座30余场，打造了继"光华讲坛"之后的又一系列学术品牌，营造了浓厚的国际学术交流氛围，缩短了学校与经济学和管理学国际前沿的距离，引起了国内外学术界的广泛关注。

摘自《光华日月：献给西南财经大学建校五十五周年》（内部资料），有改动。

三进光华园：
我的三次相遇与半世纪守望

■ 庞皓
1962级校友

多年以来，大家都把西南财经大学的校园称为"光华园"，巧合的是，我在不同的历史时期三次进入光华园，亲身经历了"四川财经学院"到"成都大学"到"四川财经学院"再到"西南财经大学"的漫长历程，感受了光华园半个多世纪的变迁和发展。我家祖孙三代人（包括女婿）也全都是曾经在这里学习和工作过的校友。我在这里度过了童年，在这里接受了高等教育，在这里组建了家庭，在这里圆了教师梦，并成为光华园第一个"国家级教学名师"。半个多世纪来，那些人，那些事，那些情，那些景，留下了太多的回忆。

我第一次进光华园，是在西南财经大学建校之初的1953年，当时我只有9岁，是以家属子女的身份进入光华园的。我母亲1951年在西南财经大学的沿革之一——重庆枣子岚垭的西南军政委员会财政部财政学校任统计学教师，后来该校合并到重庆小龙坎的西南人民革命大学三处。1953年西南人民革命大学三处又并入四川财经学院，我也随母亲进入了成都的光华园。

我在光华园度过了难以忘怀的童年时光。那时光华园的四川财经学院校园，除了几栋教工宿舍是两三层的砖木结构以外，基本上都是木质平房，学生食堂和总务办公室甚至还是草房。过了校门外的桥头是一条乡村小街——光华村，街上只有几家小饭馆和理发店，周围则全是农田。可是，校园里面却到处是小桥流水，绿树成荫。夏日，整个校园一片蝉鸣。夜晚，有阵阵蛙声伴人进入梦乡。学校旁的小河中有水牛在洗澡，河水冲着磨坊发出有节奏的声响。我就是在水牛打滚的小河里学会游泳的。周末或放了学后，我还经常与小伙伴们用长竹竿上的蜘蛛网去粘校园大树上正在唱歌的蝉子（知了）。拿现在的观点看，那时的光华园绝对是最具生态标准的了！过了50年后，我在校园散步时还经常去搜寻当年的景况。

50年前的光华村，物质条件简直无法与现在相比，但是在建设新中国的热潮中，学校一片欣欣向荣，人人都意气风发。当年我还是个小孩，并不知道学校的教学与科研情况，但我记得那时没有电视，没有电影，连收音机也没有。然而四川财经学院很重视"文化素质教育"，学校的师生经常自己排演歌剧和话剧，演的都是解放区和解放战争的故事。剧中的情节需要小演员，因为我会说普通话，竟然物色上了我。我曾在学校排演的歌剧《王贵与李香香》中扮演童年的王贵，还在话剧《战斗里成长》中扮演童年时的主角。现在还记得学校剧团的叔叔们经常骑自行车驮着我去排练场的情景。

后来，为了使更多工农青年有上大学的条件，四川财经学院在城里的西胜街与柿子巷间的校舍举办了"工农速成中学"。我母亲被抽调去教数学，我的家也随之搬到了西胜街。1956年，我母亲调离四川财经学院统计系，并离开了成都。而我没有随母亲而去，而是离开光华园到成都28中住校上了初中，并从此离开家庭开始自己独立生活。那时我还不满12岁。

我第二次进光华园是在18岁，以大学生的身份进入校园。那时四川财经学院已更名为成都大学，不仅有文科的财经专业，还有数学系、力学系、物理系、化学系等理科，成为一所综合性大学。1962年正是全国最困难的时期，那年全国高校仅招生10万人，是新中国成立以来最少的。我读中专时学的是化学，工作时从事的是化学分析工作，所以报考了全国20个大学理科的化学系。可是，阴差阳错地却把我调剂录取到了属于文科的原成都大学统计系，而我根本不知道统计是什么。就这样，我第二次进入了光华园。

当时的成都大学与50年代的光华园相比有了很多变化。全校文、理科已有两千多学生，建起了新的教学大楼、两栋很有特色的学生宿舍和游泳池，

1964年又建了图书馆的新阅览楼。那时学校十分重视校园绿化建设，校内处处曲径通幽，满园栀子花香，真是个读书的好环境。那时生活虽然艰苦，但没有社会上的种种干扰，同学们的思想很单纯，学习都很刻苦，每天都要到图书馆去抢占座位上自习，并且读了不少的书。每到周末，老师和学生都是自带凳子到操场去看露天电影。那时，原成都大学的理科办得很有声色，理科的同学们功课比较重，学习比文科学生更为刻苦，整个校园学习氛围非常浓厚，学习和生活都十分充实。1964年，原成都大学理科的教师、学生、教学设备、图书资料全被调整到了四川师范学院（今四川师范大学），我们文科同学到校门口欢送理科同学，一个多月后有100

多理科同学又回到光华园转入工业经济和统计专业学习，这些情景至今还历历在目。

1968年，我第二次离开了光华园。我和同班同学阎雪被分配到云南工作，就在从光华园上火车的前两天我们组建了家庭。从学校毕业后，我在云南和四川的工厂工作了十一年。这期间，我当过工人，做过会计、计划、统计工作，主持安装过锅炉，还当了多年的技术员，搞了不少技术革新。

我第三次进光华园，是四川财经学院恢复招生的1978年。当时我已经35岁，是以四川财经学院教师的身份进入光华园的。1977年国务院决定原成都大学恢复为四川财经学院，停办了12年后于1978年恢复招生。为了补充年轻教师，我被学校调回统计系当教师。1978年年底，我怀着兴奋的心情再次回到了已阔别十余年的光华园。

恢复招生之初的光华园，可以说是百废待兴。过去繁花似锦的校园已长期少有维护，刚刚进校的1978级新生与省委党校挤在一个校园里上课。但是，回到光华园后，我更多地看到，全校教职员工经过十来年的企盼，对学校终于恢复招生都感到十分振奋。无论是年轻的老师还是年长的教授，都纷纷在学英语、补数学、查资料、编教材，积极准备给刚进校的1978级同学们上课。那时，学校只有政治经济学、工业经济、农业经济、会计、统计、财政、金融等财经专业，1978级也只有300多名学生，但这是光华园恢复了生机的体现，是学校又有了前途和希望的象征。给我印象最深的，是1978级的学生中很多都曾到农村插队当过知青，一个班上同学的年龄差距比较大，但他们都非常珍惜这来之不易的学习机遇，学习热情格外高涨。回到光华园后，我也一门心思要把耽误的时间和青春补回来，真可以说是有点"废寝忘食"，拼命学英语、学数学、学经济学。后来给学生上课，多年的实践经验对我讲课起了不小的作用，这才体会到我在工厂的十多年并没有白白度过。从第三次进入光华园到现在，除了学校派我到厦门大学和南京大学进修了两年外，就再没有离开过光华园。

1979年，学校由四川省划转到中国人民银行，2000年又划转教育部。国家改革开放、经济体制转轨的重要时期，也是光华园乘势而上、发生巨大变化的时期。1985年学校更名为西南财经大学。光华园的面积也逐步扩大，由1978年复校时的100多亩，逐步扩大到了近700亩，现在包括原银行学校和柳林校区已达2 000多亩。经过多年的建设，光华园早已是高楼林立，绿树参天，一直是国家绿化先进单位。目前的校舍和现代化教学设施不仅在国内是先进的，与国外大学比也并不落伍。学校办学规模不断扩大，全日制在校学生突破两万，研究生教育从无到有，已成为全国研究生教育规模最大的财经大学之一。

然而，近30年来更深层的本质变化，是光华园已上了好几个台阶。由原来的地方本科财经院校发展为中央银行的部属重点院校，1995年成功进入了国家"211工程"建设的行列，2000年又成为教育部直属的全国重点大学。在学科建设和学科结构上，金融学和经济学等学科已成为全国重点学科。除了大力发展经济管理学科之外，先后组建了法学系、外语系、信息系、数学系，现在又有了人文学院，光华园已从单一的财经专业向经、管、文、法、理、工多科发展。学校的教师队伍不断壮大，师资结构更为合理，与海内外建立了广泛的交流与合作关系，西南财经大学的国际影响日益扩大。

回想起来，我们这代人能够直接参与策划和实施西南财经大学的各项发展和改革，能为光华园的巨变尽一点力量，是很令人欣慰的事情。目前我已经超过了退休年龄，在教学科研岗位上已经干不了几年了。可是，越是到这个时候，对于在这里成长、在这里奉献、在这里收获的光华园，就越是难以割舍。

回顾50年来的变迁，光华园所走

过的路程不正好是和我们共和国的曲折经历息息相关的吗？光华园的今天，与我们国家和民族今天的辉煌一样，是值得我们曾经在这里学习、工作和生活过的人自豪的。展望光华园的未来，我们有着更加殷切的期待，而且相信，光华园的明天一定会更加美好！

摘自《西南财大报》2007 年 5 月 15 日、5 月 30 日，有改动。

讲台守望者：
教学督导组的春泥笔记

■ 宋立群 曾一泓 陈霏霏
2006级校友
■ 刘悦 熊妮
2007级校友

　　一个阳光温暖的午后，柳林校区的课堂上，两位精神矍铄的老人坐在教室的后面，认真地倾听台上老师的授课。他们表情认真专注，手中的笔几乎一刻也没停。阳光安静地照在他们花白的头发上，构成了这个校园里和谐美好的一道风景。

　　他们属于这个学校里一个特殊而不可或缺的团体——本科教学督导组。

检查监督引导 确保本科教学质量

　　为了保证我校本科教育教学质量，抓紧这条生命线，为国家培养输送合格人才，本科教学督导组于2000年正式成立，现由15名有关方面的学者或专家组成。

　　在提高我校教学质量方面，教学督导组切实发挥了他们的作用。其一是教学质量控制作用，它是教学督导的核心。通过对教学过程及其管理的检查、监督，及时发现问题，采取措施，使教学活动围绕学校培养目标的实现顺利开展。其二是教学工作的沟通、协调作用。教学督导组成员在工作中将其掌握的各种信息及时反馈，不仅可以促进各种问题的及时解决，也可使各部门各环节之间、领导与教工之间、教师与学生之间实现良好沟通、增进理解，从而协调和改善教学中各方面的关系。其三是对教学人员的激励作用。通过督导工作，总结推广好的经验，表彰先进，激发教学积极性，强化质量意识，使保证和提高教学质量成为教学工作者的自觉行动，从根本上消除质量隐患。其四是学校领导的参谋作用。教学督导机构不仅是教学质量的监控部门，还是一个参谋部门。在督导工作中掌握的第一手资料经过分析处理，将成为学校进行教学及管理决策的重要依据。教学督导发挥好参谋作用，可使学校教学和管理决策进一步科学化，也能保证学校的各项考核，尤其是教师工作考核和教学部门的工作考核更为客观、公正。

每学期至少150次检查性听课

在我校本科教学督导组的15位成员中，长期从事政治经济学教学与研究工作的四川省优秀教师张恩祥教授担任督导组组长，全国优秀教师王德中教授、国际统计学会（ISI）会员涂德服教授，原教务处副处长刘明才教授等老一辈优秀教职员工均在教学督导组中发挥着重要作用。督导组成员的平均教龄在二十五年以上，每个人在专业领域均有深入的研究，在教学实践方面有丰富的经验。最重要的是，虽然他们已经退休离开了原来的工作岗位，但仍然热爱教育事业，希望将自己的教育经验投入学校建设和发展，为财大的教学改革做出力所能及的贡献。

教学质量的高低是衡量高校办学水平的重要指标。质量不高的教育，是不全面、发展不平衡的教育，是没有市场、没有后劲、没有生命力的教育。因此，高质量的教学需要一个运行健康、合理和全面的教学质量监控体系作保证。据了解，教学督导组的成员们每学期至少进行150次检查性听课，进行详细的记录后做出相应的评价。课后，他们会在有限的时间内尽量与教师直接交流，将课堂上存在的问题和有待改进的地方一一指出。在广泛与教师、学生进行教学改进意见的交流后，采取有效的方式切实提高教学质量。此外，教学督导组常在检查听课后对教学中存在的有待改进的问题进行研讨，通过进一步的分析研究，制定出更加适合教学改进的方案意见。就这样，一个健康、高质量运行的教学质量监控体系逐渐形成，有力地促进了教学质量的提升。

"几年前，财大老师'满堂灌'的现象很严重，师生之间的交流互动非常少，这直接导致了学生在课堂上积极性不高。学校领导高度重视这一问题的解决，通过各种措施积极倡导和推动教师转变教学观念、更新教学方式方法，我们也及时给予了相关意见。目前，这个问题已经得到明显改进，这几年的课堂气氛明显活跃了很多。而且，学校老师教风严谨，认真备课，投身教学，很多老师虽然频繁往返于光华校区和柳林校区之间，但是上课始终都保持着良好的状态。"督导组成员刘明才教授在采访中说道，"但是现在的教学中还是存在一些问题。比如年纪大的教师上课时很自如，但有时在进度上拿捏不准，存在前松后紧的问题；而年轻教师由于经验不足，导致讲课的方式不得当，如语言表现不够生动、信息量不足等。"

督导组的王德中教授和涂德服教授在采访中也提出，现在一些教师中存在不注重教学进度把控、讲课缺乏计划性等问题。在多媒体教学中，部分课件质量不高，授课效果不够明显，学生在接受课堂教育时易出现积极性不高的现象。这些都是在下一阶段的教学工作中需要进一步改进的方面。

从光华到柳林
风雨路他们走过

自 2000 年教学督导组正式成立以来，成员从最初的 7 名扩充至 15 名。从光华到柳林，从白天到黑夜，七年来，无论风雨，总能在课堂上看见他们认真听课、记录的身影。在长期工作中，他们特别注重对青年教师的关注与帮助。王德中教授向我们讲了这样一个真实的故事：曾经有一位年轻教师，学生对其教学的意见很大。在经过一段时间的教学旁听后，他发现这位年轻教师教学中存在的最主要的问题是缺乏经验，教学方式不当。经过简单交谈后才明白原因所在——缺乏与其他教师的交流，教学精力不够集中。针对他的情况，王教授特地邀请该教师到他家里进行了两个多小时的单独谈话，对其存在的问题进行了分析，并提供了一些建议和指导。半年后，当王教授再次去听他的课时，这位年轻教师的教学水平已有了明显的提高。

这只是督导组所做工作中很小的一部分，也正是因为这些细致入微的工作，才保证了财大教学环境的优良与和谐。老教授们在总结工作时也谈到，由于听课的安排比较紧凑，他们很难与主讲老师及时地进行交流。他们希望得到青年教师的支持，抽出时间与他们分享教学经验。"希望我们的年轻老师能够集中精力，全身心扑在教学工作上，不要太分散精力。毕竟，要上好一门课不容易，你要对你的工作足够热爱，而且还需要作充分的课前准备。其次，还要了解学生，根据实际情况来开展教学。现代学生思想活跃，教师接近学生对教学有很大好处。了解学生学习基础的好坏与学习状态，上课过程中结合学生的实际情况，才能取得更好的教学效果。"刘明才教授补充道。

另外，教学督导组成员工作默默无闻但兢兢业业。在严格要求教学工作者的同时，他们也严格要求自己。他们坚持及时学习学校党政的各项重大决策，密切关注学校学科建设和教学科研发展状况，持续加强对高等教育理论的钻研学习，不断提高自身政治素养和业务水平。为了切实做好教学督导工作，在学校教务处组织下，几年来多次修订听课评教指标，有效推动了学校教学改革和建设。

在教学督导组所做的一切工作背后，财大学子们无疑是最大的受益者。所谓"教学相长"，作为教学环节的重要组成部分，学生们也需为全面提升教学质量做多方面努力。在经历学校三次创业后，老教授们深深地意识到奋斗的重要性。他们希望财大学子们继续发扬财大精神，把镜头放大、眼光放远，把自己的学习生活与构建和谐社会、全面建设小康社会以及民族复兴紧密联系起来，实现大踏步前进！

"老骥伏枥，志在千里"，老教授们在耄耋之年仍不忘为教育事业献身的精神令人动容。刘明才教授告诉我们："在我们督导组中，王德中和涂德服两位老教授的年龄是最大的，已逾八旬，但他们一直尽心尽力地做好工作，这种精神真的很令人感动。"

"只因为我们都很爱财大，希望能够发挥余热，做出自己的贡献。"涂德服教授的一席话道出了每一位教学督导组成员的心声。

摘自《西南财大报》2007年12月5日，有改动。

"偏厦"里的"自考"记忆

■ 曾荻
西南财经大学退休教师

（20世纪80年代光华园一隅）

　　这是建在西南财经大学光华校区高大的"崇文楼"和"西商楼"夹角缝隙空地上的三间小屋。四川对这样的小屋有一个雅致的称谓："偏厦"（在农村，常常会在主屋的挡头建这样的小屋，就说"搭个偏厦"。当然，农村的"偏厦"大多是半边斜屋顶靠着主屋，以前多用茅草篱笆搭建）。你可别小看这个"偏厦"，它可是西财八九十年代的"成人教育处"之所在。在那个高等教育刚刚复苏的时期，它居功至伟，贡献一点不亚于它两旁的"大厦"！

那时的"成人教育处"，门墙还是灰白色的水泥原色，门口的银杏树粗不过盈手之握，室内的陈设也极其简陋，往往连坐的地方都没有。这里常常满屋办事的人，来去匆匆，人声鼎沸，且各个角落都堆满了教材教辅等各种学习资料。加上进屋必须要下一步台阶，各个房间的电话铃声响声不断，整个处所极像建在坑道里的"战地指挥所"。几位处领导——杨老、冯老、胡老，还有廖老，有的挥着手，有的叉着腰，有的点着烟，有的瞪着眼，宛若指挥着千军万马的将军。进进出出的教师和工作人员就像是派往前线的战士，成堆的教学资料就是运往战场的弹药！还真

是的，此刻的成人教育处就是谋划调度整个学校除校内全日制普通本专科教育以外，其他教育类型教育教学的"司令部"。

20世纪八九十年代，改革开放初期的中国，普通高等教育刚刚复苏，根本不能满足耽搁了十年、井喷一样的社会对高等教育的需求。于是"五大生"和"自考生"等高等教育形式应运而生。其中，自学考试是一种社会参与度最高、社会影响力最大、教育教学质量受到社会高度认可的带有鲜明时代印记的高等教育形式。相关资料显示，"自考生"始于1981年，指通过"个人自学、社会助学、国家考试相结合的高等教育形式"的考试的毕业生。成人教育处就是我校"自考"的组织实施部门。面对来自国家各个方面、各个层面对高等教育的需求，对我校来说，特别是金融系统、经济管理组织的干部学历提升需求，面对社会的各个层面，特别是普通高考落榜考生，要顺利满足潮水一样涌来的学生的求学需求，要组织好全校的"自考"教学活动安排，包括助学班招生、授课、考试、阅卷、成绩统计发放、毕业文凭审核颁发，还真是一场需要创新意识、需要艰苦奋斗的

"特殊战斗"。

我作为学校的普通教师，在完成校内全日制普通高校学生教学任务的同时，也投入了这场战斗，也就记住了指挥这场战斗的"指挥部"，记住了这场战斗的奋斗场面，体会到了"自考"这种特殊的高等教育教学活动的价值，以下四个方面的印象特别深刻：

第一，"自考"满足了社会不同方面对高等教育的需求。参加"自考"的学生来自社会的各个领域、各个层面，很多企事业单位，尤其是基层金融系统的干部职工，好多都是我们西南财经大学主考科目的自考学员。他们通过几年学习，获得了专科或者本科学历。从一般社会领域看，它的社会受益面、社会影响力就更宽更广了。一些偏远地区的孩子，以参加学校（包括学校二级单位）举办的自学考试"助学班"的方式，走出大山，走进学校，通过自考方式圆了自己的"大学梦"。不少"自考"的本专科毕业生也由此走上了崭新的人生道路。

第二，"自考"提供了学校办学部分的财政支撑。改革开放初期的国家，百废待兴，需要花钱的地方太多，学校要发展自己，得自己找米下锅。"自考"的办学方式，在满足社会对高等教育需求的同时，也滋养了学校自身。

第三，"自考"锻炼了教师的综合能力。从参与"自考"的教育教学，到招生、阅卷等环节的办学管理，教师在课程教学能力、人际交往能力、社会实践阅历，甚至教学科研等方方面面都得到了全方位的提升。就教学能力而言，我们教授的"自考生"要完成国家考试，学生学习自然很认真。我还记得在西南财经大学光华校区"崇文楼"6204教室，八九十人的大教室座无虚席，第一排全是男生，聚精会神地看着我。面对这样的学生，我自然要打起十二分精神，使尽浑身解数来讲好课。而我们教授的"自考生"，他们受地域、年龄、个人经历等因素影响，那真是千差万别，这样的教学对象自然磨砺着教师的教学能力。就人际交往与社会阅历的历练看，由于自考班除授课外，我们还参与从招生到学生管理、与驻地各方面协调等各个环节的工作，这些实践活动自然提升了我们的各种能力。我们还编写自学考试学习参考资料。我记得我教师生涯编写的第一本教学参考资料就是《自学考试哲学试题练习册》。虽然这是一本小册子，但对于参加工作不久的年轻教师来讲，还是具有一定的挑战性的。令人欣慰的是，这本练习册受到了使用者的好评，我在编写过程中形成的教育教学经验，也不断地运用到了我后来的教材教辅资料的编写工作中。

第四，"自考"激活了全社会的文化学习热情和可能的社会办学资源。知识就是力量，改革开放是需要知识助力的，是需要文化助力的，是需要全社会的文化觉醒的。"自考"这种特殊的高等教育形式为全社会的文化觉醒、教育教学参与，提供了一种空前绝后的教育教学形式。"自考"不仅仅涉及参加自考的考生，更是立体地动员了全社会的教育教学资源和力量，在这个过程中，有两个情况特别令人记忆深刻，一是"自考"助学场地的征用；二是"自考"考试前的考前辅导。就"自考"助学场地的征用来看，在"自考"助学办学高潮期间，由于现有的高校校舍资源有限，根本不能满足"自考"助学办学需要。于是，从国家企事业单位一直到高校附近的农家院，凡是可以用来做教室和学生宿舍的暂时闲置的办公楼、会议室、宿舍等，都被利用起来了。"自考"助学班的考生以特殊的大学生身份走进了这些特殊的大学教室与寝室，这些闲置房舍楼宇也就为非常时期的高等教育复兴做出了特殊贡献。就"自考"考试前的考前辅导来讲，在"自考"主考院校和地方教育行政管理机构的通力合作下，这种特殊的教育形式在高等教育史上也写下了它浓墨重彩的一笔。我还记得我校哲学课程康才洪教授作考前辅导的宏大场面，那是在成都锦江大礼堂啊！能容纳几千人的大礼堂座无虚席，康教授端坐在巨大的主席台上，高音喇叭扩放出他讲课的洪亮声音，那场面真是让人热血沸腾。我们年轻教师则被学校派往地市州县乃至军营，去给应考的"自考"考生作考前辅导。我记得我自己就去过南充、乐山等地的自考辅导站，还去过原成都军区的自考辅导点。

　　站在这个"偏厦"面前，激情燃烧的"自考"岁月又一幕幕在眼前闪过。"偏厦"不偏。这是一场在特殊时期开展的全民参与的高等教育教学活动，这是在改革开放初期回答我国高等教育如何快速振兴的难题时，全民共赴的一场自我考试。它为填补我国高等教育因特殊年代受挫而形成的人才培养空白，作出了不可磨灭的历史贡献！让我们一起向参加过这场特殊战斗的人们致敬！

摘自"学校百年校庆征文"，有改动。

地震来临，
西财主动请缨成立灾区爱心学校

■ 屈小燕　《西南财大报》原总编辑
■ 孙大光　2014级校友

在西南财大柳林校区图书馆旁，屹立着一块石碑，名曰《大爱碑记》，凡512字，兼怀"5·12"汶川大地震国殇日："大灾铸大爱，大难陶大德，大学担大义，大国弘大道……"字字句句，彰显着西财人经世济民、兴学报国的情怀和志向。

2008年5月12日14时28分，一场罕见的特大地震撕裂了巴蜀大地，撼动了神州，震惊了世界。作为地处灾区的西南财经大学，义不容辞地肩负起"经世济民"之重任，在震后数天之内，便在校园里建立了灾区第一所爱心学校，让1 000多名地震灾区学生在这里复课，并参加异地高考。

5月15日西南财经大学向省教育厅呈报建立了灾区爱心学校方案，5月16日接到实施该方案的通知，5月17日接收映秀小学师生4人，5月18日接收漩口中学师生147人，5月20日接收银杏小学师生227人，5月23日接收平武中学师生275人，5月25日接收平武中学师生265人。到6月30日晚，学校共计接收灾区师生1 226人。

没有资金，学校垫付；没有现成的宿舍，研究生连夜搬迁，仅仅一天就腾出了条件最好的宿舍。西财人用爱心演绎了抗震救灾速度。

时任教育部副部长袁贵仁在视察学校时说道："我代表教育部谢谢你们，感谢学校的师生员工！你们在做好学校自救的同时，主动地、积极地帮助灾区的孩子们，充分体现了作为教育部直属高校的社会责任感！"

一时间，西南财经大学为灾区孩子设立爱心学校的故事成了中央电视台、《光明日报》、人民网、《纽约时报》等中外媒体关注的焦点。

"孩子们在这里找到了新的家园。"央视记者这样报道。正如灾区师生所言："在这里我们拥有好的生活环境、好的条件，受创的心因为爱而平静……"爱的奉献不仅温暖了一座校园，也温暖了每一个孩子的心。而这一切都离不开全体西财人的努力。师生、志愿者、医护人员、食堂师傅、保

安……每个西财人都成了孩子们的亲人。

内衣、毛巾、牙刷、床单、枕头、衣架……所有日常生活用具一应俱全，孩子们就这样在爱心学校的家里开始了新的生活与学习。备齐了生活用品，饮食问题也让校领导们煞费苦心。学生人数众多，地震过后，光华校区对外开放，附近居民都将帐篷搭进学校操场、草坪，环境复杂，饮食安全如何保证？学校领导决定将第四食堂作为灾区爱心学校师生专用食堂，制定了营养菜谱，一周内不重复。备战的高三学生们晚上还有丰盛的夜宵，校领导经常深入食堂、寝室看望孩子们。

地震让孩子们的心灵受到了极大的创伤，他们需要支持和鼓励。为此学校设立了爱心热线、爱心阅览室、爱心机房、爱心会客室。网络、报刊、电话，一切能获得外界信息的工具都成了爱心学校孩子们的心理支撑。

5月17日下午，第一批灾区师生来到学校，组织人事部就在第一时间带领心理辅导老师和专业人士，与灾区师生面对面交流，初步缓解了灾区师生灾后心理创伤。

5月18日，首期志愿者培训班开课，50余名教师和200余名学生参加了培训，就"心理服务与心理辅导""地震灾后幸存者创伤心理辅导""灾后学生心理辅导"等进行培训。

5月19日，学校迅速对爱心学校学生就亲友情况、学习情况和主要需求等方面进行随机调查，着手制定爱心学校心理工作制度和执行方案，主要包括心理辅导教师的工作职责、任职条件和选拔程序、师资培训方案以及主要工作阶段安排。

爱心学校运行的日子里，学校专门设立了爱心学校心理导航部，由来自组织人事部、心理健康教育中心、教职工心理健康与人力资源开发中心的老师和经过专门培训的志愿者组成心理咨询师团队，编制了《西南财经大学灾区爱心学校心理辅导方案》。

为了保证辅导质量和成效，心理辅导室按专业要求精心布置。心理导航部把灾区学生分为心理受创非常严重、比较严重和比较正常三个类别，每个类别配备的辅导老师和采用的辅导形式有所不同，整个辅导过程也分为由浅入深的三个阶段，从而保证了辅导的对症下药和避免辅导对象的抵触和症状反弹。正如心理辅导人员所言："我们的态度，让他们相信未来依然是美好的。"

时任国务院妇女儿童工作委员会办公室常务副主任苏凤杰、时任国务院妇女儿童工作委员会处长宋文珍等先后到学校视察并讨论心理援助工作方案，对学校针对灾区儿童和青少年的心理服务工作给予了高度评价。他们认为，西南财经大学的心理援助工作规范有序，经验值得借鉴和推广。

爱心学校还为灾区学生开设了文化素质选修课，课程包括音乐舞蹈、影视欣赏、旅游见闻等。逢重大节日，学校还为灾区师生安排形式多样的活动。"最难忘的是学校给我们过的'六一'儿童节，我记下了会场里悬挂的'爱心拳拳，诠释大学之道；真情点点，点亮学子希望'这条横幅，也记下了演出最后，大家齐喊'中国加油，四川加油'的情景。"平武中学高三学生刘多波在场外接受央视采访时道出了自己的心声。

和低年级学生主要接受心理辅导和素质教育不同，高三的学生都严格地按照课程表行课、作息。繁重的课业对这群刚与死亡擦肩而过的学生是极大的挑战。为了提高复习效率，爱心学校请来成都七中的教师进行考前辅导和交流；为了缓解学业压力，爱心学校招募的志愿者每天都陪伴在他们左右，除了帮助解决生活困难，更关注他们的心理状态。志愿者说："每晚都要查两次房，听到他们的呼噜声，我们才能安心。"

2008年7月3日是灾区高三学生参加高考的日子。一早，西南财经大学志愿者就陪伴他们踏上早

（西南财经大学灾区爱心学校平武中学高2008届毕业典礼）

已准备好的大巴车开赴考场，志愿者在树德中学门前等着，直到中午将午饭送到每一位灾区考生手上。

2008年7月5日，光华礼堂人头攒动，灾区爱心学校高三毕业班毕业典礼举行，学生们终于露出了久违的笑容。一名灾区考生说："我唯一的目标就是希望能考上西南财大。"爱心学校的关怀让这些孩子们学会了感恩。注定，光华园已经成为抚平他们创伤的家园，也将成为他们追寻新生活的起点。

从2008年5月17日接收第一批灾区师生到2008年7月送走最后一批灾区师生，西南财经大学交出了一份让世人满意的答卷，爱心学校也得到

了国家和社会的广泛赞誉，好评如潮。"为民济困，为国分忧，至情至善，德莫大焉"的评论比比皆是。这些肯定离不开西财师生两个月的艰苦奋战和大爱精神，也离不开社会的帮助。在爱心学校的办学过程中，国内外的多家单位和机构向学校伸出了援手，北京、上海、南京等地的爱心组织和专业机构还派出志愿者及专家不远万里来到爱心学校提供服务。回望这段历史，西南财经大学以大爱精神践行"经世济民"的伟大理想，谱写出新的辉煌！

摘自《西财力量》，有改动。

附记：大爱碑记

■ 王中举
《西南财大报》原编辑

二零零八年五月十二日，天倾西南，地陷巴蜀，八级烈震，飞沙走石，山河破碎，生灵涂炭。闻此噩耗，四海一哭，九州同悲。党中央忧心如焚紧急部署，海内外万众齐心誓斩天魔。

国难当头，西南财大高擎匡时扶运之旗帜，力袒经世济民之襟怀，防危杜险，奋勇自洇，更大爱迸发，兼善天下。哀苍生之不测，挽民众于水火，师生携手穿梭废墟救死扶伤，学者联袂往返灾区上书献计。光华柳林俱各开门纳众，一时百姓云集，帐篷林立，万头攒动，共渡时艰，避难盛况令人唏嘘。时值震区多处校舍坍塌，万千师生痛失亲人无家可归，光华园惊悉之余，莫不情恸于衷慨当以慷。学校乃主动请缨，纷出援手，于光华园内辟专区腾宅楼，火线成立爱心学校，护佑一隅，浓荫翳巢，旋即安顿映秀平武重灾区师生千余人复课。俟后寻亲探访献爱者络绎不绝，中外媒体闻讯纷至沓来。此番善举不胫而走，远近多有效仿，爱心渐成汪洋，骨肉连结血浓于水，家国合抱荡气回肠。

赞曰：森森黉门奉使命，孳孳忠肝痛民情。大难来时大爱鼎，重整河山有后生！

噫吁兮！大灾铸大爱，大难陶大德，大学担大义，大国弘大道，巍巍中华，殷殷美传。今金石之碑矗立，昨日风云犹记，大爱精神铭刻，由是观之，恩义昭昭，爱心历历，乃我辈有重于社稷、多难兴邦之明徵也。

一束鲜花，一份纯情

■ 方方
1991级校友

　　不知何时，鲜花已悄悄走进大学生们的生活。友人过生日，送一束鲜花，表达诚挚的祝福，也为Party增色不少；探望生病的同学，送一束鲜花，带去淡淡的芬芳和那份喜悦，也许是最好的药剂……一束束美丽的鲜花点缀着正值浪漫时节大学生们的生活。为了方便同学，让更多的鲜花走进财大，校学生会女生部于十月隆重推出了"鲜花大放送"。由校学生会推出这样温馨、新颖的活动在四川高校内实属首次。所以——

　　万事开头难！

　　正因为是第一次，订花、登记、送花等环节，一切都是从零开始。为了"鲜花大放送"的开展，无数的同学奉献了他们辛勤的汗水和心血：

　　女生部的何晓岚同学冒着霏霏细雨，从光华村、青羊宫到人民南路，询问一个个花农，走访一家家花店，终于找到了合适的花农，并按所学的《经济法》签订了一份长期购花的正式合同。

　　学生会的同学们从设计，制作宣传画到登记订花人数……不知熬了多少夜，费了多少心思。

　　校广播站开辟"浓情专送"特别节目，为"鲜花大放送"鼎力支持，大力宣传……

　　无数的同学、老师用他们的智慧、帮助和热情，使第一批鲜花在"花仙子们"的簇拥下婷婷地走了出去。然而，好事总是多磨。"花仙子们"常常是登上了六楼再奔向另一个六楼，特别是教师宿舍楼错综复杂，找准楼牌号都花去了不少时间。"花先生们"上女生宿舍更是一大难题。国经93级的张健同学是第一批送花使者，当他兴高采烈地捧着花，走进一舍，准备分享收花同学的欢悦时，却猛被一声"站住"吓了一跳——乔孃（宿管阿姨）那严历的目光更使他不寒而栗。"嗯，男生，拿着花，还想上一舍？"乔孃杏眼一瞪，"敢？"张健晓之以理，和颜解释，折腾了半个小时。乔孃寸土不让，其敬业精神可敬可佩。张健只好告退，将这美丽的任务交给了女同学，并不无遗憾地说："都说乔孃厉害，我可领教了。不过，我一定要上一舍送一次花。"后来，在学生处老师的帮助下，开了一张"特别通行证"后，我们的"花先生们"才得以直接送花上门。

鲜花朵朵，祝福万千。

在送花的同学中，有的送花给朋友过生日，有的送给恋人，更多的则是送给老师。望着美丽的鲜花，听着"花仙子"的诉说，多年的辛勤汗水，多年的呕心沥血，在那一刻化为了一份理解、一份美丽。花在老师们眼中闪过，这不再是普通的花，而是满舍师生间情谊的花。

税务系12名女生表演的舞蹈荣获一等奖，系里的老师、同学别出心裁送上鲜花以示奖励，姑娘们欢欣雀跃，高兴万分。

还有生病的同学把花送给医生，也有送给曾经误会的朋友……同学们纷纷涌向4舍314，《成都晚报》的记者也来到这里，写出了报道《校园更芬芳》，信息电台的记者也尾随而来……

但是，我们想说"鲜花大放送"并不仅仅是将鲜花送去，更重要的是送去鲜花般的殷殷祝福和那份美丽的心情；也不仅仅希望鲜花盛开在我们身边，更希望它怒放在我们心中，使我们即使在忧郁的严冬也能感到玫瑰花开的芬芳。在今后的岁月中，有暴风，有阴雨，有歧路，有坎坷，唯愿鲜花常开，美丽常在。

摘自《西南财大报》1994年1月10日，有改动。

从华东师大到西南财大：
细说我的光华情缘

■ 程民选
1987级校友

　　自我于1987年走进光华园，一晃37年就要过去了，而学校也将于明年迎来百年校庆盛典。百年校史，溯源光华。1925年创办于上海的私立光华大学，于抗战期间内迁办学，在成都浣花溪畔设立光华大学成都分部，从此成都西郊有了光华村、光华园。而光华大学成都分部，也就成为西南财经大学的前身。于今，伫立于西南财大光华校区教学大楼花坛中，以英文字母"V"造型寓意抗战必胜的光华铁树，以其铮铮铁骨见证了光华大学内迁办学以来近九十年变迁发展的历史，成为赓续光华，"经世济民、孜孜以求"西财精神的象征。

　　我与光华大学的缘分，其实要早于我进入西南财经大学攻读硕士和博士学位。1978年10月我成为恢复高考后全国统考录取的首届本科生，进入华东师范大学。开学不久后，我在华东师范大学图书馆借阅图书时，在书的内封上见到了光华大学的藏书印，第一次知道了光华大学与华东师范大学的历史渊源。

　　在上海读完本科回到四川工作五年后，我又被西南财经大学经济系录取为政治经济学专业硕士研究生。未曾想，踏进光华园听到学校办学历史，看到神奇的光华铁树，方才知道自己竟然与光华大学如此有缘：我平生所读的两个大学，华东师范大学和西南财经大学，竟然都与曾经的光华大学息息相关。

华东师范大学和西南财经大学的办学历史都能追溯到光华大学，自然成就了两校之间的别样缘分和友谊。我人生中两段重要的求学经历，又恰恰是在这两所大学度过的。

如果说本科四年在华东师大丽娃河边的学习生活中，我对于光华大学的印象仅仅是借阅图书内封上的那个光华大学藏书印，那么数年后考入西南财经大学读研，光华大学的存在已然不局限于曾经的藏书印了。

还没有踏进校园，首先就进入了光华村（街）。学校大门外周边经营的那些小餐馆，主要服务对象自然是西财师生，有的还径直打出了"光华"的名头，如光华牛肉馆，可见历史上光华大学成都分部的社会影响不容小觑。

进入西财南大门，也就走进了光华园。虽说时过境迁，20世纪三四十年代光华大学成都分部办学时的房屋设施等已难觅踪影，但只要当年谢霖副校长亲手种植的铁树仍生机勃勃地伫立于此，光华人弦歌不辍，国难时期育才救国，期盼民族复兴的精神就展现在此！这里，正是赓续光华传统并将之发扬光大的光华园。

光华园内，有诸多以"光华"命名的建筑和道路，如光华会堂、光华楼、光华南路和光华北路；学校新时代教师队伍建设的战略工程赋名光华英才工程，学校学术传播交流的学术殿堂名曰光华讲坛，学校每年都要举办名为光华杯的体育赛、辩论赛和创业大赛等诸多赛事。无疑，这是西财人尊重历史，承继光华传统并发扬光大的具体体现。"光华"俨然一方文化传统名章，深深镌刻进西财的办学历史，在西财人的脑海和心灵之中打上了难以磨灭的印记。西财人以"赓续光华传统，致敬光华前辈，发扬光华精神"为傲。

华东师范大学和西南财经大学，这两所与光华大学均有深厚历史渊源的大学，虽然相距遥远——一在东方名都上海，一在西部名城成都——然而光华精神对这两所名校的影响和对师生的感召却是一致的。两校都极其重视为国家和社会培养栋梁之才，诚应了当年光华大学培养学子"出为圭璋"的理念。而两校的诸多教师秉承教书育人、为国育才之理念，不仅严谨治学，认真传道授业解惑，而且还在课余对学生关爱有加，主动提携学生，助力于培养学生成才。对此，我受益良多。在华东师大读书时，我们的政治经济学（社会主义部分）授课老师是陈伯根教授。陈伯根教授曾参加著名经济学家蒋学模先生所主持的政治经济学教材编写。记得在讲授"计划调节与市场调节相结合"内容时，伯根老师安排我们进行专题讨论后，收走了我们小组每位同学的发言提纲。当提纲返回时，我看到了伯根老师的批改意见。他不仅肯定了我其时对计划与市场相结合共同调节经济的理解，而且明确提出让我进一步完善思路后撰文投《文汇报》理论版。遗憾的是，由于自己当年信心不足，没能按伯根老师的要求投稿。但正是因为批改了我的这个讨论提纲，伯根老师开始关注我。那个暑期放假后我没有返家，有一天我正在宿舍看书，伯根老师来到宿舍并送我一张参会请柬，要我去参加一个有关计划和市场调节相结合的学术报告会。老师给了我这样的机会，这就是要助我成才呀，所以我自是毕生难忘。

在考入西财攻读硕士学位和博士学位期间，我先后师从王永锡、刘诗白和袁文平教授，并受益于三位老师的悉心培养。永锡老师是我的硕士导师。当时，他虽然肩负学校党政管理的重任，但对于我的思想和学业都从严要求。他不仅明确要我每隔一段时间向他报告思想和学习情况，还提携我参与一些课题研究和学术活动。读研三年中，永锡老师将我引上了治学之路。我作为永锡老师的助手，参加了关于国外社会主义经济体制改革理论著作评介的研究课题，参加了全国高校《资本论》研究会在上海的学术年会。

留校工作两年后，我继续攻读博士学位。师从诗白老师和文平老师，二位老师都对我的成长付出了诸多心血。攻博期间，经二位导师提携，我先后参加了诗白老师主持的《社会主义经济学原论》《国有经营性资产的经营方式和管理体制》等课题的研究撰稿，也参加了文平老师主编的《社会主义市场经济分析——理论、政策、运用》一书的撰写工作。其间，永锡老师此前让我参与的研究课题（著名经济学家宋涛先生主持），其成果《马克思主义经济理论在当代中国的发展》也在1992年正式出版。正是因为导师们的接力培养和用心提携，我才在经济研究之途上取得了些许成绩。老师们为我的成长呕心沥血，弟子谨记于心，感铭肺腑。

无论是华东师大的老师，还是西南财大的老师，他们为国育才的不懈付出和无私奉献，同光华大学培养学生"出为圭璋"的理念自是一脉相承。当我成为西财教师后，也努力秉承为党育人、为国育才的使命，使学生"出为圭璋"，致力于引导学生成为建设中国特色社会主义的专门人才，以所学全力报效国家和人民。令我欣慰的是，我所指导的24位博士弟子中，迄今已有多位成长为大学教授，还有弟子已经成长为博士研究生导师，他们也在立德树人的事业中实现着自己的人生价值。

今天的中国正经历历史上最好的时期，中华民族伟大复兴在望。可以告慰光华前辈的是，你们培育英才以图民族复兴的愿望将要实现。建设中国特色社会主义强国需要我们的教育培养一代又一代的栋梁之材，培养学生"出为圭璋"的光华育才理念在今天仍然具有现实意义，光华理念和精神必将在新时代得到进一步发扬光大。值此即将迎来西财百年校庆之际，自己作为与光华大学缘分不浅的两校学生，谨以此回忆文字庆祝西财百年校庆，同时也是印证光华理念和精神的世代传承。

日月光华，旦复旦兮。

摘自"学校百年校庆征文"，有改动。

八仙过海，各显风流

■ 袁啸虎
1992级校友

学生以学为主，这是中国几千年来的优秀传统。然而，高分低能的"书呆子"已不能顺应时代的要求。如今的学生们注重全面发展，积极提升自身综合素质。这一点，或许从我校各系过去一年来组织的丰富多彩且各有特色的活动中可见一斑。

随着社会主义市场经济的发展，财会领域不断革新。顺应潮流，会计系学生会及系领导特邀有关老师举办了两次关于"会计风暴"的学术讲座，使全校同学对新会计制度有了更充分的认识，为学术研讨会的召开提供了有力的素材和导向。

当今社会急需大量外语人才，尤其是培养具备较强的语言听说能力的人才。很长时间以来，国经系就致力于此项工作。每周一次的英语角，特设关于政治经济的中心话题，吸引了众多同学参加；每周三的英语广播节目，也提高了同学们的英语水平。

信息大潮席卷全球。在此形势下，信息系根据自己的专业优势，组建了"计算机兴趣小组"，同时组织特别采访小组，先后到省工行、建行访问了已毕业工作的校友，请他们谈如何把学校学到的知识用于工作实践，并组织宣传反馈信息，引导同学更为有效地学习。

保险系一年一度的"顶岗实习"同样有着理论与实际相结合的鲜明特色。今年五月，保险1991级的三十位同学分赴绵阳、江油、三台和安县各保险公司，进行为期三个半月的实习。在此期间，他们成为公司的一名"职员"，分至各科室负责实际工作。这是对同学们专业知识、能力作风的一次考验，为他们将来走上岗位做好了准备。

经济法是一个受到人们普遍重视的专业。为此，法学系自建系以来多次组织同学参加法庭观摩，还举办了"模拟法庭"，就疑难的经济案例进行了别开生面的模拟诉讼，在全校激起了强烈反响，为增强广大同学的法律意识迈出了崭新的一步。

我校的图书馆，长期存在人手短缺的问题。1988年，贸经系价格88级的全体同学走进图书馆，义务为其进行文艺书库的整理，这一传统保持至今。1993年，贸经系与图书馆正式结为文明共建单位，全系同学多次协助图书馆整架、清理。这个学期，贸经系协助图书馆开设了英语阅览室，为广大同学的学习提供了方便。

比较起来，一些系的活动侧重于自身建设。下个学年开始，工经系新设"工商管理专业"；金融系团总支在军训之后组织了主题为"巩固军训成果，争创'211工程'"的团日观摩活动；农经系农村金融92级的同学们成立了自己的科研组织；财政系也正在筹备学术小组进行学术讨论与交流……

对外交流与合作，同样是各系活动的重点。三月，经济系学生会走出校园，与成都无线电技术学校结成互相学习、友好互助的联谊关系，并邀请该校学生会社会实践部介绍经验体会。会计系与成空某部展开共建工作，安排了交流座谈会以及轻松活泼的篮球友谊赛等。其中最为突出的是金融系与国经系的两项长期活动——金融系派出一些同学担任光华小学课外辅导员，协助教师正确引导小学生们的课余生活；国经系定期组织学生为苏坡桥敬老院的老人们送去关心和温暖。

　　作为一所财经大学，文艺体育活动往往是其弱项。然而，我们可以看到计统系的书画讲座、《毛泽东诗词手迹》书画展，会计系的篮球联赛，农经系的足球联赛，贸经系的球类联谊赛等，正在蓬勃开展。吉他音乐会、文化艺术月中各项日臻成熟的节目表演，无不体现了文体在我校受到的重视。

　　在上述所有的，以及我们无法一一提及的各项活动中可以发现：学生们正在提高自身的学术水平、实践能力，为将来走上社会做着扎实的准备工作。然而，这一切还只是个起点。正如奥运会的口号"更快、更高、更强"一样，向着更好的未来携手迈进，是我们学校、老师和同学共同的希望与职责！

摘自《西南财大报》

1994 年 6 月 30 日，有改动。

诗情画意光华园

■ 彭力
2003级校友

（阳光广场）

　　对于光华园美好的印象，开始于每天早上的一段上课要走的必经之路。经过一夜的休息装扮，光华园宛如一位青春靓丽的小姑娘，一切都是全新的。呼吸着清新的空气，我会在草坪边、石凳旁，读读单词，背背课文。这些本是很平凡的事儿，在早晨的光华园中都仿佛成为一种享受。早晨的光华园真是可爱极了，春天般清新的空气，伴着丝丝缕缕和煦温柔的阳光和那不时传来的几声鸟鸣，身在其中的我能体会到人与自然相互交融的乐趣，感到无比的轻松与自由。

偶尔，雨水们光临光华园。经过一夜绵绵细雨的滋养，天空放晴，雨后的光华园更是美得风韵十足，看着那浅粉色、春意盎然的海棠花，花瓣上沾着点点雨滴，连同人的思念，一起写在春天的墨迹里，画在春天的画卷上；看那嫩绿的榕树，被雨打扮得比往日更多了几分柔美与妩媚，和光华园一起，一同诠释着青春与靓丽，优雅与浪漫。漫步在雨后的光华园中，是感受人与自然、天人合一的绝妙时机。深深吸一口清新的空气，空气略微带着点水汽，其中有青草香醇的味道、花的幽香、树的情怀、大地的气息及太阳留下的痕迹。呼吸着，感受着人与自然和谐的气息。轻轻坐在带着水滴的石凳上，闭上眼，这时人的所有感官似乎都延伸了。脑中便会出现这样一幅动态的画面：我想这时用心看到的世界，才是那个许久不见的伊甸园，潺潺的流水，墨绿黛青的山色，慢得几乎停下的彩蝶和那小桥流水人家的美。不知不觉，我的衣服已被石凳上的水滴打湿了，清新凉爽的感觉触摸着我的灵魂，轻轻弹去了心头的一切世俗烦心事。

在光华园体育场旁的那条小道看日落，可能是人生最浪漫、最悠闲的事儿了。看着温情的夕阳慢慢展现着它的神迹，把金色淡淡泼给大地，温柔的落日余晖轻轻撒在身上，像心爱的恋人一样温柔地抚摸着我的脸，暖暖地。风吹过来，那么柔，带着些诗意。我看看手表，秒针也似乎放慢了步子，躺在阳光中尽情享受着甜美生活，我想她一定也是为此刻的美好时光而缠绵陶醉，不想离开。落日中的光华园显现出的是另外一种美，多了几分岁月沧桑、怀旧的味道。

每次想到要离开光华园，回首逝去的岁月，我心中都会想：能坐在环形教室里再听一次那深奥的数学课，让我再一次在数学的海洋中徜徉遨游；我多想坐在语音室那个不起眼的角落里，再听一听英语老师那天使般的声音，让我享受英语的迷人魅力；我多想再仔细读一读那张盛满青春色泽、五彩的校报，与那一颗颗年轻、火热的心再来一次灵魂的共鸣。我……我……我多想再一次漫步在光华园里，在草坪边、花朵前感受醉人的春，多想在春的身旁盼来热情的夏，多想拉着夏的手，在光华园中哼着秋天的颂歌，在秋的金色里，坐在阳光广场的石凳上迎来雪白的冬，再来一次哲学的冬晨冥想。我多想站在羽毛球场那个安静的一隅，再次看着那个我心仪的女孩，默默为她加油祝福。每当想到这些，免不了有些伤感。就这样，大学时光一点一滴一分一秒地流过了，留下的是丝丝点点美好的回忆。

光华园，美丽的光华园，楚辞般华贵优雅是你的大家风范，乐曲般飘逸流畅是你的风姿靓影，而那一个个可爱、勤奋的财大人是你内秀的外延。每当走进书香四溢的图书馆，都是一次对心灵的净化，如品香茗，满口溢香；每当坐在明德楼一间安静的教室里自习，都是一次体会宁静，享受沉醉书海的快乐；每当在运动场的跑道上慢跑，脚下的路仿佛化为人生的漫漫征途，只有勇敢向前，才能获得进步与提高；每当站在高大的光华楼前，就好像在和一位博学的智者对话，要登上知识的高峰，就得走好脚下每一步，别等光阴已逝，才追悔万分。

摘自《西南财大报》
2006 年 5 月 15 日，有改动。

柳林的鸟儿们

■ 彭王媛
2004级校友

（柳湖白鹭）

　　不知不觉中，在西南财大已经快两个年头了，渐渐地，这里的一切由陌生变得熟悉起来。虽说我只是财经学海里的后生小辈，却见证了柳林新校区的成长，爱上了那些到柳林来安家的鸟儿们。

　　提起成都，每每都会忆起"一行白鹭上青天"这么一句诗来。那白鹭翩跹的意境，即便在如今的成都近郊，也常常得见白鹭逐水而徙。柳林始建的那一湾淡湖，于它们而言，确是得以栖身的一片桃源。清晨，薄雾未尽，它们便在晨曦中用长长的喙轻啄自己的羽翼，以精心的梳洗迎来一天的生活。由梅园步行到经世楼，总会横跨湖区，在滨湖的小径上，我的目光常会流连于湖畔，看那些优雅的"公主们"抑或轻舒长翅，小小一跃，和同伴嬉戏于湖岸；抑或静静蹲着，缩着长颈，很认真地思考着什么；还有的踱着步子，在浅滩细细觅着，偶尔低一下头，利索地拣起食物。最美的还是翱翔的它们，三只一行，五只一组，就那么轻盈地飞过，像几朵白云掠过我的心迹，留下悠长的思绪。叹青春，正是好风凭借力，送我上青云。

若说白鹭是柳林的公主，那么灰雀就是柳林的精灵。它们那么灵巧，小小的身躯里仿佛有使不完的活力。每每相遇，它们总在跳跃着，双脚并在一起，轻盈地向前一蹦，

又轻盈地落下。它们就这么蹦蹦跳跳地一次又一次从我的视野里走过，偶尔驻足，定会得意地翘翘黑灰的长尾巴，甚至欢快地啾啾叫几声。树梢上也常见着它们，总爱神气地翘着尾巴，叫着闹着，或是扑棱着翅膀，忽高忽低地掠过空际。它们总这么兴高采烈，把跳跃的青春与自己融为一体。

望着鸟儿，我不禁想起我们：每遇下课，总是结群而出，匆匆从一个教室迁徙至另一个教室，其间不忘呼朋引伴，叽叽喳喳，尽情享受青春的滋味。因为同一教室的缘故，常有众多金融学院的姐妹托我们帮忙占概率论的黄金佳座，所谓礼尚往来，成本会计的占座问题也就感谢她们代劳

了。女孩子们总是心思缜密，"此座已占"的便条上或有"谢谢""望谅解"一类的话语，白鹭般优雅；或有漂亮的花边，俏皮的笑脸，灰雀般神气。或许青春就是一只只鸟儿，那么轻盈，那么可爱，那么充满活力。有了鸟儿，柳林便有了生气，四溢着青春的活力。

摘自《西南财大报》2006 年 5 月 30 日，有改动。

第四篇　大道弘远

西南财经大学柳林校区

复建光华大学门，赓继兴学报国志

济民广场

校徽雕像

迎领并珍藏天安门广场国旗

西财师生原创校史剧演绎百年光华

经世楼

格致楼与诚正楼

柳 湖

憨态可掬的"校鹅"

迎接百年校庆师生校友健康跑

开启新征程，引领"新财经"

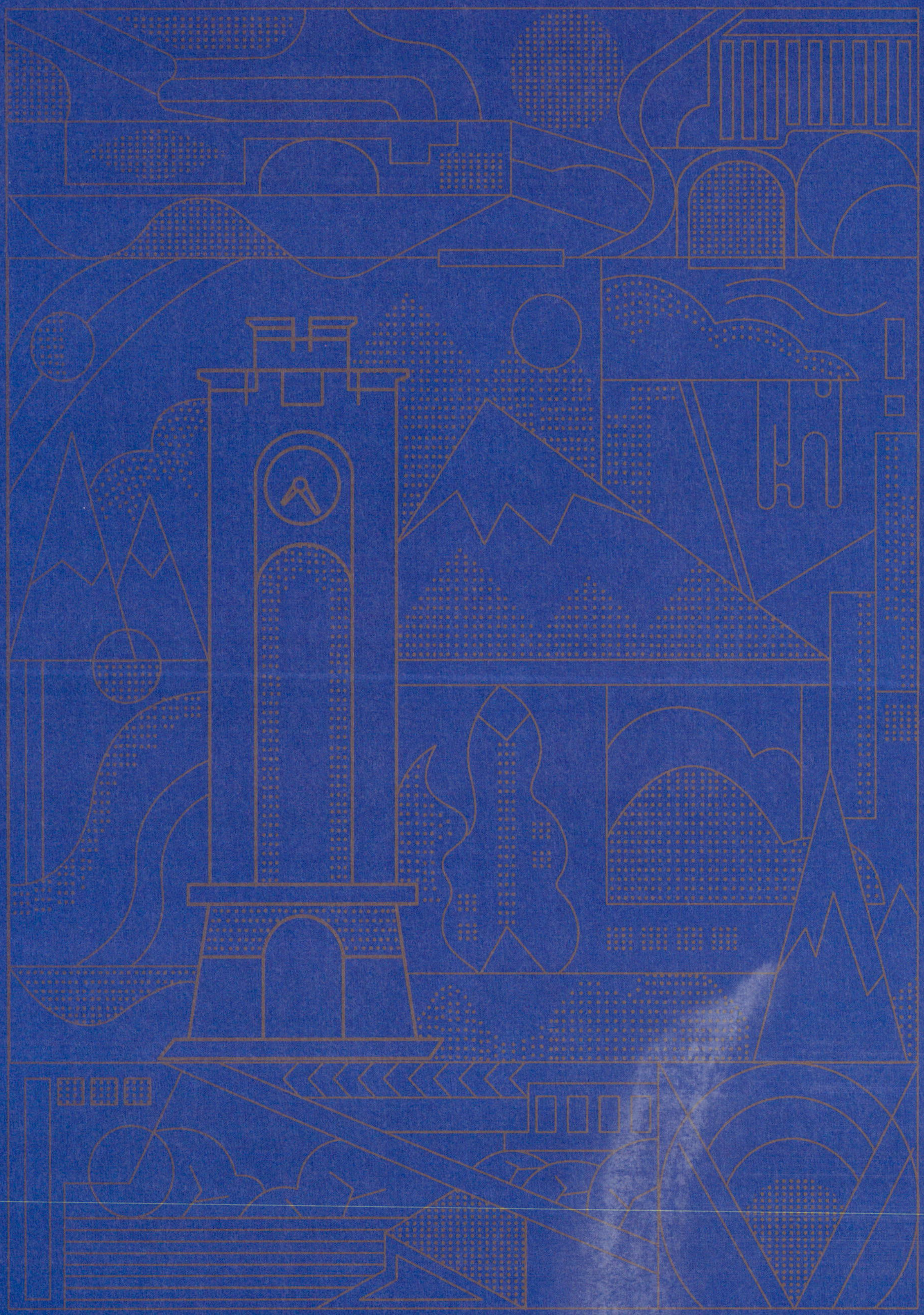

在"旧邦"与"新命"之间

■ 吴富林
1980级校友

　　桃李天下、著作等身的曾康霖教授荣获"中国金融学科终身成就奖"。闻此消息，学生十分高兴，三十多年前承教师门的往事一段段闪现出来。

　　在遭遇了历史性的中断之后，中国当代货币银行学于20世纪80年代初期重新开篇。恢复高考时的1977级、1978级并无"金融系"的设置（1978级金融系是进校后从财政金融系分出来的），而以金融系招收第一届学生应是在1979年。母校西南财大当时由人民银行主管，是全国第一批金融专业招生院校。当我于1980年入校之时，复校初期的母校正在招募师资，重整校园，一派百废待兴的景象。校长在旧时的"茅屋"里办公，各系办公室在一排房子的二楼，而一楼住着我们这些新入校的学生。然而，物质上的简陋阻挡不了一个具有无限潜力的新学科前进的步伐，组建伊始的金融系生机盎然。程英琦、温嗣芳等年逾古稀的海归老教授重执教鞭，新中国第一部《社会主义货币银行学》的主编何高著教授主持系务，曾康霖教授、何泽荣教授等正当年华的中年骨干则成为教研一线的主力。国外的教材尚未引进，少量国内教材多是20世纪50年代苏式痕迹很重的版本，自编讲义、油印教材一章一章地发到我们手上，成为我们踏入"金融殿堂"的门径。一切都朴实无华而充满生机，80年代确实令人回味不已。

母校原第九教室是一间可容纳150人的大教室，陈设固然是旧的，然而新知识、新思想不断地在那里传播。正是在那里，我们于1981年春季开始了货币银行学的启蒙。那时的曾老师大约40岁，正当才华英发之际，《金融研究》等刊物上已多次见到他的文章，我们对他的授课充满期待。曾老师的授课有着长期扎实研究奠定的底气，马恩的论述、经典的出

处、学界的争鸣、现实的动向，都经过他仔细下过一番功夫，条分缕析地组织起来，用他不紧不慢的四川话传授给大家。校中有擅讲者以激情感染人，以故事吸引人，构建出活跃的课堂气氛。然而曾老师不属于这一类，他的特色在于观点、内容与逻辑力量的结合。所以，听曾老师的课需要保持比较专心的状态，否则他的"逻辑演进"是不会等待你的！我感觉曾老师的讲述中有一种"正、反、合"的比较与综合方法，一个观点、一件事情，往往要从多个角度进行分析。你可能心里并不赞成他的某个结论，然而要否定它又难以找到下手的切入点，因为有逻辑方法在，结论是一步一步推理而来的。

学者就其思维劳动而言是高度个人化的事情，但就他的成长过程而言则可能是一种群体现象。按照这个思路，我略略追溯了我的老师、老师的老师乃至于"太师爷"级的人物的著述脉络，似乎发现了隐约可见的一条线索。这条线索怎么描述，在这篇短文里面说不清楚，但我相信它是存在的。具体来说，我们金融系在当时尽管是个新系，但人物构成和学术渊源却是不简单的。曾康霖、何泽荣等教

授是我这一辈的老师，何高箸教授（我们当时称"大何主任"，相对于何泽荣教授"小何主任"而言）是他们的老师，上面提到的温嗣芳教授等又是"大何"的老师。这样一来，1980年代的金融系（加上我们后来留校的师兄）实际上形成了一个"四世同堂"的格局。如果再往前追溯，我们不难排出一个西财金融人物的"豪华"阵容出来：法国南锡大学出身的梅远谋博士、德国莱比锡大学出身的李景泌先生、英国爱丁堡大学出身的温嗣芳教授、英国伦敦政治经济学院出身的程英琦教授，以及他们的弟子、弟子的弟子，算起来到如今该是到第五、六代了吧？环顾国内高校，包括一些知名的综合大学，这样的阵容是不逊色的。记得20世纪90年代初，我在复旦求学的时候，已故著名学者陈观

烈教授问我"是哪里考来的？"当我回答是西财金融系时，老先生连声说"知道、知道！"神情中透出赞许。以上是人物，再看著述。大体说来，西财金融著述可上推到20世纪三四十年代，集中于币值、物价、利率、汇率、货币本位等核心论题，兼有史、论、策论，并重国际、国内。梅远谋关于货币本位与货币危机的论著、彭迪先关于通货膨胀的论著、程英琦关于凯恩斯货币理论的论述（由何泽荣教授等整理）、温嗣芳关于利率、汇率与货币战的论著、何高箸关于币值与物价的论著，同他们的一代又一代弟子们在选题、关注点甚至叙述风格上有着明显的传承关系。对比分析曾老师等西财金融学者的著述及其学理渊源，是一个需要深入研究的"群体现象"，大约学派的形成亦复如是。

检索曾老师的主要著述目录，从《资产阶级古典学派货币银行学》《马克思主义货币金融学说原论》《百年中国金融思想学说史》，到著名的"六论"（货币、银行、信用、资金、利息、货币流通），到《金融经济分析导论》《经济学研究中的几次革命》以及数百篇经济金融论文，历时五十多年，横跨古今中外，不得不惊

叹于曾老师这位看似文弱的学者，却犹如一名不倦的健将，驰骋于金融理论的原野。粗略分一下类，可以看出来，曾老师的著作结构，一如他的述学一样是富于逻辑很有体系的。这个体系，大致包括了史、论、策论、方法论等构成元素。在史方面，从西方古典到中国当代，跨度很大。史学上有所谓"喜古厌今"之说，即越近的历史越难研究，纵使西方学人也视为畏途的"当下的历史"（history of present），一般人是不愿问津的。但曾老师认为"史乃学之基"，他出于对中国金融学术积累的责任感，不避可能出现的争议，领衔推出了《百年中国金融思想学说史》。在理论方面，除了属于基础理论的"六论"，还有属于方法论（包括经济学的一般方法和金融学的研究方法）的著述，还有若干文章是关于中国金融体制、金融政策、金融教育等方面的对策论。在这个著述结构中，我看到了传承，看到了母校先贤们的学术身影；在这个著述结构中，我更看到了创新，一种与时代共呼吸，与国家同进步的创新。"周虽旧邦，其命维新。"这句《诗经》中的名言，被历代知识分子作为表达民族自信和社稷责任的座右铭。哲学家冯友兰高举"阐旧邦以辅新命"的旗帜，阐释中国哲学，忧患国家命运，展望民族复兴，灌溉着无数知识分子。金融与哲学，情景不同而理源无异，阐明了金融之史，立稳了金融之论，定准了金融之策，那么金融科学便不负时代使命。

有继往开来之志，上下求索于"旧邦"与"新命"之间，这就是我在庆贺曾老师获奖之时的一点感想，也是对母校金融学科光明未来的祝福。

摘自《西南财大报》
2012年11月30日，有改动。

大千西财　妙笔难尽

■ 孙翰卿
2015级校友

今年西财的新生是9月8日、9日报到，巧遇润物细雨，却也无诗中所描绘的花重锦官城。我想这便是西财的气质吧，三分入世繁华烟雨成都，七分经世济民风骨同守。我在细雨中漫步。蒙蒙细雨，似柔纱，朦胧了西财之美。倏忽，雨便大了起来。我撑一把伞，听冷冷的雨声。凉风阵阵，我闭上眼睛感受这异地的秋意。雨声回荡，如催促烈马疾驰的躁动的鼓点，这是我九十载巍巍西财，鲜衣怒马，踏歌而来！正当我品味着西财的自然美而沉醉之时，一道闪电撕裂了天边沛然的云，惊雷乍现。一刹那天地之间异象丛生：虽雨势滂沱，耳边却无落雨之音。那一瞬间似乎被无限拉长了，睁开眼，一个静止的世界定格在眼前，温婉而肃穆。我忽然感觉，自己似乎领悟了什么，西财的美融合了太多的东西。

校史洗礼

犹记得参观学校校史馆的那天。漫步于弘远楼林荫小径的我，偶然抬头远眺。只见六根大理石柱撑起一座橘灰的格子相间的大楼。这颜色搭配真是大胆活泼而又匠心独运！这会是什么地方？此楼大书"弘远楼"三字，心怀天下的训诫裹着历史烟尘，执万钧之势，烙进我的脑海。这是校史馆，从黄浦江边的变革风雨，到浣花溪畔的薪火相传，从浦东浦西到光华柳林，从1925到2015。一种历史的厚重感压在了我的脊梁上，我不由得把脊梁挺得更直了，定不负前人开拓辛劳，此志在肩，此愿在心。在展厅中移步，跨越时间——"黄浦浣花，薪火传承"。这里走出了"背影所向，即家园""天下人望其项背，揭竿而起"的众多青年革命者；这里汇聚了"中国会计界先驱"谢霖、中国近代税收学和直接税制的开创者李锐……跟着那一串串名字，我仿佛看见在那些时局动荡的岁月里，那么多的前辈以经济学救国、不忘初心的身影。感动得想要落泪，只恨此身晚生几十年。西财啊，虽未涉足你的过去，你的未来我定不缺席！暖阳低头，弘远楼沐浴在渐冷的余晖中。校史馆中的一幕幕在我的眼前回放，我想这座楼建得真好。弘远楼集现代和历史于一体，它既包含各种高端科技的学术交流厅，又内藏校史馆。古朴的外形设计在造就了它非凡的气势的同时，又令它蕴藏了难以言喻的历史气息。它是西财的一个缩影，是西财的宏图远志的象征，也是西财厚重历史的承载。

余晖清减，暮色渐浓。我站在尔静桥上环视柳湖。柳湖是西财学子晨读静观深思的诗意之处。柳湖蓝似镜，绿丝绦如烟，蓝绿相映，是悬挂在西财胸前的一颗"克什米尔蓝宝石"。突然，我发现：围绕柳湖，每十米左右就会有一棵树上挂有游泳圈，SWUFER的心真细呀。

静影沉璧，落日熔金。学校东门各家店铺也即将迎来一天中最忙碌的时段。东门各处彩灯招摇，店家门前车水马龙，初至锦官城的种种，漫溯心头。

舌尖的颤抖

9月4日下午双流机场。我走下飞机，看着天际那一抹还未淡去的娇艳余晖，在心里默默地说：SWUFE，我来了。后来才发现，当时应说，成都美食，我来了！3个小时的航班后，又饿又乏，路边新奇的蛋烘糕立刻引起了我的注意。软，脆，甜，咸……几种复杂的感觉在口腔中矛盾又自然地交融在一起，乘坐飞机的疲惫一扫而空。当然学校周边也是美食云集。"走啦，走啦，去吃小米辣！"9月9日，第一次室友见面。在当地室友的诱惑下，我们去品尝了成都的辣椒之最。在辣椒和舌头的碰撞中，收拾寝室的疲倦早已被刺激得烟消云散。舌尖颤抖着，眼睛却不时瞥一眼红油翻滚的火锅，生怕错过了什么好料。在味觉的极限挑战中，热气蒸腾，眼镜都氤氲得有些模糊。一顿火锅拉近了我和室友的关系，身体在体验辣的同时，悄悄改变着，适应着辣味，

适应着西南巴蜀地，适应着风雨同舟的浓浓室友情。

膜拜图书馆

　　吃完饭已经晚上8点了，我急忙跑回宿舍拿了灯具和书去图书馆。我独自坐在图书馆4楼的边上，这里因为灯光很暗，所以每天晚上都几乎没有人坐这里。但是我喜欢这里，特别是晚上的这里。在这泼墨写意的画布中品味自己的光明。妙极，妙极。西财的图书馆外部设计独特，兼具书墨之深沉与智慧之灵动。图书馆共有六层。第一层最具风格，味道沁心，墨香浓郁。书桌自带花样小灯并备有插头和网线接口，支持同学合理使用电子设备。我曾在那里自习过一次，那里有一种让人坐下就不想走的温馨和沉静，思考是最符合图书馆气质的东西。图书馆的二到五层是图书馆的藏书库，这里海纳百川，天文地理无所不藏。里面营造的是古朴风格，每层的壁画或取自欧洲文艺复兴时期或取自中国古代，韵味十足。桌椅等硬件摆设以木质为主，也有少量的石头圆凳、藤椅和现代办公桌。在这里读书，仿佛回到了古代，感受古人的书

生意气，思考，理解，从而塑造我们西财人自己独特的气质。图书馆的第六层是很特别的一层，这里除了藏书和自习座位外还有高端大气的视频会议室，这里简约和温馨并存，很多小型的读书交流就是在这里进行的。

嘀嗒嘀嗒……

9点50到了，我该走了，图书馆晚上10点闭馆。站在图书馆前，看着夜幕中的藏书楼，它一直散发着智慧的光芒，为西财人引路。作为一个经济统计专业的学子，我不禁脱口："墨茫莽，笔录方圆数据海；意乘诚，叩首古今智者心。"如古人般，稽首一拜。

享受夜色

转身，看着济民广场。锁龙柱不知疲倦地亮着，在西财，夜里从来不会迷路，因为锁龙柱、图书馆四楼和钟楼为西财人彻夜明亮。在最漆黑的夜中，它们是SWUFER永远的明灯。

漫步，西财的夜在明灯下明媚，我的心情似乎也被这明媚渲染了，轻快地荡漾着。路上我看到了好多晚归的人影，柳湖脉脉的水声和一种沁柔的声音交融在了一起，细听，却听出了甜。

立足，伫望。我看着古蜀的月，看着大地。几千年前，正是这朦胧的月华启迪了金沙的智慧，滋养了辉煌的金沙文明。我听到了大地的呓语，那是沉醉在丰足中的赞美。"日月光华，旦复旦兮"。四川盆地的太阳似乎被这里的辛辣分去了太多的阳气，有点小家碧玉的味道，她总是藏在云帘后，喜欢调皮地向人们洒水示欢，在玩够了后才露出羞羞的面庞，红润而柔暖。雨阳徐来，配上雨后的水汽，阳光凝成了滴露，爱抚着人们的脸。这太阳，着实温驯。

静，是夜的主调；闹，却是繁华的协奏曲。11点了，东门繁华依旧，西财东门外的人声鼎沸和西财的平静似乎形成了鲜明对比。世事喧嚣，然大学平静，大学应当是超脱于世的净土。有人说，柳林校区离市区太远了，不方便。我却觉得，这太方便了。一群西财人在僻静处思考，散发出自己别样的光明，岂不快哉？

脚步声在耳边响起，三三两两的人结伴从我的身边走过。有的激烈地讨论着，隔着几米都能从他们的身上感受到生命的炽热；有的恬静淡雅，低声交谈着，她们的丰姿在微风中被夜幕冲淡，柔美的气质却感染了环境；有的快步前进，神情专注，心灵是最快捷的幽径……

尾声

既然一个人的形象和姿态必然显露出他心中的情感，表达他内在的精神，那我所在的这个学校呢？

一个学校的日常点滴必然蕴含着这个学校的魂魄。

西财铭记历史，立足现在展望未来，故立"弘远"一楼。西财融聚万象，自创校以来不断整合调整自身，故格致楼三色一体浑然天成，而且其内部设计汇融中西于一家。西财的校训在点滴中被诠释：无论老师们授课还是学术研究，都践行了"严谨"；简朴的校舍，表现了西财人的"勤俭"；师生们不辞劳苦进行"中国家庭金融调查"，以汗水为墨泼洒了西财人的"求实"；各种双语实验班、国际合作、不断开展的立足自身的改革等，展现了西财的"开拓"。还有体育馆、腾骧楼、经世楼……还有太多太多，九十年西财是一本读不完的大书。

摘自《西南财大报》
2015 年 11 月 30 日，有改动。

"缘定西财，毕生有你"

——建校90周年集体婚礼侧记（二则）

■ 凌梦雨　黎文婕
2014级校友

（集体婚礼）

　　母校九十华诞将至，一对对身着白色婚纱、黑色西服的新人在师生、亲友的见证下穿过花门，走过花柱环绕的红毯，步入神圣的婚姻殿堂，执手许下爱的誓言。他们怀着最珍贵的青春记忆与最炽烈的感情，将幸福与欢笑洒满西财的每一个角落。

5月16日上午10时，86对身着盛装的新人齐聚西财柳林校区南大门草坪，参加盛大的集体婚礼。校领导赵德武、张宗益、曾道荣、杨丹、张邦富，职能部门和学院负责人，千余名师生校友和新人亲友出席了这次典礼。

10点整，伴随着门德尔松的《婚礼进行曲》，86对新人依次在草坪站定。校党委书记赵德武作为证婚人、校长张宗益作为主婚人，分别向新人们送上了情真意切的新婚祝福。

在主持人的带领下，新人们开始交换信物，代表爱与忠诚的指环被紧紧套在恋人的无名指上。2012届工商管理专业的余脊（化名）单膝跪地，为2010级硕士研究生企业管理专业的新娘樊春燕（化名）戴上戒指时，樊春燕轻轻吻了吻余脊的额头，并忍不住流下幸福的泪水。现场学生们高喊："亲一个！"主持人也请新郎伸出双手张开臂膀，亲吻眼前的另一半。

温馨绵长的拥吻过后，作为新人代表的2005级国际商学院本科毕业生李笑宇携妻子王觅（2005级财税本科毕业生），在众人的欢呼声中走上舞台。2007年校园食堂里的那句"就她了"奠定了他们后半生的携手共度，李笑宇满怀深情地回忆道："从相识相知相恋到如今，我们已走过了八年。进入社会后，面对各种问题，我们也困惑过、犹豫过；但是，爱情的力量让我们坚守。"

"幸福是彼此的珍惜与珍重，承诺需要一生去守候！"两人将自己的幸福传递给在场每一个人，也表达了对母校九十周年的祝福，"西财，我们不会让您失望，我们将经营好家庭、事业，发扬您的精神，传承您的荣光。"

在他们的带领下，全体新人在这蓝天白云下携手宣誓：相知相契，比肩比翼；事业家庭，并驾齐驱；经世济民，共同践履……缘定西财，毕生有你！在这份浪漫与感动中，新人们十指紧扣，深情相拥。

校领导和嘉宾将学校的贺信——

交到他们手中。在现场千余名观众的倒数声中，新人们放飞了粉白两色的象征爱与幸福的气球，让这一刻的喜悦与欢乐随风传到了更高更远的地方。

婚礼结束后，昔日的学子或拍照留念，或与旧日同学叙旧，或与恋人执手漫步柳林校内寻回往日回忆。2011级金融博士刘博与妻子2007级保险本科毕业生曹维洋在其孜楼前的"思想者"雕塑下深情拥吻，更是引来一群学弟学妹的欢呼。

在西财的青春岁月成为莘莘学子终生难忘的记忆。在这里，他们收获了知识，收获了成长，收获了爱情。86对伉俪中，有人跨越了距离的阻碍专程赶回，有人带上了自己与恋人爱情的结晶，"在九十周年前夕能够参加集体婚礼，我们真的感到很荣幸。"他们的喜悦似这阳光一样照在所有人身上，他们的幸福将这偌大的校园填得满满当当的。

房欣、张林方：最后一刻赶上婚礼

■ 肖笛　《华西都市报》记者

集体婚礼开始时间是16日上午10点。8点50分，学校为新人们请的40位化妆师已快结束工作，2013级企业管理博士张林方却准备给学校请示放弃这次婚礼机会。头天晚上200多个航班因天气原因取消了，她的另一半——远在河南的老公房欣，直到早晨还滞留在郑州。

正当新娘犹豫不决之时，微信里的老公发来了信息："媳妇，有戏了！你等我！"3小时飞越1 039公里到达成都，当飞机降落，兴奋已掩盖了疲惫与焦急。新郎再从机场打了90元的出租飞奔来到婚礼现场，赶上了这盛大而有意义的婚礼。

跨越万水千山，只为爱而来。房欣赶到的时候，妻子正在做头发的造型，见到妻子，之前所有的波折辛苦都化为相视一笑的温柔平静。"2 875天爱情长跑，就希望圆妻子一个草坪婚礼梦。"两人是最后一对化妆的新人。他们携手走上幸福红毯，在上千师生的瞩目下，彼此许诺终生。

"真感慨这'婚姻不易'，昨晚10点，我还每隔半小时都到窗口咨询航班是否起飞，最后临时被安置到距离机场70多公里外的酒店入住，凌晨3点得知6点过可以恢复航班，便立刻起床准备往成都赶。"回忆起这一波三折，他俩认为这就是婚姻的意义"为了彼此，奋不顾身"。

从确定恋爱关系至今，他们一直都那么恩爱甜蜜。房欣特意拿出手机，上面记录了他们日常相处的点点滴滴。整个采访过程中，房欣一直默默地为妻子撑着伞，挡去烈日和炎热。他说："这是男人一辈子的姿势，为她遮挡风雨，护她一生无虞。"

摘自《西南财大报》2015年5月22日，有改动。

以书传家，
以学报国的"天府好家规"①

■ 《西南财大报》记者

经济学是经世致用之学，经济学家赵国良教授带领一家三代孜孜不倦遨游于财经海洋，更重要的是一家人用所学不断回报国家经济建设主战场，身体力行实践着"经世济民"的西南财大的大学精神，全家人心系国家前途命运，为改革开放和经济发展作出了卓越贡献。

他们的"传家宝"就是八字诤言："以书传家，以学报国"。

1993年经国务院批准遴选为博士生导师的赵国良教授和他的作品先后获得过中宣部"五个一工程"图书奖、四川省首届创新人才奖、国家级优秀教学成果奖、中国人民银行总行有突出贡献专家称号等。1997年，由他担纲主持研究的国家级重点课题《现代企业制度论》以专著形式出版后，被选为送中央政治局领导同志阅读的全国十本优秀社会科学著作之一。

好学的家庭比比皆是，但像赵国良教授"挂帅"的这个神奇"经济学之家"的确罕见：一家三代8口人，出了3个博导。人们羡慕着这样一个"崇学、爱国、民

---

① 2017年四川首届"天府好家规"评选活动中，赵国良家庭家规获评十佳"天府好家规"。

主、和谐"的优秀大家庭：全家上下犹如芝麻开花节节高，好比长江后浪推前浪，一代更比一代强。这个家庭展示出来的"好家规"，浓缩了一家三代的奋进史，也是社会主义核心价值观影响中国万千家庭的生动写照。

"让学习像空气一样，环绕着这个家庭安静流淌。"率先强调"学习"对家庭进步和家庭强大的重要性，并率先以身作则躬身示范的，是赵国良教授的爱人刘继芳老师。

20世纪50年代，从一个没有读成大学、却在大学参加革命工作的高中生起步，刘老师通过勤学苦读创造了小小的神话：光荣加入中国共产党，利用自考助学坚忍不拔一天天自学，一门一门啃完大学课程拿到大学文凭；再通过勤奋和努力在西财第一个考取高级政工师

职称，并先后担任西财法学院党总支书记、西财统战部部长，还要包揽家务，更要照顾两个孩子的读书学习与成长。如果没有更高远的目标追求，怎能产生如此强大的学习动力？

刘继芳老师说："身处高校，学习应该成为一个家庭运转的发动机，每个成员都要努力学习，每天都有进步，哪天不看书心里就不踏实。学习的目的主要是为把工作干得更好，同时也充实自己。那些年每个星期天，全家都到附近的杜甫草堂去看书、学习、讲故事、锻炼身体，其乐无穷啊。至今我们家还保持了一个好传统：利用每年除夕全家团圆的美好时机，从老到少每个人都要当面回顾总结过去一年的学习和工作成绩，汇报来年的计划和打算，让每个人的奋斗目标和方向更清晰。"

作为一家之主，同时也是中国经济体制改革探索者的赵国良教授，更是嗜学——潜心学问报效国家就是他的生命。

供职于西南财经大学研究生院学位办公室的大女儿赵小梅，谈及父亲治学的勤奋痴迷，讲了一件趣事。"那几天他文思泉涌，闭门谢客写论文。为避免打扰，特意安排我这个黄

毛丫头守在家门口给他把门，如有人前来拜访，我就大吼'我爸不在家'。后来我们才知道，那几天他赶写的文章，就是发表在国内顶级学术期刊《经济研究》上的《论政治与经济是对立的统一》，此文当时作为热点文章引发了学术界争鸣。"

二女儿赵静梅现任西南财经大学金融学院执行院长，她至今犹记父亲做学问有多专注："我们家住五楼，有一次老爸洗完菜后忘了关水龙头，就又回到书桌前伏案疾书，等我回家打开门一看：天呐，满地的水已淹到他皮鞋了，他竟浑然不觉。水流到楼下，四楼住户找上门来了。为了钟爱的学术，我爸就可以达到那种忘我的境地！"这给赵静梅后来在中西方求学乃至做学问搞研究都带来了深刻的影响。

"苟日新，日日新，又日新。"古训告诉这一家人，通过学习，就能实现每天除旧更新。

20世纪80年代，作为中共四川省委在80个国有企业中建立现代企业制度改革试点领导小组顾问，赵国良教授在如火如荼的改革开放中马不停蹄不舍昼夜，既要不断吸收最新知识掌握理论前沿，又要不断为经济建设提供智力支撑，最拼最忙时达到什么地步？有数据为证——他获得国家级优秀教学成果奖的颁奖词这样说道：他实现了"三个一百"——完成了一百余家企业调查，发表了一百余篇科研文章，给省委中心学习组机关干部以及企业家等做了一百余场学术报告。

赵国良教授还相继获得了四川省科技进步奖、社科研究奖等其他奖项，参与了中国城市综合改革试点等全国性重大课题调研及四川省许多重大决策性课题调研和讨论，甚至还执笔起草了四川省委、省政府指导建立现代企业制度的文件（即四川省委发1993第23号文件，简称《33条》），并取得很好的实效。

赵国良教授和刘继芳老师，夫妻俩相濡以沫，比翼齐飞，相识相知相爱57载，真情感天动地。赵国良教授

原来烟瘾很大，每天抽两包有时还打不住。后来，因妻子患有美尼尔氏综合征，对香烟味儿特别过敏，甚至闻到烟味病情就要发作，他便痛下决心宣布戒烟。"赵老师，你如果都可以戒烟的话，我们就戒饭！"企业家们这样监督他、调侃他。

为了心爱的人，没什么做不到！令人惊讶的是，赵国良教授一天之内成功戒烟，并永不反弹！这些无声的行动，给他们的后代做出了有力的表率，一家三代人没有任何不良嗜好和坏习惯。

良好的家学渊源，浓郁的家庭学习氛围，在子女身上得到进一步传承和演进，交出来的人生答卷也更加靓丽。

刘继芳老师特意讲到了二女儿赵静梅的一桩小事。"记得她读大学时某次德育考试，大多数学生不太重视这门课，马马虎虎答完题，眨眼工夫就走人，整个考场只剩她这一个考生，她竟然不慌不忙，毫不在意，还高高举手向监考老师索要添卷纸。娃娃学习劲头很足，她就是那种读书学习特别认真的孩子！"

赵静梅是家里一致认可的"学霸"，也是名副其实的"拼命三郎"：本硕博均在西财顺利完成，后赴德国曼海姆大学进行博士后研究工作，到德国柏林经济学院做访问学者，先后考取全球顶尖同时也是难度系数最高的德国洪堡奖学金、美国富布赖特奖学金，出版有《金融危机救济论》专著，在《世界经济》等顶尖刊物发表过《论美国信用评级霸权》等多篇学术论文，担任中国驻法国大使馆教育处一等秘书四年，在传播中国文化、促进中外大学教育合作与交流等方面做出了应有贡献。

十余年前，诺贝尔经济学奖获得者蒙代尔来西财讲学时，赵静梅被临时紧急抽调担当现场翻译。凭借扎实的专业外语功底、融通的中西文化素养、机敏的临场应变能力，场上的她口吐莲花，妙语连珠，赢得全场喝彩。

"很庆幸有这样出色的父母在前面为我们树立榜样，他们不声不响，用一辈子的时间活出了他们的精彩，而后让我们跟着学、看着办，我们不必太焦虑成长，效法他们的路径往前走就很好。"这是静梅对父母躬身垂范的最好解读。

小时候的静梅很享受跟在爸妈身后那份美妙的感觉。走在校园里，时时处处都有熟悉的老师或学生跟他们热情地打招呼，那样的氛围，那样的气场，那样的愉悦和美好，就是一个充满了文明、和谐和甜蜜的教育环境。天涯海角，无论她这个做女儿的走了多远，但家人、家园、母校永远在召唤着她的归来，这样的情感滋养和濡染给她留下了深深烙印，家国情怀不再空洞，而是得到了不断培育和滋养。

谈及父母立身行事的原则，静梅说："发自内心的谦卑，讲求对人的平等意识，已经渗透在他们的精神基因里。这些年我走过很多地方，见过好多人，慢慢体悟到，只有你真正觉得普通，才能真正感受到幸福，带着优越感你就品尝不到幸福了。"

去年归国时，突遇老爸肺部感染，来势凶猛，无法下楼就医。静梅急得没办法，只好塞钱给保安求助帮忙。哪知保安执意不肯收钱，二话没说，背着父亲就是一阵小跑。保安告诉她，二老对他们经常嘘寒问暖，当自己的亲人关心，根本没有什么大教授的派头，这些爱他们铭记在心。静梅对此触动很大，在父母这面光洁的镜子面前，她也时常映照着自己。

结束了驻法大使馆的工作之后，尽管有多种更好的职场选择，但静梅悄无声息决定归国，扎根中国大地，回到母校出任金融学院院长，自觉担当起了为国家强盛培养英才的神圣使命。

"以书传家，以学报国"是多少知识分子的家国情怀和人生愿景，赵国良教授一家人通过拼搏实现了这种美好，是"好家规"一直在成就着这个幸福的大家庭。

"经世济民共担当，孜孜以求兴国邦。"正如西财校歌里写到的，赵老一家几辈学人，用生命与爱讲述着爱国知识分子的家国梦。

摘自《西南财大报》2017 年 5 月 20 日，有改动。

怀想冯亚东教授，
那位十年功夫一本书的人

■ 高晋康
1995级校友

　　冯亚东教授首先是一名学长。他是西南政法大学1978级学生，我是1981级。对于西南政法大学1978级，现在有一个说法，那是一个不可复制的神话。包括现在最高人民法院院长周强、副院长李少平、四川大学龙宗智教授等一大批政法界、学术界的领军人物，均是西政1978级毕业生。这么想来，那是一个理想主义激荡的年代，国家刚刚拨乱反正，大学也才开始恢复招生。每一个年轻人身上都洋溢着一种家国情怀。

　　大学毕业后，冯亚东先是在南充市中院，后又经四川省政法干部管理学院、四川大学并最终于2002年7月来到西南财经大学直至离世。对于西南财经大学法学院，冯亚东教授可谓居功至伟。在冯亚东教授带领之下，西南财经大学刑法学学位授权点最终从无到有，并从有到优。特别是2011年，西南财经大学和复旦大学、四川大学等一起获得法学一级学科博士授权点，冯亚东教授本人的科研贡献起到了极大的助推作用。因为申报工作，我曾仔细梳理过：2005年至2010年5年间，冯亚东教授在三大权威学术期刊《中国社会科学》《法学研究》《中国法学》共发表论文6篇。这一数量在我国刑法学界那个时段中仅次于清华大学的张明楷教授和北京大学的陈兴良教授。冯亚东教授的科研成果最终为法学院争取法学一级学科博士授权点起到了基石之功。冯亚东教授现在学术上的成就已是有目共睹。

在南充市中院和四川省政法干部管理学院期间，他用十年时间撰写出了《理性主义与刑法模式》一书。后来，该书被选入中青年法学文库由中国政法大学出版社出版。法学界都知道，20世纪90年代中青年法学文库这套书背后的巨大声誉。其学术价值和学术影响力确实是国内其他法律书系所不能比拟的。这本书出版时，冯亚东已经45岁了。换句话说，和其他法学学者30余岁即崭露头角不同，冯亚东直到45岁后，

才迎来了自己的学术黄金期。在一个日趋功利的时代，冯亚东教授肯花如此长时间，呕心沥血地写作一本书，这种对学术的挚爱以及做人做事方面的淡定从容，确实值得每一位青年学人学习。

事实上，直到进入四川大学和西南财经大学后，冯亚东教授可能才真正地进入主流法学领域。和别人不同，冯亚东教授属于苦吟派法学家。吟安一个字，捻断数茎须，这甚至会使我不由自主地想起中唐一个名叫李贺的诗人，看到儿子热爱诗歌至呕心沥血，李贺的母亲感慨儿子写诗是"呕出心乃已"。忙碌于法律实务，远离主流法学领域的那段经历，恰恰锤炼出了冯亚东教授思想的深度和锐度。对于冯亚东教授的治学，一个真实且流传甚广的故事是写作过程中，冯亚东教授甚至会进入一种近似于走火入魔的状态，晚上会因为冥想而彻夜彻夜睡不着觉。伴随他的，就只有一个录音机。担心灵感转瞬即逝，一有想法就会打开录音机口述，等到天亮了再整理记录。最终搞得不光他睡不好觉，就连夫人也不得不陪着他失眠。所以，仔细阅读冯亚东教授相关著作会发现，其中不仅是知识的传

承，更重要的是凝聚了一个人的思想。所以，冯亚东教授不光是一名刑法学者，还是一名思想家。

在长期睡不好觉、作息完全失调的情况下，冯亚东和李贺一样，"呕出心乃已"，嗅觉完全失灵，吃什么东西都有一股油漆味。先是按抑郁症治疗，直到两年多才最终确诊是患上了运动神经元病，也就是"渐冻症"，这是一种至今医学仍束手无策的绝症。最令人感慨的是，也就在自己身体越来越不行的情况下，冯亚东最为牵挂的，却是自己的学生。事实上，教学和学术，这是冯亚东教授一生的最爱。即使在病中，他仍然坚持给学生上课，指导弟子完成学位论文。为了照顾老师，学生们给冯亚东教授端了把椅子，希望老师能够坐着讲，但讲着讲着他不由自主会站起来……除了正常教学工作外，几乎每周，冯亚东教授都会召集冯门弟子进行学术交流。这种交流很多时候就在他家里，饭点时间到了，夫人还没下班，冯亚东教授就开始挽起袖子，给学生们煮面，煮水饺。而对于家庭困难的弟子，冯亚东更是关爱有加，要么直接经济帮助，要么介绍兼职。以至于整个学院的学生都在感慨，做冯门弟子是幸福的："冯老师实在是太溺爱他的弟子了！"

作为国内享有崇高声誉的刑法学家，冯亚东教授原本有大把争取名利的机会。其中一次，一位当事人找到冯亚东教授，希望他能够出面代理一起发生在四川某地的刑事案件。"不需要你做太多具体实务，只要出个面就有百万以上报酬。"由于担心办案影响学术研究，冯亚东教授当场予以谢绝。

有人用"谦谦君子，温润如玉"来形容冯亚东教授，从我和他多年的交往来看，这个形容是贴切的。现在他走了，我只想说，作为一名学者，他无愧于这个时代。作为一名老师，他更是无愧于每一位门生！

冯亚东教授的离世，是西南财经大学及其法学院的一个重大损失，也是中国刑法学界的一个重大损失。唯一值得慰藉的是——虽然他已离去，但注定不会被人遗忘。冯亚东教授的名字和他在刑法学领域孜孜不倦的探求注定将会镌刻在法治的丰碑之上。

摘自《西南财大报》2016年11月30日，有改动。

柳林轶事

■ 徐冬阳
2008级校友

　　2008年9月，我第一次来到成都，离开因为洪水而晚点20个小时的火车，在没有星星的夜里从火车北站坐上一辆出租车，然后不停地对连闯3个红灯的司机师傅说："慢一点慢一点，师傅我不着急。"成都的第一夜，我住在光华校区南门外的一家旅馆，一度以为四川省气象局里造型绰约的大楼是西财的水塔。

　　早晨坐上校车奔赴温江，邻座的一对母子一边看窗外一闪而过的店铺，一边讨论各种招牌正确的翻译方法。40分钟之后，校车从柳林校区北门驶入，带我们直接到达"梅园"下的报到点。我递上录取通知书，领取"松园"的钥匙。校车上邻座的母子一直与我同行，到了寝室楼下才发现原来他住C425，我住C421。不久之后闲聊发现，我们不仅同班，而且同年同月同日生。于是本科四年的生日，我们都是一起度过的。

　　寝室当时还使用室内热水器，而非现在的统一供应热水。送我来的表哥回忆起他母校的大澡堂和寒风中湿发归寝的日子，眼中满是热泪。表哥走后我独自去东门买洗漱用品，在回来的路上不慎拐到当时还是荒地的南门，然后迷了路。三名室友陆续赶来，最迟报到的东北小哥因为在火车上站了一天半，所以在同去买床垫的路上始终半梦半醒。寝室的第一场卧谈会也发生在这天。

由于没买蚊香和蚊帐，柳林的蚊子们得以就此拟定攻击策略与目标，并且四年内一以贯之。

当时军训还是在开学时举行，训练完大家会在一粟堂二楼的军训食堂吃饭。那时我们以为吃饭地点必须固定，于是总是看到教官离开就偷偷跑到楼下的"五点五"吃面和小炒，自以为机智与叛逆，其实根本没有人在意。那年的中秋节也在军训期间，晚上我们班在朝晖运动场外开了第一次班会，男生们怀着兴奋的心情想去看看班上女生的样子，结果夜色太深，什么都没有看清。

那时汶川地震的小型余震还比较频繁，晚上经常各个寝室的门都突然打开，走廊上满是奔跑的声音，寝室园内一片喧哗。五年后芦山地震在清晨把我们摇醒，大家如2008年学长学姐所描述的那样跑到寝室楼下，脑中一片空白，看着雅安的女同学因为打不通电话抱着楼妈大哭，仿佛往日重现。

寝室当时还没有空调，盛夏时电风扇吹来的都是热风，于是四个人一起打地铺是夏天的标准配置，还有人买了单人帐篷，晚上就在楼层阳台上睡觉。男生寝室很少关门，方便大家互相串门和打"DOTA"时开黑，人多时大家还会搬着小桌子去阳台上一起玩《三国杀》，结果因为太过喧哗，被阿姨警告过很多次。我们的阳台正好对着"榕园"，我们毕业那天大家一起对着"榕园"喊道"学妹我们走啦"，然后眼睁睁地看着学妹们纷纷拉上窗帘。

柳林的学生习惯把"松、竹、梅、榕"的寝室区称为"植物园"，而把"敏、毅、智、慧、诚、信"的寝室区叫作"人品园"。"梅园"和"竹园"是女生园，楼下有一排长椅，一到饭点就有男生在长椅上等女朋友去吃饭，晚上也经常有失恋的女同学坐在上面打电话，"其声呜呜然"。当时"梅园"对面会在每周末放露天电影，一次大家看到《落叶归根》里宋丹丹说她的儿子在西南财经大学读书时，整个小广场都沸腾了。

而"人品园"下的树荫路是各种展销会的天堂，社团活动宣传和毕业生跳蚤市场在这里交替出现，路过的我们用收到的传单数量作为判断自己长得年轻与否的标准。

柳林校区刚兴建时周围还很荒凉，"松园"向西是一大片油菜花田，日后被称为"小香港"的东门一条街尚未成形。当时的学生出校门还需要出具学院证明，因此财大也被很多学生戏称为"温江三中"。我们入校时东门已经羽翼渐丰，但还不像现在这样规划有致。当时入夜后整条主道都会摆满卖各种小吃的摊点，那里有着每个在校生的滚滚红尘与"吃吃"青春。毕业季时几乎所有的班级都会在东门的烧烤店聚会，大家干杯、拥抱、痛哭，说着这些年里所有还没说完的话，如同烟花一样，在耀眼的绽放之后，便四散天涯。

图书馆下的思想者雕塑是东门之外大家最重要的集合点。无论毕业照还是回柳林拍结婚照，大家也都会首先去和"他"合影。几乎每天早上都会有一条队伍排到济民广场上等图书馆开门，而到了期末考试季，就变成了两条队伍。每个在图书馆里自带插线板的人都是大家的男神女神，密布的电源线在每张桌子下蜿蜒，电脑屏幕上的PPT、PDF和Word之间闪回的是当时每半个小时就会自动下线一次的SWUFE-EDU无线网。

东门的体育馆落成后，大家就再不用练习风中羽毛球技巧了。这座外形酷似螃蟹的场馆承载了我对羽毛球这项运动的所有美好回忆，其中主要是买水和捡球。2010年世界杯时学校安排在体育馆对赛事全程直播，我们几乎每天都拖着凳子横跨校园早早去占位子。朝鲜打进巴西一个球时全场陷入狂欢，连穿巴西球衣的球迷们也不例外。2014年世界杯时直播地点改到了经世楼的G103教室，地点变了，陌生的球员变多了，而当年一起看球的人也都没在了。体育馆附近的学生活动中心也是在我们入校后才落成，它和体育馆承办了财大几乎所有的大型活动，从入校的开学典礼到毕业晚会，再到毕业典礼，仪式感之间串联起了西财生涯的起点与终结。

经世楼、颐德楼和通博楼则贯穿了在西财的学生生涯。白板上一串又一串的公式和熬夜做成的一张张PPT慢慢铸就了我们西财式的思维方式和行为习惯，也"培养"了我们在期末考前复习和预习同时进行的本领。每一科的最后一节课都会爆满，平时翘课的少年也一丝不苟地记着笔记。下课后大家一起揣摩老师的每一句话，试图分析出期末考的重点，然后分头搜集历年考卷。而通博楼里则塞满了考研生活和研究生课程里所有的小组作业，那些借着小组讨论名义在各种水吧里打桌游的日子，是混沌青春里的不着边际，也是友情岁月里的不朽篇章。而老师们年复一年地在讲台上分享着他们的智慧与经验，述说他们的观点和方法论。还记得夏天不透风的H座里，讲授高等代数的杨任德老师写板书时被汗水浸透的衬衫，这一切都鲜活如昨，仿佛从来不曾有人离开过。

然而的确从来没有人离开过。隔壁寝室保研到外校的大神每年毕业典礼还是要跑回来围观，去北京上班的同学每天都在念叨三味堂凉菜间的西兰花，至今单身的少年总是在问能不能给介绍个学妹，从外地赶回来的同学离开前总要到原来的寝室楼下一起照相，情侣们为了参加90周年校庆的集体婚礼抓紧扯了结婚证，而大家把每一次同学的婚礼和孩子的满月酒又都变成同学会。微信群里大家集体唏嘘曾经吃过很多次的一家饭馆的倒闭，而朋友圈里关于西财的一切都会呈现刷屏的燎原之势。

我们身处天南海北，却依然有一个原点将我们连接在一起。我们当初说的再见是因为我们相信会再见，无论我们走得多远，总有一天我们终究会回来。而这就是柳林对我们的意义。

摘自西南财经大学校友总会公众号
2016 年 3 月 23 日推文，有改动。

校园记者:
讲述西财故事　传播西财声音（四则）

　　在西财校园，活跃着这样一个群体：他们佩戴记者证，手捧采访本，端起相机，拿起话筒，总是出现在新闻第一现场；他们记录校园生活，书写师生故事，以文字、图片、视频、声音等多种媒介，向外界呈现有温度有深度的西财形象。11月8日是一年一度的中国记者节，在这个属于媒体人的节日里，本报邀请到学校四位不同领域的校园记者，为大家讲述"校园媒体人"的精彩故事。

以我之笔墨书写大千世界

■ 彭雨函
2018级校友

文字之爱缘起时

　　进入西财校报记者团是个意外。当我还是懵懂的大一新生时，从五谷堂到宿舍之间，一张又一张花花绿绿的社团招新宣传单扑面而来。谁知，只是因为在传单中多看了一眼，便与校报记者团"一眼万年"。

　　师徒制是校报记者团最吸引我的地方。进入记者团，每个新人都有一位师父手把手"传帮带"，教授采访与写作的方法。师父、师叔们会逐字逐句地阅读我们的文章，并提出诚恳的修改意见。

通过试用期之后，我迫不及待地准备大干一场。没想到，第一篇正式的采访稿就遭遇了滑铁卢。

2018 年年底，我和师妹前去采访全国青年创意微视频大赛的获奖者。准备采访提纲时，我俩不了解视频制作领域，只准备了几个泛泛而谈的问题。到了采访的时候，我们更是紧张得不知道把手脚往哪放，采访的问题也让受访者难以回答，导致收集到的可用素材少之又少。在写文章时又过于注重文字的"专业性"，忽视了其可读性。

果不其然，交上去的稿子被老师打了回来。幸而，校报编辑王中举老师耐心地指导我进行修改。由此，我似乎突然被打通了任督二脉，开启了校园记者之路。

大千世界照我心

用记者的眼光看世界，是与平时不同的。做记者必须眼观六路，耳听八方。关注学校不计其数的微信公众号自不必说，连周围同学们参加的每一个有新闻价值的活动都不放过，提升新闻嗅觉似乎变成了我生活的一部分。济民广场上的音乐会、800 人厅的话剧演出、厨神争霸的大比拼……身边的大小事，都成了我笔下的一篇篇新闻报道。

做记者总是能遇到形形色色的采访对象。我习惯于在采访之前不去预设对方是个怎样的人，因为保研到复旦大学的"学霸"有可能是公益活动小能手，科研强人有可能是国家一级运动员，身材魁梧的男生有可能是国风与汉服爱好者，一向和蔼的老师有可能会在采访时和你一起感动得抱头痛哭……采访就像是一场掘宝计划，你永远不知道下一刻会挖出什么光芒熠熠的宝藏。

最近，为了写一篇美学教育的稿子，我的采访对象多达二十余人。准备采访提纲时，我不再像大一时那样抓瞎，而是针对不同的采访人群准备了不同的问题——对同学们，就问一些他们对于艺术类课程的感想以及对老师的印象；对老师，就问他们的教育理念及从业经历；对艺术家，就问他们对于艺术教育的看法与感受……在交流过程中，我变得游刃有余。在这次采访中，我感受到艺术的巨大能量以及美学教育对人的熏陶。

这三年多，我写过通讯、侧记、评论，写过散文、诗歌，甚至写过剧本。但凡是文字能表达的东西，我都不限制自己去尝试，去书写，去探索自己笔下的无数种可能。

身藏锦绣　笔留华章

现在，我在校报记者团也成了一位"师父"，帮助更多热爱文字、热衷于新闻事业的"徒子徒孙们"更好地发挥自己的才能。这几年来，我以记者的身份见证了西财太多的变化，校园的每一个角落仿佛都有着我这个新闻人的记忆。尔静桥畔的汉服秀、崭新气派的新西门、烹饪技能实训中心的劳动课堂、智能化的教学设备、拔地而起的协同创新中心……西财正在以更美好的姿态迎接着一批又一批学子，学子们也深刻践行着"经世济民、孜孜以求"的大学精神，以饱满的精神面貌面对未知的挑战。在校报的历练过后，我从一个只会从自己狭窄视野出发的懵懂"文字人"，变成了一个能够站在更加宏观、更加客观的角度看问题的"文字记者"。

"身藏锦绣，笔留华章。文字展现人格，要对自己写过的每一个字负责。"这是校报老师第一次见到我时说的话，这句话成了我作为文字记者一生奋斗的目标。我将以我之笔墨，续写大千世界之美丽传奇。

透过镜头记录西财之美

■ 李科星
2018级校友

前几日被唤作"老校媒人"，一面感慨身为大四学生，确实称得上"老"，一面欣喜于"老校媒人"的头衔，这无不在提醒着我：从事校媒工作已经三年有余了。在中国记者节到来之际，愿同诸君分享一个校园摄影记者的成长之路。

我最近一次的拍摄工作是2021级新生的开学典礼，至此我已经完整地参加了四年的开学典礼——2018年我是新生，此后的三年我的角色都是记录者。摄影的同时，我又感觉自己是一个参与者。每每听完师长、校友的新生寄语，我会思考自己过去一年里是否符合他们的期待；看到学弟学妹佩戴校徽，我心中作为西财人的归属感又会更强一些；当播放家长采访的时候，我又感受到我的家人对我的期望和不舍。因为学生记者的身份，我得以有四次参加开学典礼的经历，这让我觉得非常荣幸。

当我还是一个对摄影空有满腔热情的小白时，一开始拍摄的图片简直是惨不忍睹。经过在新媒体中心的历练，我逐步掌握了基本的构图技巧，拍出来的图片"能看了"。渐渐地，我的摄影兴趣更浓了，一有空总是背着相机出门实践。看到美景时，总会"空想"如何构图；行走于校园，总爱仔细观察值得记录的画面。所以，当你看见一个女生提着笨重的黑色相机包在校园里疾行，目的地是各种活动现场；又或看见一个人围着花坛转来转去，换了各种角度折腾着拍一朵小花，那可能就是我。

　　平时的工作中，我把拍摄任务分为两种，一种叫"拍推送"，即根据小编们的微信或微博推送策划，拍出符合主题的图片。另一种叫"随手拍"，但"随手拍并不随手"，要自选主题，创新角度，有时令人行也思坐也思，往往压着时间线交稿，还觉得不甚满意。这两种拍摄，前者令我的生活更加精彩，后者让我沉下心来观察环境，增强了我发现美的能力。

　　"拍推送"的内容常常和学校举办的各种活动有关，我虽然算不上爱热闹，但是拍摄任务总能让我积极冲到第一线，帮未能到场的同学们看看到底发生了什么精彩的事。我几乎从未错过每年的"光华杯"篮球赛、排球赛，秋季运动会更是重要的拍摄任务之一。一次运动会要怎么拍摄呢？从组成人员上看，运动员、裁判、志愿者、医护人员、观众等都要拍到；从比赛项目上看，拔河、跳高、短跑等活动的素材都不能缺；从构图上看，远景、中景、特写等都得兼顾。这些都具备了，才可能呈现一场全面而精彩的运动会盛况。

　　而我最喜欢的拍摄任务是八百人厅的表演，因为不用抢入场券就能享受整场表演。不过，拍摄任务在身，我常常是站着或蹲着看完一场表演，有时害怕抓不住精彩的画面，一直端着相机，表演多半是透过相机看完的。

　　拍摄有关食堂的活动非常新鲜。食堂有厨艺比拼活动，在节气时也会推出很多相应的美食，在暖黄的灯光下，拍摄的食物看起来会更加诱人。作为一个校园记者，我当然不只能带大家看这些，拍摄青团的制作时我曾进入过食堂后厨，还没有进门，我就被震惊了——往日没有细看，原来食堂后厨的门需要指纹才能打开，食品安全更是层层把关。

　　过去三年里，我在学校拍摄了成千上万张照片。透过摄影，我见证着校园的变化，也记录着自己大学的成长。我拍图书馆，从室内温馨的自习室到天台上惬意的学习空间，镜头中的图书馆越来越美，我对知识的渴求亦与日俱增；我拍校园风景，从春夏到秋冬，一年四季不曾缺席，从校门、钟楼到经世楼、济民广场，如诗如画的西财校园，承载着我最难忘的成长印记。

作为一名校园摄影记者，我所记录的亦影响着我，这段经历是我大学生活的重要部分。

听，这是西财的声音

■ 龙颜
2018级校友

"声"临其境的奇妙

下课铃声落下，广播之声响起。音乐与主播的声音交织在一起，透过校园里各个角落的喇叭传递出去，伴随着大家在操场上的嬉闹、柳湖边的闲谈——声音在耳边回荡，这样的时光属于西财。

周一的《民生财经》、周二的《多维映象》、周三的《e-zone》、周四的《体坛纵横》、周五的《星尚摩登秀》、周六的《星乐倾谈》、周日的《谁来出镜》……每一天，广播都与师生相伴。声声入耳，声入人心。西财之声广播，陪伴西财师生走过了一个个春夏秋冬。

于我而言，进入广播站的契机便是大一走在校园时，偶然听到广播里传来的一首温柔诗歌。轻羽划过指尖，拨动了心弦。于是，为声音而来，为声音而一直在。

　　在广播站的这些年，我最忙碌也最欢喜的是每年秋季运动会。还记得大一运动会时，正处于试用期的我忙得像个陀螺。自早上七点钟集合后，便开始构思不同类型的加油稿，反复改写着押韵的加油词。随后，又急匆匆来到广播站在运动场的工作站，张大了嘴巴"咿咿呀呀"地进行开声训练，等待着学长学姐们纠正字词读音，调整抑扬顿挫。每一句通过话筒播出的台词，我都已经在台下反复练习了上百遍。这是第一次正式向全校师生传递自己的声音，我默默告诉自己：一定要展现最好的状态。

　　"800米跑道上，你像翱翔的雄鹰……"青春热情的加油声，通过我的播音传遍整个运动场。听着自己的声音回荡在运动场上，我第一次领略到"声"临其境的奇妙。此刻我觉得自己就像体育频道的赛事主播。

　　之后在广播站，我主要负责音乐组的播音。每个周六，我都会准时和大家相约，向师生分享经典音乐，讲述音乐背后的故事。我希望以音乐传递快乐，让老师、同学们在周六的午后伴随着音乐的曲调放松身心，享受音乐时光。看到社交平台上有同学说"今天走在路上听到广播里放了喜欢的歌，坏心情一扫而光"时，就是我作为广播主持人最有成就感、最幸福的瞬间了。

"声"入人心的广播

　　为了更加贴近校园生活，讲好西财故事，"西财之声"广播站不断对节目进行着改革。比如：控制国内国际新闻时长，增加每日西财新闻与评论；举办主持人大赛，让"西财声音"走出幕后；打造全新栏目《晚安说说》，通过线上平台陪伴西财入梦……就这样，以"声"入耳，以"音"传情，留下属于西财的"声音印象"。

在广播站这小小的几平方里，我们既传递国内国际新闻，又讨论校园生活琐事；既为社会不公正事件愤愤不平，又为啼笑皆非的身边事开怀大笑。播报的过程中，我也从最初满怀冲动，逐渐变得客观冷静。如果要用一句话概括我在校园媒体的成长之路，那定是"从不善言谈到侃侃而谈"。

2018年试用期大会上，第一次面对上百人进行自我介绍时，我满脸通红，颤抖地说道："大家好，我是龙颜……"；到2019年的招新宣讲会，我已经可以面对一众崭新面孔主持全程活动；而至2020年成为广播站站长，我便光荣地"继承"了历代广播人"话痨"的特性，和新成员滔滔不绝畅聊一个小时，仿佛家常便饭一般。

作为一名主持人，同时也是校园媒体人，我的"话痨"特性也延伸到一次次采访交流中。与优秀学子面对面聊学习经验，与先进班集体谈班风建设，与用人单位交流就业形势……要问我眼中的"经世济民、孜孜以求"是什么——那是优秀学子在西财的蜕变与感恩母校栽培的声音；是"先进班集体"铭记历史与传承"五四"精神的声音；是"双选会"上用人单位看到西财学子时满眼的欣喜与学子对未来充满希冀的声音。

"好啦，今天的节目到这里就全部结束了，感谢大家的收听，我们下周同一时间不见不散！"

新闻的背后是鲜活的人物

■ 陈嘉凯
2018级校友

"观众朋友们，大家好，我是2018级新闻学陈嘉凯……"

太多太多次，我用这样的一句话，开始了我一天的工作，或是面对镜头，或是站在台上。把稿件读得更漂亮、更恰当，就是我的工作。

我是一名西南财经大学校园电视台的播音员。几乎每周二下午，我都会身着正装出现在其孜楼五楼休息室内，熟悉这周的新闻稿件。几分钟后，面对带有提词器的镜头，将我的稿件播送完毕。

西财有许许多多的媒体组织，有在深度内容上躬耕不辍的"校报记者团"；有用声音拉近人与人距离的"西财之声"广播站；有主打移动平台，形式内容走在前列的"新媒体中心"……在这些组织中工作的同学们，既要负责内容的收集和整理，又要承担最终的输出和发表，虽然辛劳，但是也让他们能够从学生的角度出发，切实与自己内容的受众群体产生共鸣。和大家了解的其他校园媒体不同，我所在的西财校园电视站，作为学校党委重要的宣传阵地，在建设之初就始终把教职工作为主要受众。定位的不同，让我们少了直接参与新闻采集的机会。所以最开始，我理解的播音工作，就是把一篇篇长长的新闻稿，一字不错地在镜头前读完。可要是这样想来，我的工作未免太过单调，一如鹦鹉学舌。可是，经过几年电视工作的浸润，我发现了"播音员"这个身份不一样的价值。

今年年初，为响应国家号召，西财举办了"脱贫攻坚表彰大会"。一如既往，这条意义重大的新闻由我为大家播报。但是，面对这条新闻，我的心里却不再平静。因为就在大会召开的前一个月，我和人文学院的几名同学一起为这次表彰大会制作主题微视频。近一个月的时间里，我学习了全国范围内各大高校所制作的扶贫纪念微视频，翻阅了西财这些年来浩如烟海的扶贫相关材料，采访了一个又一个实际参与过扶贫工作的集体或个人……

因此，当我再次拿到那条不过数百字的新闻播音稿时，透过纸背，看到的总是一个个身影，一张张面孔。有些，是正在乡村学校那一间间设施齐备的教室里求学的孩子；有些，是享受着扶贫政策，在农田和工厂内忙碌的百姓；有些，是前去支援扶贫的西财教师和领导；还有些，是因西财对口帮扶政策而走上求学道路，最终又考到西财、回报母校的同学……看着他们每个人以不同的奋斗姿态面对自己的生活，最后凝练在纸上的几百个铅印的汉字里，我恍惚间明白了，什么叫"经世济民、孜孜以求"。

类似的感触，还有太多太多。我读"师德师风建设"，想起的是学校里那些和蔼可亲的老师；念"'十四五'规划"，想起的是学校这些年全方位的建设场景；播"新财经"，想起的是课程改革；谈"离退休教职工"，想起的是老校长的谆谆嘱托……

新闻的背后，始终都是鲜活的人物！

四年的校园媒体生活，四年的本科新闻学学习，让我从理论与实践两个方面对新闻工作有了完全不同的理解。新闻工作是平淡的，它要求我们始终保持严肃客观的立场，不掺杂过多个人情感；新闻工作是枯燥的，它要求我们严谨准确，不允许出现错误表达；但同时，新闻工作又是温暖而多彩的。摒除杂念不是让人头脑空空，参照文本更不是让我们死记硬背。只有体验过生活，才能讲述好生活，理解了政策，才能讲解好政策；唯有情感充沛，才能举重若轻。

摘自《西南财大报》2021 年 11 月 5 日，有改动。

是爱让我们走下去
——记西财电脑义务维修队

■ 郗小宇
2011级校友

　　"我最开心的事情是感觉自己志愿者的价值得到别人的认可。"西财电脑义务维修队的队长赵锴同学说。

　　西财义务维修队的历史并不长，是四年前由一个叫"燕子"的学姐召集全校的技术达人组织起来的。人事部部长王力介绍说，"一开始燕子姐发现财大没有修电脑的组织，那个时候学校这边很荒凉，也找不到其他地方修，于是本着服务同学的目的就成立了这个维修队，纯义务服务。"一年后，维修队正式加入了校团委志工部，并开创了两三个星期一次的大型义诊活动。

　　"记得上学期第一次义诊，当时刚刚招进一批大一的学生，发短信说能来就来，结果大一的新队员全来了，直接导致小小的场地站都站不下，遇到一台电脑都抢着去修理。"王力笑着说。

　　傅超杰同学是队里公选的优秀志愿者，队长赵锴反复强调他的执着与负责，"我和他在一个楼层住，经常讨论技术问题，他修电脑很痴迷，甚至通宵修理，有一次我刚刚回到寝室，正在洗澡，他来和我讨论一台待修电脑的问题，因为要保证按时给别人送回去，我们就一个在浴室里面，一个在浴室外面，讨论了十多分钟。"

在光鲜的外表下，维修队的日子却并不好过。由于是纯义务服务，除了组织提供的一些微薄经费，维修队没有任何资金来源，很多时候都是自己想办法，买设备经常是技术部的在出钱。技术部副部长朱方雷（国家奖学金的获得者），他从奖学金里拿出了600元捐赠给维修队，"我们终于可以买一个移动硬盘装维修软件了"。此外，"游击维修"也是维修队面临的困境之一，因为没有专门的场地和服务电话，除了义诊大多时候是联系技术员抱回寝室修理。在技术培训方面，条件也比较简陋，"有一次讲重装系统，但是没有多媒体，傅超杰就拿出自己的电脑做重装演示，2011级的同学哗啦一下把他团团围住，傅超杰跪在地上，让出空间完成操作示范。"

尽管有各种各样的困难，维修队依然保证了服务质量。队长赵锴说，我一学期大概能修理40到60台电脑，技术部有十几个人，以每人每学期修理40台来算，一个学期维修队至少要修理600多台电脑，一年是1 000多台。四年过去，有大约五六千台电脑在他们手中得到"治愈"。

"维修队永远像是大浪淘沙，最执着的、最热爱的、最愿付出的人最终留下了。"坚持并不容易，在队里做下去需要真切地为同学服务的精神。2011级潘思丞还记得第一次参加义诊修好电脑时的感受："虽然是很简单的问题，但是很有成就感，在这个团队里为同学服务感到很开心。"队长赵锴则说："维修队的工作都是很烦琐的，没有什么惊天动地的大事，但是坚持和执着能够带来快乐和成长，是爱让我走了下去。"

摘自《西南财大报》
2012年3月5日，有改动。

给自己一年时间，做一件难忘的事

■ 冯思嘉
2013级校友

　　我是来自西南财经大学第19届研究生支教团的冯思嘉，今天是国际志愿者日，我想和大家分享我的支教故事。

　　2017年7月21日，我追随祖国的号召来到了宜宾珙县支教，现任巡场镇杉木树中学初一（1）班与初一（3）班的语文老师。

　　我有一群"小坏蛋"学生。有多坏呢？都是初中生了，还公然去抢小学生的钱；上课的时候把情书夹在纸飞机里，用力猛把飞机扔到了讲台上。你以为飞到讲台上就作罢？太小看他们了，他们一个箭步冲上讲台把情书捡起来丢进了嘴里。

　　有些人连自己的名字都不会写，考试的时候看不懂题太无聊，就往卷子上吐口水玩。要是我不拦着，他也许会吐出一个"太平洋"。

　　上课时我告诉他们，要从学习与欣赏语言文学的美中去发现爱与尊重。话音未落，一个小男孩便拿着饭盒盖在了我的脸上。

　　我气得不行，摔书走人。这可把这群捣蛋的"小坏蛋"急死了。全班在黑板上写下"冯老师，我们错了"，等着我回去。后来我走进教室一看，才发现连"错"这个字他们都写错了。

这样的"小麻烦"数不胜数，倒也为我的支教生活平添了许多斗智斗勇的小乐趣。

我是一个平凡的小城姑娘，跟所有初进大学的西财学子一样，被大学光鲜活泼的校园生活深深吸引，班委、学生会、社团、各类比赛都有我的身影。我忙碌于组建社团、参加比赛，与全国最顶尖大学的学生探讨着环境治理与经济发展问题。用我曾经追求的大学生活方式向全世界宣告着我的成年。

"支教"这件事，本不在我的人生计划之内。

2014年10月，我与朋友们相约去尼泊尔征服安纳普尔纳大环线。在出发前一天，我不幸跌下山地车扭伤了腿。无奈之下，我不得不离开团队，独自一人去了位于加德满都郊区的孤儿院做义工。

那里很苦，我和孩子们一起坐在地上吃手抓饭。没有蔬菜，只能去市场买两个烂番茄捣碎了几十个人分来吃。白天，我教他们说英文，给他们说我在中国的故事。晚上七点停电之后，孩子们带着我在星空下跳舞。

离开之日，正值尼泊尔新年，我与中途加入的中国朋友、法国朋友、爱尔兰朋友一起凑钱买了一只羊。这人生中第一顿"杀羊饭"，孩子们吃得很慢很慢。他们说："吃完饭你就走了，我不想你走。"

我除了心疼安慰，什么都不能做。

我带着色彩斑斓的外面世界来到他们身边，可是我没有能力带着他们离开。

回校之后的日子里，在经世楼吹空调上着自习的夜晚，我常常会回想起加德满都每一场因为停电而格外璀璨的星河。当我穿梭于三味五谷，对食堂饭菜的口味百般挑剔时，我常常会回想起那颗我坐在地上与几十个人分享的烂番茄。这些"不体面""不有趣"的生活场景冲击着我的神经末梢。

竺可桢的"两问"浮上心头："到大学里要做什么？""将来毕业后要

成为什么样的人？"

我非常清楚，开放包容的西财生活最终教会我的是一种大爱的精神，是一种真正的气度，一种实在的奉献。

求学于西南财经大学，不应该仅仅追求我从中得到什么，更应该从校园出发，去寻找更大、更有价值的事情，去付出、去行动，让心灵向着更好的方向前进。

我渴望自在如风，渴望梦想与光荣，渴望去推开另一扇心灵的窗户，让更多的人有选择生活的可能性。

毕业之际，我毅然选择暂别研究生学业，用一年的时间去走那条我认为是对的路。

而越来越多的人告诉我，这份选择是值得的。

我有个学生，叫小冬。她身上的那件绿色T恤从夏天一直穿到了冬天，脏透了。我教给他

们的第一篇课文，她背了整整半个学期都没有背下来。我把她提溜到办公室来教训。其他学生悄悄走到我旁边说："老师啊，别挣扎了，她是傻子，不可能背到的。"

后来我才知道，这个孩子很小的时候亲妈就去世了，她一直以为是后妈杀死了亲妈，渐渐积郁得了被迫害妄想症，不跟任何人说话。班上的同学都取笑她，笑她臭烘烘的，笑她有病，笑她没有妈妈。如果不是普及九年义务教育，她现在应该已经回家去做农活了。

我从来不敢奢求她交作业，因为她回家要做各种各样的农活。我也不敢骂她，因为这个孩子内心很脆弱。除了痛惜，我找不到更好的词语描述这个孩子。

我每次看到她都会一把搂过她。最开始，她是抗拒的，我明显感觉到她全身在颤抖。几次之后，她慢慢接受了我，开始跟我说话，开始与我交朋友。到后来，她甚至主动要求上课回答问题。我永远都能记得那个阳光明媚的清晨，她一字不落地背完《诫子书》，赢得了全班心服口服的掌声。

这样的故事不胜枚举……

我常常感念上苍，让我在最迷茫的人生路口遇到了这群有点"小捣蛋"的天使，是他们教会了我信任与坚强，教会了我如何去爱与被爱。

这时候我才明白，不是我选择了支教，而是支教选择了我。

在我们西南财经大学第19届研究生支教团的11人队伍里，有人放弃了"四大"的offer（录用）、央视的金饭碗，有人放弃了攻读名校的机遇和北上广光鲜亮丽的生活。让我们相聚在这里的是西财青年的大爱品格。

我们常常自诩是"整个县城最辛苦的人"：起得比鸡早，睡得比狗迟，吃饭都在改卷子，课间十分钟都能睡着的情况太正常不过了。然而，我们是幸运的。

大学四年，我过了两个与众不同的新年：一次是在尼泊尔，一次是在中国贵州凯里的贫困山区。我给过无数的孩子拥抱，也对无数的孩子说过加油。

大学毕业后，我第三次离开了城市，来到农村生活。这一次，我给了自己一年时间，去做这件一生难忘的事情。

亲朋好友时常小心翼翼试探我是不是支教"上瘾"了。我明白他们的隐忧，也懂他们的"不支持也不反对"。我向往的是教育均衡这个美好的愿景，支教是通向它的路径。它是过程，是历练，不是目的。我没有对它"上瘾"，恰恰相反，我也希望它有尽头。

摘自西南财经大学官方微信公众号
2017 年 2 月 5 日推文，有改动。

5天干掉6.5吨，
西南财大全校师生"猛吃"土豆

■ 何利权
澎湃新闻西南运营中心主任
■ 王 琪
澎湃新闻原实习生

　　西南财经大学近日举办的以土豆为主题的美食节引发关注，五十多道菜品堪比"土豆盛宴"，师生们在11月16日至20日5天内，吃掉了约6.5吨土豆。

　　该校精准扶贫办公室负责人11月25日告诉我们，这些土豆系学校通过"以购代捐"方式，从对口扶贫单位四川凉山美姑县购得。

　　"美姑县地处大凉山深处，交通非常不便，农产品运出来成本太高，在市场上完全没有竞争力。"负责人称，为帮助农民销售产品，今年10月，学校后勤服务公司前往美姑县实地考察，从当地采购了一批农特产品，包括土豆、苦荞米等，共计40余吨。

　　该校后勤服务公司老师张哲（化名）说，学校为此举办了以土豆为主题的美食节，以及展销会，希望"通过喜闻乐见的方式将师生拉入精准扶贫的工作中来"。

5天吃掉13 000余斤土豆

　　对学生们而言，"土豆宴"上的菜美味便宜，买上一份也意味着为扶贫出了力，算是"爱心接力"。该校一名学生称，众多土豆菜品中，自己最爱的是"土豆泥"，美食节期间常跟身边同学一起去"品尝"。

"外面土豆泥卖6元，食堂只卖3元。"该学生称，土豆菜价格大多是1.5元/份，最贵的也只是6元/份，价格颇为实惠。

"有狼牙土豆、土豆烧牛肉等传统菜式，也有土豆烙、土豆芝麻煎饼、土豆沙拉、土豆三明治等小吃，还有土豆大盘鸡、椰蓉土豆饼、咖喱土豆泥等充满异域风情的菜品。"该校食堂窗口负责打菜的一名阿姨说，每天做出来的土豆菜"都能卖完""辣的、清淡的，口味挺全，学生们爱吃"。

"美食节从16日开始到20日结束，大概吃了13 000多斤土豆。"为了做好土豆菜品，不让学生吃腻，食堂菜品研发小组派厨师前往有合作关系的西南民族大学食堂"取经"，甚至找到学校外的小摊贩，请教"狼牙土豆"的调配方法。

据其介绍，菜品研发小组"阵容颇强"，既有在餐饮行业做了十几年的"品质部负责人"，也有刚刚在烹饪大赛获奖的师傅。

菜品研发小组负责人朱师傅称，此次美食节推出的五十多个土豆菜品，均是厨师们自己通过口味、形态、烹饪方式的改变来推陈出新，"整个申报、准备、研发大概花了一周时间"。

"我们经常组织厨师前往其他高校或饭店学习、交流。之前食堂也推出过二十四个节气相对应的菜品，让农产品与节气、养生相结合。"朱师傅说。

"以购代捐"帮农民脱贫

张哲说，除了"土豆宴"，西南财经大学还办了一场"美姑县农产品"展销会，现场"火爆"，所有产品销售一空，包括4 000斤土豆、600斤核桃、300斤苦荞米、500斤苦荞面，等等。"展销会结束后，学校在食堂留了一个窗口继续销售农产品，卖得很好，都预订完了。"

　　该校精准扶贫办公室负责人李老师接受采访时称，学校购买美姑县农产品的价格"略高于市场价"。"美姑县极度贫困，没有其他收入来源，种些土豆、白菜、萝卜、核桃、花椒，当地环境也种不出其他什么高价值产品。这些举措最直接的效果就是使当地农户增收。"

　　据其介绍，除通过"以购代捐"帮助当地脱贫外，西南财大也在帮助种植户进行电商平台建设和相应的培训，让他们自己逐渐找到销售渠道。"这样也能提高当地农户的积极性。"李老师称，类似帮扶将持续至2020年。

　　土豆的味道很美！

　　师生们的心，更美！

摘自《人民日报》公众号 2018 年 11 月 28 日推文，有改动。

以脚步丈量祖国大地
用数据记录新时代中国
——中国家庭金融调查实践育人十年探索

■ 王紫伊　曹楠
2020级校友
■ 胡雨欣　保懿睿
2021级校友
■ 杨净涵　熊天
2022级校友

　　2022年，我校申报的《育爱国心　励强国志　践报国行——中国家庭金融调查实践育人十年探索》入选教育部"2022年高校思想政治工作精品项目"。自2011年起，中国家庭金融调查秉持以"发现中国经济基本事实和关键问题"为核心的理念，组织学生广泛深入调查了解中国家庭金融现实状况。

　　十余年来，参与中国家庭金融调查的学子们走入千家万户，用数据记录祖国发展脉动。正如习近平总书记在考察中国人民大学时勉励广大青年时那样，他们"用脚步丈量祖国大地，用眼睛发现中国精神，用耳朵倾听人民呼声，用内心感应时代脉搏，把对祖国血浓于水、与人民同呼吸共命运的情感贯穿学业全过程、融汇在事业追求中。"

　　截至2022年，中国家庭金融调查与研究中心已连续开展6轮大调查，样本量覆盖4万余户家庭。通过参与实践，学生的家国情怀、社会责任感、实践能力及创新精神得到不断提升。

在躬身行走中 涵养家国情怀

从东海之滨到青藏高原，从白山黑水到天涯海角，同学们用脚步丈量祖国大地，在躬身实践中认识中国国情，在走访千家万户中培育家国情怀，在跟踪调查中见证时代变迁。

2010年，中国家庭金融调查与研究中心在我校成立，这是全国首家家庭金融研究机构。10多年来，中国家庭金融调查以发现中国经济基本事实和关键问题为核心，组织学生广泛深入调查了解中国家庭金融现实状况。作为一项持续时间长、覆盖面广、影响力大的实践育人项目，中国家庭金融调查以"让中国了解自己，让世界认识中国"为理念，引导学生在行走中国的社会调查中感知国家发展脉搏。

"中国家庭金融调查不仅仅是一份份采集经济数据的细致问卷，更是大学生下沉到社会基层观察一个个微观家庭、深入体验和观察中国国情的最好社会实践。"2015级本科生刘婧雯参与了2017年和2019年的中国家庭金融调查。行走在城市的街头巷尾，奔波于农村的田间地头，刘婧雯对不同地区经济发展的差异有了更加直观的认识。调研结束后，一位村支书的寄语久久萦绕在她的脑海："参加社会实践、认识国情，用脚步丈量中国，理应是当代青年人的自我要求。"

"中国家庭收入差距""中国家庭资产配置结构""中国城镇住房空置率与家庭债务风险率""小微企业稳就业与融资难问题""脱贫攻坚下激励式精准扶贫成效""疫情影响下家庭财富变化情况、中小企业应对策略调查"……这是中国家庭金融调查过去十年的调研主题。调研从时代感着力，深挖思政元素，聚焦改革开放40多年来重大现实国情，将国情教育贯穿社会实践全过程，打造出行走在祖国大地的思政课堂。

6轮调查，2万余名学子全程参与，足迹遍布全国29个省（自治区、直辖市），访问对象覆盖4万余户家庭……十多年来，那些行走过的每一寸祖国河山，都成为一节节知行合一的思政课程缩影。同学们在丈量祖国大地中认识国情，在实践调研中真切感受到改革开放40多年来我国城乡发展与居民生活质量的巨大变化，由此实现学校小课堂同社会大课堂有机结合。

在走家串户中 感应时代脉搏

对于大多数学子而言，参加中国金融家庭调查，不仅是一次具有挑战性的实践磨炼，更是一次深入基层认识国情、感知时代发展脉搏的难得机会。

参与家庭金融调查之后，同学们纷纷感慨："城乡家庭收入不均衡的现实，是光看新闻远远了解不到的；同时，中国经济的飞速发展带给人们的获得感，也是坐在教室里完全无法想象的。"

实地调研中，农村空巢老人群体给刘婧雯留下了深刻的印象。"他们收入不算高，出于对子女的关心，又不想给他们额外增加负担，于是在本该清闲的年纪依然勤勤恳恳工作。"社会发展不均衡的现实问题，激励着刘静雯和访员们"在经世济民路上孜孜以求，为祖国经济发展不断努力奋斗。"

在参与中国家庭金融调查的过程中，祖国发展的时代脉搏也让访员们充满欣喜与感动。实地调查的经历，给本科生陈思欣带来了新的启迪。深入农村的她发现，随着当地农村劳动力人口减少，集约化的农业生产经营方式正在悄然萌芽，这让她对农业从传统向现代模式的转型产生了极大的研究兴趣。访员沐凡前往北京调研，在那里，他体验到梦想、机遇与竞争的交织，也深刻理解到新时代中国"有梦想谁都了不起"的社会活力。访员思荣夫于2017年前往包头调研。宽阔的马路、便利的公共交通以及充满民族风情的城中草原让他印象深刻。他了解到，近年来当地对"城中村"的改造让很多村民脱贫致富，村民们的生活越来越富足。"作为边远民族地区，包头在面对传统文化保护和贫富差距的问题上，很好地照顾到大多数人的利益。"

"家庭是中国改革发展的微观个体，也是中国社会的细胞。参加中国家庭金融调查，我们也许是管窥蠡测，但可以从这里读懂中国。"调研结束，一位访员这样总结道。通过实地走访，访员们从自己的想象和书本理论中跳脱出来，对社会现实和经济发展有了更加立体的认知。从认识乡土中国的表面纹理，到剖析脚下每一寸土地的深层逻辑，访员们在参与中国家庭金融调查的走访实践中感知最鲜活的时代发展脉搏。

历经十余年，中国家庭金融调查不断开拓，让学生在社会实践中研究真问题、探究真学问。中国家庭金融调查与研究中心始终坚持培养创新型、复合型、应用型人才，在学校开设了"家庭金融调查理论与实践""中国经济""中国金融市场""反贫困调查与实践"等社会调查专业课程，其中"中国家庭金融调查与实践"获首批国家级社会实践一流课程。"中国家庭金融调查'理想信念教育＋专业能力培养＋学术实践创新'的立体化育人体系，有效解决了传统实践育人深度不够和效果欠佳的问题。通过参与行走中国的社会调查，同学们既学习掌握了规范的社会调查技能，又在深入了解中国的调研中，强化了'强国有我'的价值养成和使命担当。"中国家庭金融调查与研究中心主任甘犁教授介绍道。

在创新研究中　服务高质量发展

目前，中国家庭金融调查的数据样本范围已经覆盖29个省（自治区、直辖市）、300多个区县、1 000多个社区，涉及4万余户家庭、近13万名个体，除西南财经大学之外，更吸引了北京大学、北京师范大学、剑桥大学、麻省理工学院等海内外近百所高校2万余名学生参与其中。中国家庭金融调查已成为国内规模最大的非官方家庭资产类抽样调查项目。

深入实地调研，才能将论文写在祖国大地上。访员张亚钗在走访山西农村时发现，农村的老龄化现象比较严重，她接触的农村访户中年龄最小的也有40多岁。这段经历让她感到意外的同时，也激发了她对"人口老龄化"问题的深入思考。对首都经济贸易大学金融学院的访员张诚来说，实地调查的经历也在他论文的写作过程中产生了很大的影响："只有掌握一手数据，才能知道中国现在真正面临的问题，从而通过论文去回答。"

截至2021年9月，基于中国家庭金融调查数据的公开出版或发布的研究成果约4 000项，其中实证研究达1 536项，形成高水平论文365篇，累计获得各类国家级、省部级奖励20余项。十余年来，中国家庭金融调查与研究中心发布《中国家庭金融调查报告》《中国小微企业发展报告》等研究报告200余份，获中央领导人重要批示2次。

随着品牌知名度逐渐提升，中国家庭金融调查的影响力已不仅限于学术研究。十余年来，中国家庭金融调查为我国家庭金融改革、脱贫攻坚与乡村振兴战略提供了重要数据参考，在促进经济社会高质量发展方面充分发挥了高校智库作用。

2014年，中国家庭金融调查与研究中心发起了"劳动收入奖励计划"和"青少年教育促进计划"两项政策实验研究。前者针对有劳动能力的贫困群体，通过对其劳动收入进行奖励，提高脱贫内生动力。自实施以来，"劳动收入奖励计划"在促进就业、提高收入、增加消费方面均取得显著成效，已推广至四川省四市州，覆盖贫困户7万余户。"青少年教育促进计划"通过对达到学习目标的学生或教师给予现金奖励，增强贫困地区学生的学习动力，增加人力资本积累，阻断贫困代际传递。自实施以来，该项目在提高学生成绩和贫困地区教育质量方面成效显著，已推广至四川省内多地，覆盖学生6.6万余名。2018年，上述两项激励式扶贫田野实验入选人民日报社与中国扶贫基金会联合发起主办的"2018精准扶贫优秀案例"，2019年入选联合国"全球110个最佳减贫案例"，受到世界银行、联合国粮农组织、国际农业发展基金、联合国世界粮食计划署、亚洲开发银行等高度肯定。

　　中国家庭金融调查与研究中心主任甘犁教授表示，经过十余年对中国家庭金融数据的追踪积累，西南财经大学已构建起中国家庭微观主体数据库。未来，中国家庭金融调查与研究中心将继续坚持以高质量数据服务为核心，以理论创新与政策研究为己任，持续探索中国家庭金融调查实践育人新模式，让大调查成为"青年学生练就过硬本领的大熔炉"，帮助青年学生在"读万卷书"时"行万里路"，真正成长为国家栋梁之材。

摘自《西南财大报》2022年6月1日，有改动。

奋进计划激励贫困户主动脱贫

——西南财大探索民族地区脱贫攻坚长效机制

■ 柯　进 《中国教育报》记者
■ 杨婧岚 西南财经大学党委宣传部（新闻中心）原新闻编辑
■ 王中举 《西南财大报》原编辑

　　从西南财经大学党委书记赵德武和乡干部手中接过奖金、书包等奖品时，四川凉山彝族自治州美姑县井叶特西乡采竹村村民们不敢相信，为自家劳动不仅能增加家庭收入，还能额外获得奖励。

　　这是西南财大发挥学科优势、针对定点扶贫地区特点实施贫困家庭奋进计划的一幕场景。与许多定点扶贫做法不同，贫困家庭奋进计划是通过探索一种贫困家庭"造血"机制，激发贫困户主动脱贫的内生动力，从根本上阻断贫困代际传递。

　　几年来，从天遥地远的大凉山深处、大金川河谷等彝族藏族和羌族聚居地，到边疆大峡谷的怒江傈僳族自治州贫困县，西南财大借助这种脱贫方式帮助一片片贫瘠的土地告别了贫困。

一项实验助数万贫困家庭挖断穷根

　　作为西南财大的对口扶贫点，美姑县地处青藏高原东南部横断山脉与四川盆地西南边缘交汇处，境内山峦起伏、河流纵横,有"最后的深度贫困堡垒"之称。如何因地制宜帮助这里的群众摆脱贫困,一直是西南财大的一项重要议事日程。

走村串户式的调研后,西南财大反贫困政策实验室主任甘犁发现:"在脱贫攻坚过程中,一些贫困户主动脱贫积极性不高、依靠劳动脱贫的内生动力不足,是脱贫攻坚亟待破解的难题;贫困家庭普遍对教育重视不够,是长远影响决战决胜脱贫攻坚的一个重要因素。"

有没有一种长效机制能破解这个难题?

2014年起,甘犁所在的反贫困政策实验室借鉴"有条件现金转移支付"的国际反贫经验,在四川乐山五通桥区以随机对照实验方式开展试点。此后,又陆续在乐山、甘孜、凉山和云南怒江等五市州15个区县推行"青少年教育促进计划"和"劳动收入奖励计划",覆盖贫困人口7.2万余户、学生9.3万余人。

实验后的大规模调查数据显示,"青少年教育促进计划"和"劳动收入奖励计划"在促进贫困人口就业、提高劳动收入、促进青少年学业进步方面,具有显著的改善作用。

与重在奖励学习结果的常规方式不同,"青少年教育促进计划"主要是将激励的重点转向关注贫困家庭学生的学习过程,对达到一定学习目标的学生给予现金奖励,除了学业优秀奖,还特别设立学习进步奖、作业优秀奖和出勤优秀奖。

这种做法在教育发展水平整体较低的民族贫困地区广受欢迎。乐山马边彝族自治县(下称马边县)民族小学校长王爱军说:"民族地区的孩子们很有潜力,但起步晚,许多孩子五六岁才开始接触汉语,对学习容易丧失信心,特别渴望得到老师的认可。这种青少年教育促进计划对增强他们的学习动力、帮助他们树立学习自信心很有效。"

不单是王爱军有此感受。甘孜州乡城县城关小学校长倾中说:"这个计划关注每个学生的进步，无论差生还是优生都能从中发现自己的闪光点，大大激发了学生的学习兴趣。"

在这些实验学校，每逢"青少年教育促进计划"颁奖，孩子们就像过节一样。中纪委挂职马边县荣丁镇后池村第一书记穆伟曾碰巧拍下这一难得的场面。

2018年6月，后池村棕树小学贴出当年的光荣榜，孩子们闻讯蜂拥而来，找寻榜上有没有自己的名字。光荣榜之下，调皮的小吉牛不论怎么踮起脚尖，始终都看不到光荣榜。情急之下，他爬上一旁的篮球架。小吉牛曾是同学们眼里的"坏"孩子，经常逃课打架，但自从棕树小学参加了奖励计划，他按时上学、连续两次获得了"出勤奖"，每次获得150元奖励。如今，小吉牛的成绩和行为

习惯发生了很大变化。

和小吉牛一样，乡城小学五年级学生洛绒拥青在获得一次进步奖后，现在成绩突飞猛进：以前，藏文考试不过70多分，现在基本每次都能考90多分。"至今，我拿了五六张奖状了！我爸爸妈妈还把我的奖状贴到了卧室的墙上。每次学习累了想偷懒的时候，我只要一看到它们就浑身来劲。"

"西南财大的这个实验，给我们马边的教育扶贫创造了一个可复制可推广的模式，对我们的工作促进很大。"马边县教育局督学罗相东介绍，几年来，马边县进一步扩大了实验范围，从原来合作试点的部分学校和学段，扩大到现在全县所有学校所有学段。2019年，全县还投入800余万元，专门用作"青少年教育促进计划"奖励金。

"脱贫攻坚贵在精准，贵在帮助贫困地区找到一种脱贫的长效机制。这些年，我们学校立足祖国的大西南，始终把脱贫攻坚作为一项重大政治任务精心谋划。我们既通过改善青少年的学习状况，帮助贫困家庭改变命运，从根本上阻断贫困代际传递，也希望从根本上激发贫困群众的内生

动力，激励困难家庭自力更生、艰苦奋斗，用自己的努力创造美好生活。"赵德武说，"6年的实践证明，帮助这些贫困家庭提高'造血'功能，或是教育脱贫的题中应有之义。"

劳动收入奖励计划激活贫困家庭造血机能

在四川，西南财大推出的以奖代补形式的劳动收入奖励计划，借助对贫困户劳动所得按比例给予现金奖励的方式，鼓励贫困家庭努力劳动，不仅增加了家庭收入，还被多地政府积极推广。仅乐山市，2018年就发放奖励金1 099万元，奖励贫困户近1.4万户。

实验结果显示，该计划每发放1元奖励金，可使贫困户劳动收入增加0.45元。马边县扶贫开发局副局长周绍炳说：

"该计划鼓励多劳多得，激励导向非常明显，大大调动农户劳动致富积极性，有效克服了农户'等靠要'的思想。"

在采竹村，村民个别木日见证了该计划推行的全过程。谈及这个计划，他竖起大拇指说："变化确实太大了！以前，我们都等着国家发钱；现在，人人都在努力干活！"

去年年底，村里评奖，经过个人申报和项目组严格核查，辛勤劳作了一年的冷子张联等贫困户获得了劳动收入奖。捧着奖金，冷子张联抑制不住内心的喜悦，用4 000元奖金支付了两个孩子在县中学读书的开销后，还添置了沙发、电视柜，又买回20只小鸡、5头小猪崽。现在，看着小鸡、小猪一天天长大，冷子张联掰着指头盘算着："光这一项，今年就至少可增收7 000元。去年，我们家全年人均收入是4 200元，今年才过了6个月，我们家的人均收入就已经达到3 000元。"

这，只是西南财大依托财经学科优势为贫困地区探索"造血"式扶贫的一个缩影。该校校长卓志说："纾老百姓一时之困不难，难的是解他们的长期之忧。这几年，西南财大特别注重发挥财经学科特色优势，以智力扶贫、人才扶贫、教育扶贫为切入点，重点在贫困地区民生改善、信息化建设、教育发展等方面发力，提高贫困家庭自身的造血机能。"

如今，西南财大的这种扶贫方式正在不少地方发生"化学反应"。在大凉山深处和大金川河谷，西南财大通过劳动收入激励计划，以电商扶贫为突破口，使美姑县和阿坝州金川县实现了电子商务从无到有的飞跃。

从埋下第一根光纤电缆、架设第一根电线、安装第一台电脑，到帮助村民在电商平台上卖出第一批山货……作为商务部和国家市场监督管理总局知名专家、西南财大经济信息工程学院电子商务系教授帅青红，过去6年带着支部20多名师生跋山涉水，不仅帮助美姑县和金川县完成了电商脱贫方案

的整体规划、人才培训和项目实施，还帮助两县建立健全县乡村三级电商服务体系、电商产业园、近80个电商服务站点，以及多个农产品溯源基地。

目前，这两个县均入选"国家级电子商务示范县"和"四川省脱贫奔康示范县"，还分别获得中央和省级财政2 600万元专项资金的支持。

如今，西南财大"造血"式扶贫模式的溢出效应，正在日益显现。

滇西福贡县地理环境恶劣，人均受教育年限不足7年，老百姓的观念相对滞后。2013年起，西南财大量体裁衣地面向福贡县开办16期县域经济专题研修、乡村会计培训、村（组）干部能力提升等培训班，培训干部千余人。一堂堂"金课"让这些重新回到课堂的参训干部收获不小。

"经过专项培训，我感觉自己的

眼界开阔了，考虑问题的角度更宽了。"福贡县上帕镇施底村第一书记赵辉说，回村后，他就开始琢磨借鉴"党支部＋合作社＋贫困户"入股的方式，做大做强施底村的草果、茶叶等特色种植和养殖产业，促进村民增收。

"党支部＋农户"
让小山乡有了大变化

自20世纪80年代起，西南财大就有一大批学者长期扎根中国最贫困的地区，产出过许多反贫困成果。进入新时代，西南财大发挥党员的"领头雁"作用，不断探索适合西南地区实际的"党支部＋农户"的对口帮扶模式。

从中缅边境的高黎贡山，到高原上的金川河谷，再到大凉山深处，到处活跃着西南财大党员和师生走村串户参与反贫困斗争的身影。

每到寒暑假，帅青红率领的党支部小分队，就会经历十几个小时的山路颠簸，冒着泥石流的危险，走到对口帮扶的村组、合作社和贫困户家中，帮助村民们扶危解困。

罗燕丢下3岁多的孩子，来采竹村当了一名驻村工作队员。为了召集村民修路、架桥、养猪，她一年走烂了4双运动鞋。这个同事们眼中的"淑女"，而今变成了"泥瓦匠""技术员""罗猪倌"……

连续3年长驻合姑洛乡的林华伟，来来回回地穿行于全乡8个村之间，动员各村发展特色村级经济。现在，合姑洛乡的香牧草种植、酿酒厂、高山养殖等特色脱贫产业，办得红红火火。而憨厚的村民们每次看到晒得黝黑的他，常会开玩笑调侃他："你再待两年，恐怕丢进煤堆里都难找出来啦！"

这样的"党支部＋农户"的帮扶故事，几乎每天仍在不断上演。

昨日的贫困山乡，如今旧貌换新颜。采竹村装上了一排排的路灯，每天夜幕降临的时候，整个山村灯火通明；西南财大校友捐资百万元建设的钢架"济民桥"，终结了村民蹚水过河的历史；西南财大捐助的近万株花椒苗，在川西高原的蓝天下迎风摇曳、茁壮成长；在福贡县，学生们穿上了西南财大送来的充满浓郁民族风格的漂亮校服；在成都闹市区的西南财大"黄金口岸"，大批来自高原的特色山货有了"OTO"电子商务体验店……如今，山里的贫困户劳动脱贫的劲头，一天比一天足。

　　看到眼前的变化，采竹村贫困户阿联工人一字一顿地说："感谢党的好政策，感谢西南财大！以后我们好好种地，再多养些牛，多养些羊，把日子过得红红火火的！"

摘自《中国教育报》2020年8月20日第1版，有改动。

SWUFE未来财经计划：
从支教项目到全国金奖

■ 罗 森 王子豪
2018级校友
■ 符凌豪 饶 涵
2019级校友

2020年11月，第五届中国青年志愿服务项目大赛全国终评揭晓。我校志愿服务项目"SWUFE未来财经计划——青少年儿童财经素养教育公益项目"从全国1 202个项目中脱颖而出，荣获全国金奖。这是我校首个获得该项赛事金奖的志愿服务项目。

一个由大学生主导的公益志愿项目如何从全国赛中脱颖而出？7名核心成员如何将"支教"项目发展为惠及全国20多个省份，遍及城市、乡村的1万多名孩子的公益项目？"SWUFE未来财经计划"用别出心裁的原创内容、寓教于乐的生动课堂、趣味无穷的丰富实践给出了答案。

初心：一个缘起儿童支教的公益梦想

2017年，为了丰富支教教学内容，学校青年志愿者协会编写了儿童财经课本《金融王国的奥秘》，一个缘起于儿童支教的公益项目由此萌芽。

次年暑假，彼时正在工商管理学院就读的2016级本科生徐皓嵩，和校青协伙伴们一起前往宜宾市珙县红沙村开展支教，第一次将《金融王国的奥秘》带入支教课堂。课堂上，陌生而晦涩的财经知识并没有吸引孩子们的兴趣，孩子们常常因听不懂而开小差。对此，徐皓嵩有些疑惑：为何六个财经院校的"学霸"，竟然没办法把简单的财经知识教给这些小朋友？

徐皓嵩认真总结这次"遗憾的支教"，决心要研发一套与青少年儿童认知水平相匹配的财经课程。编写趣味儿童财经读物、设计全新课堂教学环节、培养一批与课程适配的优秀讲师……他的想法很快得到校青协指导单位校团委的认可和支持。很快，一个由会计、金融、物流管理等多个专业的7名本科生组成的"SWUFE未来财经计划"公益项目团队初见雏形。

团队广泛阅读分析国内外财经素养教育儿童读本，分析其中的语言风格和编辑思路。边学边做的过程中，他们摸索着出版了团队第一本支教教材——《金融王国的奥秘》。

新编的教材配合全新的课程，实际教学效果如何呢？2019年1月，项目组来到成都市金牛区杨柳巷社区，迈开新课程实践的第一步。随后，越来越多的社区乃至小学向这个新颖的青少年儿童财经素养教育公益项目发来合作邀请。

上完"钱从哪里来"一课后，有孩子在作业里写着："爸爸妈妈真辛苦啊，我长大一定要赚钱回报他们。"川师附小对项目组的课程更是大加赞扬："财经素养教育是为学生未来的幸福人生奠基，决定着社会的可持续发展能力和国家的核心竞争力。"

积累了在城市社区和小学开展财经素养课程的成功经验，项目组仍不忘支教初心，将课程体系重新带回乡村小学。2019年暑假，他们严格选拔两支支教队伍，将全新的《金融王国的奥秘》带往四川德阳、河南固始等地的山区开展儿童财经素养支教。从趣味盎然的"海盗的金币任务"游戏，到气氛热烈的拍卖会；从五花八门的营销方式，到天马行空的产品设计构想……支教队让乡村儿童在课程中慢慢认识经济学。

"让所学财经知识成为服务社会的金钥匙。"三年来，怀着这份纯粹的初心，"SWUFE未来财经计划"项目组不断突破实践瓶颈。2019年8月，原创教材《金融王国的奥秘》由西南财经大学出版社正式出版，面向全国共计发行10 000余册；同年11月，"SWUFE未来财经计划"携手"西财暖冬"寒假社会实践项目共同推广儿童财经素养教育。截至2020年年底，千余名志愿者将"SWUFE未来财经计划"的课程带到全国28个省份，让遍及城市、乡村的1万多名孩子在不同的地方上同样的课、享受同质的财经素养教育。

探索：在财经素养中融入家国教育

乡村孩子的视野该如何去拓宽？在讲解财经知识的同时，SWUFE未来计划团队把银行、法院、电视塔、大学等地标带进课堂；在科普纸币时，他们带领孩子们沉浸于人民大会堂的庄严肃穆、领略布达拉宫的雄伟壮丽、感受桂林山水的灵动秀美……

上完支教课程，一位留守小女孩在作业中写道："我真的很向往外面的世界，那里不仅有我的爸爸妈妈，更有我的梦想。"看着孩子们眼里散发的对外面世界的好奇与渴望，团队成员觉得所有付出都是值得的。

正当"SWUFE未来财经计划"的一切都在向着预期的方向发展时，2020年年初，一场突如其来的新冠疫情打乱了项目组原本的寒假支教和授课计划。

疫情期间，徐皓嵩注意到，为了保障教学工作正常运行，很多大学都发出了"停课不停学"的号召，多措并举开展线上教学。随之，他萌生了"公益直播课"的想法。

2020年3月，徐皓嵩和团队一起开发的"'十万块为什么'青少年财商课"的公益网课在"新华网云上学专栏"上线。"青山一道，共担风雨""新春经济课""穿越清明上河图""口罩经济学"等结合时事热点的财经趣味课程累计点击量超过2000万。

对于这个年轻而充满活力的团队来说，创新从未止步。2020年暑假，"SWUFE未来财经计划"项目组与华西证券投资者教育基地合作，将此前基础版的课程升级换代，带孩子走进博物馆、走进上市公司、走进高校，让孩子在桌游、探险、采访中习得财经素养。

从刚开始注重课堂形式上的趣味性，到后来融入历史文化，关注国计民生，在一次次实践中，项目组深刻认识到，"财经教育不仅是知识层面，还要有观念层面，要去引导孩子们正确的世界观、人生观和价值观，点亮他们人生不灭的灯塔。"前项目组核心成员、经济信息

工程学院2017级本科生黄琪谈及此事眼中闪着光芒。

远方：砥砺前行向未来启航

走进位于弘远楼5楼的"SWUFE财经未来计划"项目组办公室，靠墙的木质书架上摆满了荣誉证书：第五届中国青年志愿服务项目大赛全国金奖、"互联网+"大学生创新创业大赛（红色之旅公益赛道）铜奖……屋内随处可见的还有各式各样的教具和国内外的教育读本。

摘取中国青年志愿服务项目大赛全国金奖之后，经过短暂的庆祝，这个20余人的团队很快又投入新一轮的财经素养支教——2021年"西财暖冬"寒假社会公益实践的筹备当中。高效、忙碌、充满热情，这是项目组成员投身志愿服务的工作常态。

对每一位成员而言，"SWUFE未来财经计划"就像他们的孩子或者伴侣。"每天不和它见个面，就觉得心里发慌。"徐皓嵩温情地调侃道，语气中却又带着一丝坚毅，"我们做这件事情不只出于一种热情，还有一种责任。"从项目初创到如今走向全国，徐皓嵩也从当年青涩的本科生成

长为硕士研究生。

在西财，和"SWUFE 未来财经计划"相伴相行、共同成长的除了徐皓嵩和项目组核心成员，还有更多有志于公益志愿服务事业的西财青年学子。

2019 年，校团委将每年寒假开展的公益实践"西财暖冬"升级为专门针对青少年财经素养教育的公益志愿行动。将"SWUFE 未来财经计划"项目的参与者和覆盖面扩展到更多群体和更广范围。

摘自《西南财大报》2020 年 12 月 24 日，有改动。

食堂停电的两分钟：一堂走心的思政课

■ 鲁　磊　《教育导报》记者
■ 王中举　《西南财大报》原编辑

　　1月5日早晨7点20分，灯火通明的西南财经大学"三味堂"食堂，突遭跳闸停电，顿时暗了下来。学生陆陆续续进入食堂，手拿餐盘，站在一长排橱窗前，却只能眼睁睁看着早点，因为停电刷不了校园卡。学生与食堂阿姨相顾茫然，只有"干瞪眼"。正是用餐高峰，同学们都急着饭后赶去上课，如何是好？大家面面相觑，议论纷纷。

　　这时，只见食堂巡视员黄洪旭从人群中站出来，挥动手臂，大声喊话："同学们不要慌，照常打饭！刷不了卡没关系，改个时候补刷就可以了。"刚才还是乱作一团的餐厅，一下子切换到正常供餐模式，现场秩序秒变井然。

　　吃着热气腾腾的饭菜，同学们有的开始嘀咕，有的通过各种社交媒体交流当时的心情。

　　"感动感动，考虑得太周到了。""食堂此举恰恰考验着我们的道德人品。""越是信任我们，越是不敢辜负这片信任。""这才是一堂走心的思政课。"……

　　两分钟后，"啪"的一声，来电了！大家欢呼雀跃。吃完饭的学生，纷纷走向橱窗，补刷校园卡。

　　闻讯赶来的学校后勤党总支书记杨奇才深有感触："停电事小，学生事大。看来平常学校要求的'以生为本''三全育人'，真正融入了后勤服务的日常。"

　　屋外虽是隆冬，"三味堂"里却暖意融融。一段温暖的"小插曲"，像长了翅膀，在校园内外传开了。

摘自中国教育新闻网2021年1月6日，有改动。

一份盒饭的"校园旅途"

■ 王春燕
《西南财大报》编辑
■ 严晓璐
西南财经大学后勤服务总公司工作人员

新冠疫情期间，学校党委坚强领导、周密部署，为柳林校区近 20 000 名师生的一日三餐提供坚实保障。据统计，本次临时管控期间，学校平均每天消耗大米 8 500 余斤、蔬菜水果 1.8 万余斤、肉类 1.3 万余斤，平均每天送出餐食近 6 万份。

请跟随我们的采访，看丰富食材如何跨越白天黑夜蜕变成营养三餐，看小小盒饭如何完成接力最终抵达师生手中。

物资准备：快速统筹 高效运转

特殊时期，如何确保食材采购渠道畅通？食材种类受限，如何制定既营养又美味的菜单？堂食取消后，如何在短时间内完成三餐供应及配送？

柳林的夜空万籁俱寂，一粟三味五谷的后厨灯火通明。

11 月 23 日凌晨，接到学校紧急通知后，280 余名饮食服务中心员工星夜奔赴学校。一支由饮食统筹、物资供应、食堂备菜、打包配送人员组成的应急队伍迅速组建并投入战斗。

临时管控期间，校园物资需求量是平时好几倍，饮食服务中心工作人员打起十二分精神认真校验清点每一份物资；校外运输车辆不能进校，他们就接过方向盘，变身成司机开始接车，一趟一趟往返于食堂与校门之间……

食物烹饪：三餐交替不停不歇

近期，成都根据新冠疫情防控工作需要强化了对专业市场管控，食堂供货渠道受到限制。于是菜单的制定成了首要面对的挑战。

小小的菜单，背后是满满的关怀。制定三餐菜单时，餐饮服务部门既要考虑食材库存和供应商供给能力，更要考虑营养搭配。

"早餐：纯牛奶、面包、鸡蛋、苹果；午餐：豌豆烧丸子、芹菜豆干肉片、炝炒绿豆芽、点心（竹叶糕）、米饭；晚餐：

胡萝卜烧肘子、杏鲍菇青笋肉片、炝炒时蔬、米饭"——这是特殊时期菜单的一角，也是临时管控下西财师生三餐饮食的缩影。

根据菜单，食堂后厨从凌晨就开始了忙碌。每天早上，刚刚打包完毕所有早餐，食堂又马上切换到午餐供应模式。特殊时期备菜量大增，米饭生产线从清晨6点就开始运转。后厨理菜、洗菜、切菜、烹饪一刻不停。午餐供应结束后，各食堂又马不停蹄投入晚餐制作……直到晚上8点后，晚餐全部配送完毕，食堂一天的忙碌才得以暂告段落。

盒饭配送：师生接力　热饭不冷

每天上午10点左右，午餐开始陆续出菜，各食堂打包、配送团队立马投入工作。一群身着红色马甲的党员志愿者来到各个食堂助力三餐保供工作。学校进入应急状态后，这支由百余名党员教师职工组成的党员先锋队，从城市的四面八方第一时间奔赴校园抗疫一线，全身心投入餐食配送、物资运送等工作。

"我们早上6点多到岗，分装、打包、配送连轴转，一餐下来，平均每个人要装配盒饭300~400份。虽然强度略大，但为同学们一口热饭，这些都值了。"一名党员先锋队老师真情流露。

打包好的盒饭被快速搬运到配送车，驾驶师傅随时待命。

接力来到最后一棒。为了保证热气腾腾的饭菜尽早送到同学们手中，一支支由党员先锋队和志愿者服务队组成的送餐小分队，穿梭楼宇间。他们分工有序、争分夺秒，从食堂到寝室园区、从餐车到同学们手中，一趟一趟往返，即使胳臂开始酸痛、汗水浸湿衣衫，也仍未停下脚步。

冒着热气的盒饭，传递着西财温度。一盒盒温热的餐食、一声声亲切的问候，西财学子即使身处特殊时期，也倍感心安。看到一份份营养美味的盒饭每天及时送到自己手中，同学们很是感动："荤素均衡、热气腾腾的饭菜抚平了疫情突袭带来的不安，也让我真切感受到学校是我们避风的港湾、强有力的后盾，学校带给我们满满的温情和力量。在学校、老师、同学共同努力下，一切都是那么井然有序、无微不至。"

摘自《西南财大报》2022年11月30日，有改动。

为共建"一带一路"培养国际化人才

■ 西南财经大学党委宣传部(新闻中心)集体

2013年，习近平主席提出了共建丝绸之路经济带和21世纪海上丝绸之路重大倡议，以中国方案求解全球发展难题。十年来，共建"一带一路"教育行动精准发力，一条满载着语言、文化、技术的智力丝绸之路，成为连接世界各国的多彩纽带。西南财经大学充分发挥高等教育在"一带一路"文化交流中的作用，积极搭建文化交流平台，加强中外文化交流互鉴，探索国际合作新模式，在服务"一带一路"倡议过程中积极贡献西财力量。

随着高质量共建"一带一路"倡议不断推进，一个个优质合作项目在"一带一路"共建国家落地生根，不同文明交流互鉴，急需一大批能够读懂彼此、深入对话的人才。身处"一带一路"和长江经济带交汇处的西南财经大学，如何发挥学科优势培养国际化人才？对此，学校锚定深度开放，努力培养具有家国情怀，熟悉中国国情，具有全球胜任力的高质量国际化人才。

打造教学"金课"群
深度聚焦"一带一路"

"同学们的研究报告全部紧扣国际商贸实务，其中不乏分析解决现实问题的佳作。"在"'一带一路'与中国经济高质量发展"课程期末考核阅卷时，老师们发现了一些小惊喜。

国际商学院教师谢凤燕举例说，有位同学解析了成都国际商贸城电商平台"天府购"存在的技术问题，并对标专业市场电商平台标杆"义乌购"提出颇具建设性的优化建议。

近年来，西南财经大学将教学深度对接"一带一路"建设，与四川省自由贸易试验区、成都国际商贸城等重大项目和关键企业开展战略合作和多层面协同育人，形成"实验、实训、实习"三类型八环节实践教学模式，促使课程与实践深度融合，带给学生非凡的上课体验。

在"亚洲第一大铁路港"成都国际铁路港，同学们被中欧班列堆积如山的集装箱、纵贯两层楼的3D动态数字展厅深深震撼；在义乌和广州，同学们在实地调研中感知国际贸易从商铺规划到工商管理、物流服务的前沿趋势，对"一带一路"建设的巨大机遇有了深刻体会。

如今，"一带一路"建设已成为学校国际化人才培养的重要内容。围绕"一带一路"打造专业核心"金课"群，建设"国际贸易实务"等11门慕课，积极探索翻转课堂的教学范式改革；建成教育部来华留学品牌课程2门，国家级一流本科课程1门；打造高端校外导师库，"改革开放40年四川风云人物"及"世界船王"马士基公司高层代表等各界大咖走入课堂；依托"一带一路"主题的国家社科、自科基金重大项目和四川自贸研究院、中东欧与巴尔干研究院、孟加拉湾国家研究中心等平台，以高质量科研反哺"一带一路"教学；以全国党建样板支部为头雁的教师群体创新课程思政教学，引导学生站在中国大地，树立运用专业知识助力"一带一路"建设的情怀和志向。

参与全球治理
让青春在国际舞台闪光

前不久，学生汪韫珂前往联合国工业发展组织投资和促进办公室（中国·北京）西部区域协同中心开展了为期半年的实习，并参与了中国—欧盟投资贸易科技洽谈会、中国国际服务贸易交易会、中国国际投资贸易洽谈会、第六届中国国际进口博览会等国际性论坛的组织筹备工作。这些宝贵的全球治理经历让她深刻体会到："中国智慧、中国方案正在为世界实现平等、包容、可持续发展的目标贡献中国力量。"

随着学校深度开放战略的持续推进，越来越多的西财学子前往"一带一路"共建国家和国际组织学习与实习。近年来，赴国际组织实习任职的西财学子共有40余人，任职机构包括联合国环境规划署、联合国教科文组织、国际劳工组织、联合国亚太经社会、联合国贸易和发展会议（日内瓦总部）、世界银行、世界自然基金会等。

"'一带一路'建设不仅为世界经济发展开辟了新天地，也为我们年轻人实现人生价值提供了巨大机遇。"学生张文婷在本科和硕士阶段两次前往巴基斯坦进出口物流公司实习，出色的工作能力得到用人方高度赞誉。

"青年人要努力在国际舞台上锻炼和成长，勇敢追寻自己的人生梦想。"学生谢欣然在参加非洲进出口银行的实习后对大学生参与全球治理有了更深的感悟。

党委书记赵德武表示："立足高等教育新的历史方位，西南财经大学将人才培养主动融入'一带一路'建设，引导学生立鸿鹄志、练真本领，在未来成为'一带一路'高质量发展的建设者、中国故事的传播者。"

锚定深度开放
以"新财经"助推国际化人才培养

2016年，教育部发布《推动共建"一带一路"教育行动》，翻开了中国教育对外开放的新篇章。学校将共建"一带一路"教育共同体与建设财经特色鲜明的世界一流大学的战略目标有机融合，重点加强"一带一路"共建国家的国际交流合作，更加主动有序地开拓实质性合作项目，加速构建具有西财特色的"一带一路"教育开放格局。

成为中—俄经济类大学联盟成员，加入亚太管理学院联合会，被遴选为中欧商校联盟秘书处设置地点……近年来，学校率先推进"新财经"高等教育走进"一带一路"共建国家，与全球五大洲40多个国家和地区200余所高校、科研机构、企业和国际组织建立了纵深合作关系。

学校主动融入国际学术环境，精准对接和服务国家外交大局，围绕"一带一路"与区域国别智库建设，先后成立了"非洲研究中心""孟加拉湾国家研究中心"等机构，全面加强对共建国家经济、政治、教育、文化等各方面的了解和理解，为推进"一带一路"提供智力支撑。

"国之交在于民相亲，民相亲在于心相通。"随着共建"一带一路"倡议的全面展开，学生间的国际交流进一步深入，"一带一路"共建国家来华留学生总人数明显增长。与此同时，学校设立学生出国（境）留学奖学金，引导在校学生前往"一带一路"共建国家学习交流。

十年来，学校为"一带一路"建设培养了大批高质量国际化人才，为国内外青年学子互学互鉴搭建文化交流平台。未来，学校将不断夯实高水平国际化人才培养体系，持续为共建"一带一路"倡议厚植民意根基、培养创新人才、贡献专家智慧，为构建人类命运共同体贡献西财力量。

摘自《西南财大报》2023年12月31日，有改动。

建设两大平台新引擎

——全面推进"新财经"战略升级

■ 江芸涵
《四川日报》记者

　　"习近平经济思想研究院"一流学科培优集成创新平台揭牌成立、"数字经济与交叉科学创新研究院"财经科技集成创新平台揭牌成立——7月上旬，首批"双一流"建设高校、有"中国经济学管理学研究重镇"和"中国金融人才库"之称的西南财经大学推出重磅举措，引人关注。

　　两大平台正式成立，是西南财经大学响应经济高质量发展、现代科技发展、教育强国建设的时代要求，全面推进"新财经"战略升级的重大举措，也是积极促进学校高质量发展、奠基百年西财的切实行动。

　　今年以来，西南财经大学全面贯彻落实党的二十大关于"实施科教兴国战略，强化现代化建设人才支撑"的战略部署，对全面推进"新财经"战略升级作出系统谋划和全面部署，着力推进一流学科培优、财经科技创新和人才引领支撑，举全校之力建设"一流学科培优集成创新平台"和"财经科技集成创新平台"，加快推进建设两大平台新引擎，不断开辟发展新领域新赛道、塑造发展新动能新优势，加快建设财经特色鲜明的世界一流大学，在探索中国特色、世界一流高等财经教育创新发展之路上迈出坚实步伐。

步履铿锵，"新财经"建设全面成势见效

当前，世界百年未有之大变局加速演进，新一轮科技革命和产业变革深入发展。新经济、新技术、新业态不断改变和重塑财经领域的内涵和外延，引发、催生"新财经"，传统高等财经教育如何回应时代之问，因时而动、与时俱进？西南财经大学主动把握经济、科技、教育深刻变革对高等财经教育的深远影响，不断深化对"办教育""办大学""办财经"规律的认识，在2018年召开的西南财经大学第十三次党代会上提出并部署"建设新文科、引领新财经、创造新优势"战略实践，在全国财经高校中率先开展探索，推动传统财经教育转型升级。

五年来，西南财经大学以"新财经"为战略引领，以跨学科和融通性为特征，以全面数字赋能为动力，深入实施"特色发展、创新驱动、人才强校、深度开放"四大核心战略，为"双一流"建设提供新动能，形成了先发优势。学校先后布局建设金融科技、大数据、区块链、人工智能等新兴交叉学科领域，组建了大数据研究院、金融科技国际联合实验室、数字经济与交叉科学创新研究院等一批研究机构；从学科、专业、课程、教材等方面推进变革，开设"数据科学与大数据技术""金融与人工智能""会计学大数据"等专业，组建一批财经科技创新团队。西南财经大学"新财经"建设全面成势见效，赢得了战略主动，为新时代高等财经教育创新发展贡献了智慧和力量。

"新财经"建设的扎实成效引领推动学校创新发展，西南财经大学综合实力和国际影响力显著提升。学校首轮"双一流"建设成效显著，"经济学与商学""社会科学总论""工程学""计算机科学""环境/生态学"进入ESI（基本科学指标数据库）全球前1%，第五轮学科评估取得重要进步、重大突破。学校在深化办学理念创新、推进学科布局优化、促进人才培养能力提升、加快学术创新体系建设、改革发展体制机制等方面也持续取得进展。

聚力破题，
两大集成创新平台激发新动能

党的二十大召开后，西南财经大学党委深入贯彻落实党的二十大关于"实施科教兴国战略，强化现代化建设人才支撑"的战略部署，深入思考"强国建设，教育何为；教育强国，高等财经教育何为，西南财经大学何为"这一重大课题。站在新的历史起点上，西南财经大学如何继续把握战略主动，因时而谋、高位求进？

"在全面推进中国式现代化、加快建设教育强国的背景下，高等财经教育发展面临着新使命新任务、新环境新要求，要求我们站在更高起点、瞄准更高目标，在认识上不断深入、战略上不断完善、实践上不断丰富，打造'新财经'升级版，以全面推进'新财经'战略升级引领高等财经教育创新发展。"西南财经大学党委书记赵德武说。

今年1月16日，西南财经大学第十三届五次党代会召开，对全面推动

"新财经"战略升级，着力推进一流学科培优、财经科技创新、人才引领支撑作出系统谋划和全面部署，明确把一流学科培优集成创新平台和财经科技集成创新平台建设作为两大战略重点。

两大战略平台怎么建？学校党委思路清晰：坚持党建引领，举全校之力、用全新机制、以超常举措，构筑服务国家战略的"大平台"、建设勇攀科学高峰的"大团队"、承担引领学术创新的国家战略急需的"大项目"、产出"大成果"，更好地服务"国之大者"。

目标明确，行动有力。从"新财经"教育思想大讨论到两大平台招聘英才，从遴选首批入驻团队到设立战略咨询委员会，西财人以抓铁有痕的切实举措迎来了"新财经"战略升级的新起点。

7月4日，西南财经大学召开"一流学科培优行动"推进会，"习近平经济思想研究院"一流学科培优集成创新平台揭牌成立。7月7日，西南财经大学召开财经科技创新大会，"数字经济与交叉科学创新研究院"财经科技集成创新平台揭牌成立。

一流学科培优集成创新平台设在西南财经大学柳林校区，聚焦研究习近平经济思想的科学体系、重大问题和伟大实践，聚焦构建中国特色政治经济学、现代金融、工商管理、法学等理论体系，聚焦研究中国式现代化建设中的重大理论和实践问题以及该学科领域的重大基础问题和前沿问题，承担人才培养、科学研究、社会服务、队伍建设、学术传播等重要任务，采取超学科方式、加强有组织研究，努力建设成为中国特色哲学社会科学领军人才培养基地、中国特色哲学社会科学基础理论创新基地、中国特色哲学社会科学学科高地。目前已遴选确定中国特色社会主义政治经济学理论体系研究团队等首批10支团队入驻。

财经科技集成创新平台设在西南财经大学光华校区，以数字经济与交叉科学创新研究院为主体，整合科技创新资源、推进科技创新项目、构建科技创新体系的实施主体和主要载体，聚集研究数字经济、金融科技、国家安全三大领域的基础理论、关键技术和应用场景，致力于推进财经科技创新、服务国家科技自立自强，战略目标定位为数字经济创新研究的引领者、财经科技创新成果的孵化器、学校"新财经"战略升级的新引擎。目前已遴选确定机器学习数学与金融数学研究团队等首批12支团队入驻。

以学促干，书写"教育强国建设"西财答卷

今年以来，西南财经大学全校党员干部、师生员工以学铸魂、以学增智、以学正风、以学促干，切实把理论学习成果转化为全面推进"新财经"战略升级、服务教育强国建设的生动实践，以全面推进"新财经"战略升级这一主线，统领和推动学校各项事业谋新篇、开新局。

与电子科技大学再度携手，深入推进金融与电子信息类学科的交叉融合，探索"新财经＋新工科"高层次人才培养新模式。

学校统计研究中心林华珍教授入选首批"新基石研究员"，是四川两名入选科学家之一。

学校"现代金融服务与创新研究智库""成渝地区双城经济圈建设与区域协调发展研究智库"被授予新一轮四川新型智库。

学校28个项目获教育部产学合作协同育人项目立项，"'彝路相伴'凉山州大型易地扶贫搬迁社区治理创新实验工作"获评为教育部直属高校服务乡村振兴创新试验典型项目。

在四川省粮食主产区、大都市郊区、盆周山区、丘陵地区、革命老区和民族地区等建设乡村振兴博士服务站，发挥学科和人才优势，更好地服务乡村振兴战略……

风劲帆满图新志，砥砺奋进正当时。在以中国式现代化全面推进中华民族伟大复兴的时代背景下，在加快

建设教育强国的新征程中，西南财经大学明确方位、找准定位，加快实现"新财经"乘势跃升、迈向胜势，以高质量财经教育立德树人，用高水平科技创新激发动能，让高素质优秀人才不断涌现，探索引领新时代高等财经教育创新发展，奋力书写"教育强国建设"西财答卷。

摘自《四川日报》2023年8月1日第4版，有改动。

大运在成都　西财在现场

■ 西南财经大学党委宣传部（新闻中心）集体

（成都大运会志愿者）

　　青春荣光，点亮蓉城。7 月 28 日至 8 月 8 日，成都第 31 届世界大学生夏季运动会成功举办，113 个国家和地区的青春学子驰骋于赛场，展竞技之美，攀体育高峰，让全球共享体育竞技的激情与欢乐。五洲四海的人们汇集成都，以青春之名，聚团结之力，扬文明之光，让人类命运共同体建设的阳光普照世界。6 500 名大学生运动员心手相牵，以友谊互信增进交流互鉴，为世界和平与发展写下青春的注脚。

青春大运，西财在场。全校党员干部、师生员工展现西财担当，贡献西财力量，以"更快、更高、更强、更团结"的良好风貌，共织大运舞台青春梦想，共谱大运之歌西财乐章。

（一）

西南财经大学党委高度重视，成立由党委书记、校长任组长的学校大运会工作领导小组，不断完善组织运行体系，持续优化协同联动工作机制，举全校之力、集各方之智、下非常之功完成各项组织保障工作，为向世界呈现一场独具魅力、别样精彩的青春盛会贡献西财力量。

学校大运会工作领导小组下设综合协调、宣传报道、安全保卫、场馆保障、礼宾接待、志愿者组、督促检查等11个工作组，牢固树立"一盘棋"思想，以最佳状态、最高标准和主人翁精神做好各项组织保障工作。大运会期间，学校大运会工作领导小组全员在岗在班，尽职尽责把各项任务、每个环节抓实抓细。

这个夏天，满载着青春与梦想的大运会火种在柳林校区济民广场点燃，31棒火炬手在校园内接力传递火炬"蓉火"；15场精彩的排球比赛在光华体育馆圆满呈现，世界各地的大学生运动员和观众在西财收获了满满的"成都印象"和"青春体验"。

盛会背后，是西财日复一日的精心筹备，久久为功的全心服务。学校大运会工作领导小组以高度的使命感和责任感，将服务好成都大运会纳入重要工作议程，锚定"简约、安全、精彩"办赛目标和"绿色、节俭、必须"办赛原则，牢固树立全周期办赛理念，着力在"宣传""营城""兴校""惠民"上联动，做细赛事侧、做优城市侧、做精校园侧，三线并进、相得益彰。

早在火炬传递数月前，各专项工作组便协同发力，提前开展讲解培训，全面提升沿线校园环境，加快优化火炬传递线路景观，精心打造特色景观小品。学校坚持精益求精的标准，凝聚众志成城的合力，做到每一处细节都精准无误、每一个环节都无缝衔接，确保火炬传递各项工作高效顺畅推进。

从柳林到光华，像这样的高标准筹备工作始终贯穿其中。为确保光华体育馆赛事的顺利进行，学校聚焦基础设施改造、安全保障、应急管理等工作，加强与场馆中心工作对接，配合场馆中心做好外围工作，做优媒体和观众服务。同时协助青羊赛区交通、公安等部门研究制订"一校一策"社会观众入校入场引导方案，形成包括周边地铁等公共交通站点在内的观赛交通指引图，全面提升赛事组织保障效果。

（二）

西财师生朝气蓬勃、青春洋溢，以西财青春身影闪耀大运赛场内外。在开幕式现场、在排球场馆、在大运村……他们始终全心投入、全力以赴，以一流的服务水平和一流的工作业绩向世界展示西财青年风采，将"请党放心、强国有我"的青春誓言践行在具体行动中。

大运会开幕式上，两名手执"蓉火"的西财火炬手，将青春之火、奋斗之火、梦想之火接力传递、绚烂点燃。

光华体育馆内，一群体育工作者肩负使命与责任，或执裁排球与武术比赛，或进驻场馆细致服务，始终以饱满的热情和专业的态度发光发热。

志愿服务的舞台上，西财青年学子展现出专业素质，书写着新时代青年大学生真诚奉献的最美答卷。

主题为"青春之约"的交流晚会上，西财青年学子与全球大学生运动员欢聚一堂，以歌舞为媒，向世界讲述中国故事，充分展现新时代西财学子昂扬奋发的精神风貌。

学术研究和社会服务方面，西财青年学者发挥学科优势，彰显财经特色，共话"成都与大运"，为成都的"大运契机"发出西财学者声音，贡献西财学术智慧。

这个盛夏，青春当燃。全球青年人以体育之名、梦想之名、青春之名相聚成都，凝聚磅礴青春力量，汇聚青春希望之光。以大运会为窗口，西财向全世界呈现出中国式现代化万千气象的生动实景。

（三）

成都大运会是促进世界青年大学生交流发展的重要平台，是展现中国形象、讲好中国故事、播下友谊种子的重要契机。学校立足成都市和青羊区独有的文化体系和厚重的文化积淀，结合百年西财文化底蕴，构建多类型、沉浸式文化体验场景，打造浓厚财经特色校园文化宣传精品，全面展示学校98年来的办学特色和办学成就，深情讲述西财师生与大运会的精彩故事，向世界展示中国之美、成都之美、西财之美。

7月14日，成都大运会火炬传递成都站第三日起跑仪式在我校柳林校区举行。学校推出《"蓉宝"来到西南财大》《今天，大运"蓉火"闪耀西南财大》等专题报道，中央电视台《新闻联播》对包括我校在内的传递活动进行了报道。

7月28日，大运会开幕当天，学校在微信视频号推出主题宣传片《上场》，展现青春奋进、追梦圆梦的校园文化，获学习强国总站转载，收获广泛赞誉。

《光明日报》（大运专版）以"青春身影，闪耀大运赛场内外"为题深入报道我校师生热爱大运、奉献大运、参与大运的动人场景和暖心故事。

新华社在中、英、日、意等多语种频道对我校师生的事迹进行了宣传报道。

……

白日放歌，青春正当时，时代潮头，奋斗无穷期。

新时代的我们，生逢中华民族发展的最好时期。眺望前方奋进路，让我们传承"经世济民、孜孜以求"之精神，发扬"大气为人、大智谋事、大爱行天下"之品格，在加快建设教育强国、以中国式现代化全面推进中华民族伟大复兴新征程中贡献更为磅礴的西财力量。

摘自《西南财大报》2023 年 9 月 1 日，有改动。

两"双一流"高校联合培养本科生

——首届毕业生超90%获名校Offer

■ 王春燕
《西南财大报》编辑

"首届联合学士学位班的培养对西财来说既是'试验田'也是'炼金石'。如今，同学们已经圆满完成学业，即将踏上人生新征程。"2024年6月，西财—成电联合学位精英人才实验班首届毕业生总结会在西南财经大学柳林校区召开。作为西南财经大学与电子科技大学联合培养的首批本科生、西南财经大学2020级金融学（智能金融与区块链金融）专业的同学们齐聚一堂，畅谈学习成果，分享毕业喜悦。

四年前，西南财经大学与电子科技大学强强联合，首次以优势学科跨界融合，跨校开办"金融学＋计算机科学与技术"联合学士学位班，开创国内跨学科人才培养的先河。如今，这个备受瞩目的联合学士学位班迎来首届毕业生，全班30名同学中，有28名同学将至清华大学、上海交通大学、香港中文大学（深圳校区）、多伦多大学等高校继续深造。

就读一个新专业，同时上两所"双一流"建设高校——这是过去四年2020级金融学（智能金融与区块链金融）专业30名同学最直观的感触。大学期间，同学们除了在西南财经大学学习大量金融学专业课程之外，还必须在大二学年前往电子科技大学集中学习，深入学习计算机、区块链、人工智能等专业课程。

西南财经大学教务处处长汤火箭认为，"'金融学+计算机科学与技术'联合学士学位的创办，是西南财经大学开展新财经建设的创新实践，为新财经背景下金融人才培养改革提供了新的视角与思路。"

西南财经大学与电子科技大学在课程设置、教学培养、平台资源、日常管理等方面紧密合作，形成了独具特色的培养模式。两校共同制定"新商科+新工科"培养方案，设置金融与计算机深度融合的复合型课程，两校专业课教师跨校授课，聘请蚂蚁集团、京东科技等公司的高管担任行业导师……依托西南财经大学和电子科技大学在金融学、计算机科学与技术与人工智能等信息科技的学科专业优势，首届金融学（智能金融与区块链金融）专业的同学们逐步成长为既通晓金融理论，又掌握计算机、大数据、人工智能、区块链等核心技术的复合型金融科技人才。

"金融学和计算机科学技术在我的学习和研究中发挥着重要的作用，这两个学科的交叉融合，让我在面对未来学习和工作时有了更多的选择。"大学期间，魏子皓深切感受到两个学科之间相互融合的前景和空间。作为班上综合成绩第一名的"学霸"，他不久之后将前往清华大学法学院继续深造。

毕业季到来，班上大多数同学都和魏子皓一样收到了心仪高校的深造邀请。全班有12人保送到清华大学、上海交通大学、南开大学、中央财经大学、上海财经大学等知名高校，14人选择继续留在西南财经大学读研，2人前往海外高校继续学习。

除了专注于繁忙的专业课学习，班上同学们也积极参与社会实践。全班共计参与大学生暑期"三下乡""西财暖冬""把西财带回家""公益支教"等活动30人次，前往中国人民银行、中信证券、美团科技等单位实习47人次。全班共获得校级"三好学生"荣誉称号9人次，"优秀学生干部"及"优秀团干部"7人次，获得国家奖学金3人次，各类校外奖学金9人次。

　　近年来，西南财经大学主动适应新科技、新经济和新业态变革，大胆打破学科专业壁垒，深化财经科学与自然科学、工程技术等多学科交叉融合，积极布局建设金融科技、数字经济、人工智能等为代表的新兴交叉专业，启动人才培养模式的"新财经"升级。继开办"金融学＋计算机科学与技术"联合学士学位班之后，西南财经大学又继续与电子科技大学强化战略合作，目前两校已实现跨学校、跨学科人才联合培养本硕博各阶段全部贯通。

　　　　　　　　　　西南财经大学党委宣传部（新闻中心）原创

在最美年华里遇见西财

■ 钟明涛
2022级学生

　　"西南财大站到了，请依次从后门下车，下车请注意安全。"地铁传来提醒，我趁着关门前的最后几秒钟，跑出了车厢。高中时期，每次从家到学校，都会路过这里，那句广播我已经听过上千遍。

　　那时的我，时常想象着未来在西财的日子。我想，当我考上西财，我会坐在操场上看云卷云舒，然后变成河畔纷飞的柳絮，任温和的风吹来，将我带去观赏校园的每一处风景，倾听每一段关于这所大学的故事。现在，我已经在这里度过了几轮春夏，毕业悄无声息地接近。它容下了每一位西财学子的年华，它本就是年华。

海纳百川，自由而严谨

　　春天，如果天气晴好，登上图书馆的顶楼，向西面张望：仅凭肉眼便可看见远方的四姑娘山，它的山尖刺破云层，将云层留在半山腰处环绕，在阳光的照耀下，漫反射汇聚，山顶更显得雪白异常。我们时常恍惚，到底是校园在山脚之下，还是雪山在校园里？也许都不是，雪山实际上在我们的心里。那座连绵不绝的雪山就是西财海纳百川气质的呈现。

　　在西财的课堂上，每天都会看见几张不同的面孔，他们是其他专业的学生，为了学习更多的知识而来。老师已经对这种现象习以为常，他们不会过多询问，只会在课后补充一句"今天的课程作业，新来的同学还是可以做一下。"老师们不会吝啬自己的课程，他们也喜欢蹭课的同学。

西财的老师虽然有自己的风格，但是他们对待学生时会把自己放在和学生平等的位置上，他们喜欢和他人讨论，他们不像外界说的那样故步自封，反而能够以开放的态度、博大的胸怀了解不同的看法。所以，如果你在老师上课的过程中有疑问，大胆地举手问吧，把你自己的见解说给老师听，他们不会怪你干扰了课程节奏，他们会停下来，回答你的问题，又或是与你分析，直到达成一个正确的结论。

西财的老师也特别喜欢让学生们自己动手，每一周都会有一节展示课，他们让学生自己做方案，然后在全班同学面前展示。起初，性格内敛的我对这感到排斥，但是在一次又一次的练习中，我找到了其中的乐趣。在展示课上，你可以发表各种风格的演讲：有脱口秀型的，把大家逗乐；有严肃型的，气氛凝重到让人忘记呼吸；有散文型的，商业方案也变得醉人。不论哪种风格，结束之后老师都会给予表扬，但是对于方案中出现的错误，老师会一一纠正，甚至精确到小数点后第三位。

"海纳百川，自由，严谨"这几个词，西财的师生们用自己的实际行动履行着，它们早已经成为每一个西财人的生活方式。

意气风发，肆意绽放的青春

似乎每一位在西财生活的学子，内心深处都住着一个了不起的人物，我们需要对自己的未来精确计算，青春转瞬即逝，危机感让我们行动起来，我们想在这刹那芳华里盛开。

所以，如果你有空到西财走一走，就会看到，即使在周末，教学楼中的每间教室几乎都会有人在上自习，图书馆也时常座无虚席。他们在考取各种证书，完成各科的课程作业，当然有些同学看书以提升自己的知识面为主，不管是文学、经济学，还是其他人文社会科学，只要是自己感兴趣的书，他们就会去读。

因此，在西财，你几乎见不到没有一点理工科知识的文科生，也见不到对人文知识尤其是经济知识一窍不通的理科生。那位在讲台上侃侃而谈斯密《国富论》的男生，也许来自数学系；那位沉浸于《自然哲学的数学原理》的女生，过会儿可能会去上汉语言文学专业课；而那位正在弹钢琴的女生呢，也许刚刚测试完一个电脑程序。

少年的心，仅仅用学习是难以填满的，所以西财会举行各种各样的校园活动，最经典的活动当属运动会了。秋季的运动会最让人心潮澎湃，西财的运动会并不局限于田径项目，篮球赛、乒乓球赛、排球赛甚至是足球赛都会被安排在赛程之中。对于学校里所有有关运动的社团来说，每年一场的运动会就是他们的期末考，表现优异的学生甚至能够走上职业化的道路，在荣誉感与现实的驱动下，他们用尽全力拼搏和超越，为自己的青春铭刻标识。

夏夜，望着布满繁星的夜空和璀璨繁华的城市，即使只身一人，显得如此渺小，我们也从来不会感到怯懦，我们会用尽所有的力气去挑战困难。青春本就应该意气风发，肆意绽放。

遇见你，在最美的年华里

初到西财时，我被"百团大战"的盛况所震撼，那是一个骄阳还如盛夏般炙热的秋季，然而这却挡不住学生们的似火热情，招新的学长和报名的新生在广场上络绎不绝。经过一番考量，我决定加入文学社，不一定非要进行文学创作，只是我想记录下在这最美的年华里所遇见的西财。

西财的校园不大，可以说是精致。从圆形的济民广场开始，一环套一环地向外延伸，最后由四条道路将整个校园包围，天圆地方，不知是故意还是偶然，形成了现在校园的整体格局。初入西财，我就被西财的"新"所打动。是的，西财是崭新的，漫步西财校园，每一栋楼宇都像是刚被洗过一般，青砖黛瓦；走进西财又感觉走进了苏州园林，婉约葱绿在湛蓝的天空下，这里像是随时会下一场大雨，将我连同那些美丽的建筑一起洗涤。

西财的雨，有着独一无二的形态。成都的冬雨，总是淅淅沥沥，下个不停，但是总体而言是不大的，所以，我总是喜欢在下雨的时候，撑起一把伞，欣赏这场雨为西财留下的痕迹。西财的建筑，不管是其孜楼、腾骧楼，还是经世楼，都是方方正正的，它们不高，雨落在上面形成一片雨幕，给人以庄重之感。雨越下越大，落在地面，噼啪作响，我穿过巍峨的光华门，一盏路灯，照

亮了千万点如细丝般的雨滴，湖边的白鹅"嘎"地回窝，尔静桥上，行人匆匆，一个女生拿着书本从我身旁跑过，她的眼镜早已被雨水打湿，她的视线变得模糊不清。

花落光华，惊醒冬梦；绿染柳林，新了春分；朝晖月映，盛夏光景，这一切，都怪你过分美丽。无论是春的明媚、夏的热情，还是秋的凉意，冬的寂静，西财的一点一滴都化作风雨，随呼吸沁入我的心里，让我如何不钟情于它。

时光不语，一去数年，很快我也将与西财道别，从相遇到别离，不过几个四季的轮回，我把被雨打湿的记忆晾干，制作成时间的光影，纪念西财学子在最美的年华里，遇见的你，遇见的青春风雨，遇见的豪迈激情，遇见的那等待在钟楼下的少女的倾心。

摘自"学校百年校庆征文"，有改动。

松园A301寝室：
毕业生给新生的一封信

■ 何姣枚
2014级校友

"现在的时间是2016年6月26日23时35分，距离我正式离开西南财经大学，离开松园A301，离开你即将入住的1号床，大概还有14个小时……"

这是2012级国际商学院本科毕业生刘阳在离开校园之际，为即将入住同一寝室的学弟们留下的一封信。细腻的笔触打动了许多读者，引来了媒体争先恐后的关注，甚至连央视新闻和《人民日报》都对此事有所报道，阅读量均超过百万。

究竟是怎样的一封信，能引得众多网友纷纷点赞呢？

关于室友，刘阳怀着真挚的情感写道："来自五湖四海的你们，能够在大学四年伊始相聚在A301这间寝室，真的是一件无比美妙的事。所以请一定记住，此刻在你身边的人，将是四年后的今天你最不舍的人。无论何时遭遇何种事由，请一定要好好珍惜他们。"

关于选择，刘阳以毕业生的身份向学弟们传道，"西南财经大学是一所多元、博大、深刻的学校，你在这里会有许许多多决定你四年，乃至你今后人生道路的选择：社团、学生会、学业、实习。但请一定要记住，各类组织里你大概只选择2个作为专注经历去投身参与的便好"。

关于学习，刘阳结合自身经验循循善诱："你现在最主要的身份还是一名学生，学习是你最不应忽略的功课。学业很大程度上决定了你在校内的其他工作、活动能走多远。当你从初入大学的新奇与喜悦中走出来后，请尽快进入努力学习的节奏。当你在尚不清楚自己所爱与所长之时，不要因学业断送了你作出其他尝试的可能。"

关于专业，刘阳怀着对学弟们的担忧写下："也许你只是心不甘情不愿地进入了被调剂的专业，或许你对你未来将要开始的专业学习一无所知。没有关系，尽情去从身边的老师和优秀的学长学姐那里获取'情报'吧，他们都很好，你会获得满意的答案的。"

关于爱情，刘阳对学弟们给予鼓励和支持："也许，你会遇到很好的人，也许不会。你也许会收获完美的爱情，也许也不会。但你一定要勇敢地去尝试，去努力拥抱，经历痛苦在所难免，但即便是痛苦，也会令你有所收获。"

简单的文字，蕴含着对大学四年学习生活精妙的见解，9月8日，松园A301的四位新同学聚在一起认真阅读了这封来自未曾谋面的学长留下的亲笔信。来自五湖四海的四位新生，却不约而同地对信中的文字表达了同样的认识，既有对未来生活的期望与兴奋，也有对信中描写毕业季分离的感动与感慨。"这封信对我们来说是一个好的开始，是一种激励，更是一种督促，希望无悔在西财的四年。"对于新入住松园A301的四位学弟来说，这封信无疑是他们大学生活中最为宝贵的财富之一。

读完信后，四位新同学约定：未来四年，他们会一起努力，将松园A301寝室营造出家的温馨，成为彼此共同的西财家园。等到他们大四毕业时，也要继续给下一届学弟写信，将这种精神传承下去。

摘自西南财经大学官方微信公众号
2016 年 7 月 6 日推文，有改动。

钟楼：守望西财人扬帆起航

■ 李健
2020级校友

（钟楼高耸，振铎传薪）

　　矗立柳湖岸边，我常常扮演着守望者的角色，守望这座美丽校园，守望这里奔忙的人们。在陪伴这个学校、陪伴这些孩子们度过的日子里，大多数时候我都默默注目。唯有清晨八点整、中午十二点整和傍晚六点整，我借悠扬的乐曲声、有节奏的钟声鼓励大家努力面对接下来的学习和生活。看着他们走向目的地的背影，我眼前浮现了许许多多画面。

　　当清晨的朝阳缓缓倾洒，在这座沉睡了一晚的校园，我总要醒得更早一些。

　　每天早上，我都在期待着，第一位经过我身边的孩子将以何种方式开启崭新的一天。是刚刚在食堂吃完早餐，带着快乐与活力，脚步轻快？是手握书卷，大声朗读"温故而知新"？是晨跑健身，用健康的身体和饱满的状态迎接挑战，还是……是阳光活泼，是积极向上，是斗志昂扬，是充满了鼓舞的力量。

　　在这一天里，他们将在不同的地方书写自己的故事：教室里，他们正在知识的宝库中丰盈自身；科研小组里他们正在用所学知识研究社会热点问题，回应社会关切；志愿活动中，乐于奉献的青年正在成长自己；参军队伍里，有志入伍的青年，将在守卫祖国和人民的过程中历练自身。

　　当夜色慢慢笼罩这片天地，在这座活跃了一天的校园，我总要睡得更晚一些。

　　晚上九点零五的下课铃响起，再过不久，从经世楼、其孜楼、格致楼涌出来的孩子们，将会或背或提着书本，或独自一人或三五成群地走在路上。还有一些孩子还沉浸在书海，正在灯光或月色照亮的字里行间汲取知识与灵感。我要给他们照亮手里的书、脚下的路，让他们在回顾一天收获、交流自身体悟时不会因光线昏暗而摔倒。

　　偶尔也会有受了挫折的孩子无精打采，迷茫彷徨，一副受到挫折的样子。我看着他们，虽不发一言，却更奋力地让表盘上的光更明亮些，给其慰藉与力量。我相信，卸下包袱、重新出发的孩子们依然拥有着无限的可能，大胆向前便可走出自己的路。其实啊，在这座学校里，守望者不止我一个——

于三尺讲台"传道授业解惑"的老师们，是无边无际的知识海洋中恒久明亮的灯塔，虽然长久地留在原地，却指引驾着航船追求知识的孩子们驶向远方。

在食堂、宿舍楼、教学楼等地工作的后勤人员们，是星星点点的光亮，无言地关爱，默默地守候，对渴望远方的孩子们而言，是留在原地的身影，也是细微之处汇聚的温暖。

一把椅子，一个人，保安们守在尔静桥与经世楼之间必经之处，也守在各个大门处。他们是我的朋友，假如说我是站在高处遥遥地守望，那么他们就是陪伴在身旁、守候孩子们追梦路上的安全员。

我与其他守望者们注视无数朝气蓬勃的年轻人从四面八方而来，又向四面八方而去；我明白他们正走在属于自己的奋斗路上，并将在广阔的天地大有作为。

97年之前，那一群富有活力的年轻人，不畏惧枪林弹雨，不畏惧流血牺牲，举起反帝爱国的旗帜，吹响救亡图存的号角。于是，我们在战火硝烟中建校，并在时代的发展变革中锐意开拓，进取至今。

97年之后，又一群风华正茂的年轻人，正以"经世济民、孜孜以求"的精神，承担着中华民族伟大复兴的历史使命，将在百年未有之大变局中展现青年的力量与担当。

钟声敲响，天将放亮，我在此守望，看一代代西财人扬帆起航。

摘自《西南财大报》

2022年5月16日，有改动。

清明，我从济民广场走过

■ 蒲娅萍
2022级学生

四月的微风里，清明来了。

沐浴在温柔的阳光与和煦的春风中，我缓缓走过济民广场，只见张寿镛、谢霖、彭迪先、陈豹隐四位先辈的塑像前已经放上了重重叠叠的黄菊。风来，菊花细长柔美的花瓣轻轻颤动，仿佛诉说着吾辈西财人对先辈们深深的思念和无限崇敬。

清明，我从济民广场走过。在四位先辈雕像前鞠躬、献花、缅怀，思绪随着先辈们与学校辉煌历史飘扬……

张寿镛先生是光华大学奠基人和首任校长。作为光华大学的创办者，张寿镛以其学识确立了"以培养高尚人格，激发国家观念为主"的办学宗旨，引领着光华大学的办学方向。1925年，"五卅惨案"震惊中外，上海圣约翰大学的师生不愿屈服于帝国主义的侮辱之下，张寿镛先生遂带领一行有识之士创立光华大学。张寿镛先生担任校长期间，为彼时动荡的中国培养了大量人才，着实可叹可敬。1937年光华大学被战火波及，张寿镛先生决定在成都开办分校，让光华的火苗延续下去。

张寿镛先生远远凝望着图书馆，我站在塑像前，顺着他的目光看去，图书馆前人来人往，他们或热烈讨论，或低头沉思，他们有的自信昂扬，有的青春阳光，一如当年求学好知的青年张寿镛。我想，张寿镛先生如若看到这一幕，应该也会欣慰一笑。光华精神薪火相传，吾辈青年定不负先生期望。

"中国近代著名会计教育家、实业家，中国会计师制度创始人，中国第一位注册会计师。"行走到光华大学成都分部奠基者谢霖先生雕像前，我仔细阅读着碑文上的一行一字。

谢霖先生是中国会计界的先驱，同时也致力于中国的高等教育事业发展。他极力主张为国家培养财经类的人才，对学生的期望也是"拼命实现任务，饿死不贪污"，他总是教导学生，要洁身自好，要对得起人民，对得起国家。谢霖先生塑像的身后是大片葱茏的银杏林。清明也是初春时节，银杏林泛起点点嫩绿，草长莺飞，春意弥漫。想来，正是谢霖先生开创了西南财经大学会计学科的春天，让我们后辈可以站在前辈的肩膀上更加奋力前行。

来到彭迪先先生的塑像前，只见先生手拿一卷书，坐在藤椅上，凝视着前方。彭迪先先生是四川财经学院的奠基者。先生重视财经教育，趁着改革开放的东风，培养了大量财经领域专业人才，为中国改革发展注入人才动力。

和彭迪先先生雕像毗邻的，是陈豹隐先生雕像。陈豹隐先生是《资本论》中文版的首译者，他1952年任教于四川财经学院，后被评为国家一级教授。陈豹隐先生对马克思主义以及《资本论》的理解和感悟远超常人，他呕心沥血将《资本论》翻译为中文，希望彼时的国人能看看世界，感受马克思主义的伟大。

站在陈豹隐先生雕像前，我仿佛看到那个思想混沌的年代，中国大批先进知识分子对真理的渴求。在黑暗中苦苦求索的他们，看到《资本论》中文版的出现，瞬间豁然开朗。陈豹隐先生曾任教于四川财经学院，同时不忘继续精进对《资本论》的翻译，实在是吾辈青年求学的榜样。

清明，我从济民广场走过。我注视着先辈们的目光，他们依旧和蔼却严肃地看着前方。如果说，作为一名青年学子，我们常常为"西财人"的身份而自豪，那么这份自豪感的由来，一定离不开四位先辈筚路蓝缕的创业维艰，离不开无数像他们那样为国家为民族前仆后继的仁人志士。

我时常在先辈们的塑像前伫立，崇敬地望着他们。当微风渐起，下课铃声响起，济民广场上涌出一群群下课的青年学子，他们年轻活泼，青春朝气，就如同当年在无数次危难之下依然为国家为教育不停奔走的先辈们一样热血沸腾。

先辈们的目光仍然注视着济民广场，守护着一代又一代的西财人。相信我们也会如先辈们所期望的一样，以理想为帆、以奋斗为桨，传承"经世济民、孜孜以求"之精神，踔厉奋发、勇毅前行，以新时代青年学子的蓬勃朝气，为祖国发展腾飞贡献西财力量。

摘自《西南财大报》2023年4月15日，有改动。

西财树木故事

■ 王春燕
《西南财大报》编辑
■ 程永颐、于悦
2017级校友
■ 郑珊珊
2016级校友

春发芽，夏开花，秋落叶，冬沉睡。四季变换，又是一年春光好。放眼光华、柳林，无数赏不尽、看不够的美丽景致日夜陪伴着我们。错落有致的绿化生态，乔、灌、花、草互融共生，校园绿荫匝地、芳草萋萋、鸟语花香。趁春和景明，一起读读西财树木背后的故事。

"V"型铁树：见证爱国情怀

说起植树，在近百载校史长河中，有这么一次植树行动，让西财人至今难以忘怀。它不仅见证着光华前辈不屈不挠、拼搏抗战的爱国义举，更激发着代代西财人炽热的爱国情怀与奔涌的报国力量。

故事的开始，要从光华大学内迁成都说起。1937年，抗战全面爆发。位于上海大西路的光华大学惨遭日军炮火炸毁。次年，光华大学内迁成都。光华大学成都分部由此成立。

时间来到1939年，这是光华大学成都分部成立的第二年。彼时抗日战争硝烟弥漫，中国教育和文化的传承遭遇重

（光华铁树）

大挫折，为祈愿抗战胜利，成都分部校长谢霖带领同学们栽种了一棵"V"型铁树，以此寄寓对抗战胜利的祝愿。由于字母"V"是英文单词"Victory（胜利）"的首字母。因此铁树也象征"抗战必胜，教育必兴"的精神；铁树一分两支则寓意着光华大学上海本部和成都分部一脉两支，同根同源。

铁树，渐渐成为光华人坚忍不拔、不屈不挠、勇于拼搏精神的象征以及光华师生爱国情怀的写照。因此，此树被命名为"光华铁树"。

时光荏苒，斗转星移。如今的光华铁树，见证着学校波澜壮阔的发展变化，也成为西财学子心中"经世济民、孜孜以求"西财精神的象征。

一年又一年，铁树送走一届届毕业生，又迎来一批批新同学。它目睹了西财学子的相逢与分别，亦陪伴着他们从年少青涩到自信从容的成长蜕变。

"来时陌生渐熟悉，去时恋恋情缠绵；铁树之下留纪念，聊表母校培育情。"

"想当年，我们走进校门绕过这

棵铁树，离开学校、踏入社会也绕过这棵铁树，四年大学生活，这棵铁树始终陪伴着我们。"

"如今，只要怀念母校，我便会想起这棵'V'型铁树。我相信身在天南地北的校友同窗们，也不会忘记这棵象征性极强的铁树。"

"母校送走一代又一代光华学子，又迎来一代又一代青年儿女，这棵铁树依然苍翠碧绿，粗壮挺拔，它就是母校繁荣兴旺的象征，同时也预示着母校辉煌灿烂的明天。"

......

这些饱含深情的文字，是西财学子写给光华铁树的寄语。以树为媒，以树寄情，承载着对母校的拳拳深情。

今天的柳林校区，也随处可见铁树傲然挺立的身姿。从光华到柳林，铁树已然成为一种精神象征。光华园里的爱国之声，时至今日仍激扬耳畔。

看今日西财校园，湖光柳影，芳草绿树；翩翩学者，蔚为大观。漫步柳湖畔，看新柳吐芽；静立尔静旁，赏鱼鸭共嬉；晨读植物园，感金桂飘香；闲驻光华铁树，侧观木染银霜。这样的"园林式院校"实乃读书治学的理想园地。

古树名木：年轮里的西财故事

每天生活、学习在这片鸟语花香、湖影绰约的校园中，你是否注意到那些充满了时代印记和历史记忆的"名树古木"？它们镌刻着时间的痕迹，承载着情感的寄托，见证着西财的步步前进。徜徉于校园角落，你是否与它们擦肩而过？

古树是指树龄在100年以上的树木，名木是指珍贵、稀有或具有历史价值、重要纪念意义的树木。古树名木是林木资源中的瑰宝，是自然界的璀璨明珠，被称为"活文物""活化石"，蕴藏着丰富的政治、历史、人文资源，是一座城市、一个地方文明程度的标志；古树名木为珍贵树木、珍稀和濒危植物，在维护生物多样性、生态平衡和环境保护中有着不可替代的作用。

在西财,被成都市林业和园林管理局认定为"古树名木"的树木一共有7棵,其中包含了银杏、香樟、豆荚、柏木等树种。这些树木年代久远,树形茁壮,它们的胸径均在0.40米以上,树高均在20米以上。

在明德楼附近的树林中,笔者曾见到一棵饱经风霜、苍劲古拙的银杏默默守护着光华校区。这棵银杏高约26米,胸径粗达0.41米,远看形如山丘,龙盘虎踞,气势磅礴。一到夏天,便冠似华盖,繁荫树木。到了秋冬季节,这里更是光华校区一道金灿灿的风景线。

苍劲的古银杏见证着西财的奋进步伐,镌刻着时光流逝的痕迹。而今天,柳林校区的新银杏正循着它的脚步,继续记录着西财人的时光,陪伴着西财人的步步成长。

住友苑旁,有一片香樟林格外原生态。林中绿荫掩映,清爽怡人。林中树木参天遮日,种类以香樟木为最多。其中,有四棵挂牌的"古树名木"古香樟便伫立于此。

繁茂的大树与低矮的灌木丛相映成趣,破土而出的新芽与挺拔古树相依相偎。古香樟树木质细密,纹理细腻,散发着幽幽清香。在此林间悠闲地逛一逛,闻着空气中弥漫的清香与花香,看着那一道道清晰的纹理,似乎能真切地感受到西财这近百年来的辉煌与荣光。

香樟可祛风湿通经络,亦可做稀有的上等木材。但在光华园里,它就像是西财的一分子,陪伴着西财去创造更好的未来。

在阳光广场东侧的正阳路上,两棵古树名木比邻而立,一棵是豆荚,一棵是柏木。远远望去像极了一棵大树开枝散叶的两块分枝,近观之后却发现两者生长着截然不同的纹理。

柏木深褐色的枝干上挂着几滴晶莹剔透的"小水珠",那是柏科植物分泌出的高浓度油脂。旁边的豆荚却显得略微朴素,刚刚度过冬日的它还没来得及长出新的枝叶。

每逢晴天碧日好天气,两棵古树

一旁的草坪便坐满了或讨论问题或畅聊生活的师生，西财人的欢声笑语为这两棵古树增添了无限生机。

校友林：
青葱记忆 母校情深

在宽敞明亮的济民广场一旁，有一条寂静的银杏小道，历经春风化雨，树叶不断染上新绿。这些银杏树由五湖四海的西财校友认捐，成为校园里一道亮丽的风景。你若走近，更会惊喜地发现每棵银杏树上都挂着一块装满祝福的木牌，它们并不那么显眼，却寄寓了西财校友们无限的母校情结。

每一棵树都铭记着校友的深情。春去秋来，日升月落，这里的求学故事不断上演。经世楼里，济民广场上，阅读、思考、著书、立说、散步、奔跑，那是一段又一段拼搏的青春，是属于全体西财校友的不朽乐章。

"鹏程万里，光华情深""齐鲁青未了，日月光华新""浙里光华心，江南柳林情"……从这些校友们留下的文字中，我们能感受到他们与母校的情感互动。如今，他们已星散于神州大地，五湖四海，开出了明丽的花朵，却仍在蓦然回首时，看到了那些属于青春的美好梦想和对母校最深沉的怀念。

摘自《西南财大报》
2024年3月15日，有改动。

柳林，柳林！
——写在柳林校区启用20周年之际

■ 王春燕
《西南财大报》编辑

2004年9月，西南财经大学柳林校区正式启用。流年驰隙，2004—2024年，一批批西财学子从柳林校区开启人生新征程。

从草木稀疏到触目皆绿，从寥寥数栋楼宇到功能用房齐全，20载光阴，柳林校区不断展露新颜，成为莘莘学子求知追梦的殿堂。

回望20年，曾经田园成校园。创业大道树木葱茏，枝叶如盖；柳湖钟楼波光潋滟，校鸭校鹅悠悠徜徉；松竹梅园环绕坐落，格致诚正巍然屹立……

柳林校区建设启用20周年，我们情不自禁回溯，不约而同感怀。热爱柳林，祝福柳林，期待柳林下一个20年！

从田园到校园

时间的指针回到2004年9月9日，一个激动人心的时刻。

年轻的柳林校区，洋溢着热烈的喜气。柳林校区启用仪式和新生开学典礼在这个全新的校园里隆重举行，四方宾朋和师生校友一道，见证柳林校区揭牌启用。

20年弹指一挥间。属于柳林的故事，我们缓缓道来。

（柳林校区 柳湖风光）

　　1999 年，中国高等教育开始加速发展，包括西财在内的大多数高校迎来大规模扩招。彼时，光华校区占地仅758亩（含教职工生活区域用地）。空间的局促成为制约学校发展的因素。建设新校区，扩大办学空间，成为学校主动突围的选择。

　　新校区的选址工作是建设过程中的首要难题。在对区位、交通、环境及资源等综合因素进行了慎重的考虑后，当时的学校领导班子经过长时间的细致考察、评估和充分讨论，最终决定将新校区选址于温江区海峡两岸科技园。2001 年12月10日，随着"西南财经大学新校区落户温江签字仪式"的举行，西财在温江海峡两岸科技园区一期征用了1 000亩土地，这一协议的签订，标志着柳林校区的兴建工作正式启动。

　　2002年6月10日，柳林校区规划设计方案征集开标。最终，同济大学的设计方案以其合理的功能分区、前沿的设计理念得到专家组的一致认可。

　　2003年春天，柳林校区主体建筑施工全面展开。在时任党委书记涂文涛、时任校长王裕国等学校领导班子的坚强领导下，一马平川的土地上顿时忙碌起来，大吊车、运输队、设计师、搬运工人热火朝天地投入建设之中。

　　在涂文涛看来，柳林校区的建设是西财面向新世纪实施"第三次创业"的重要举措，解决了长期困扰学校发展的校园面积狭小的突出矛盾，实现了广大师生的夙愿，为学校的未来发展注入了新的活力。

　　新校区的建设也让王裕国备感激动。他认为，柳林校区的建设将改善师生的学习生活条件，将为师生提供舒适的学习和生活环境，提升学校的整体形象和综合办学实力，奠定学校长远发展的物质基础。

对于时任副校长、柳林校区一期工程建设指挥长赵德武来说，柳林校区的建设过程是一段难以忘怀的记忆。他总是站在第一线，统筹全局，果断决策，妥善处理工程中的各种难点和关键问题。

经过一年的紧张施工，柳林校区主体建筑模型初现。教学楼、宿舍楼、食堂等拔地而起，一个全新的校区展现在大家眼前。

2004 年 4 月 12 日，时任全体校领导来到柳林校区北大门，在其侧栽植了柳林校区第一棵桂花树，标志着柳林校区景观绿化工程正式启动。

2004 年 8 月 16 日，柳林校区第一个食堂隆重开业，标志着柳林校区建设基本完成，做好了迎接2004级新生入校的最后准备。

与此同时，公共教学楼、食堂、学生公寓、运动场等教学科研生活设施，以及校园道路、水电管线等主要配套设施已达到投入使用标准，后勤服务楼也已基本完工。一期建设正式告一段落。

2005 年夏天，学校决定把柳林校区作为主校区。至此，柳林校区建设进入了新的发展阶段。

在此后的建设工程中，柳林校区又建设了榕、智、慧、诚、信、敏、毅园等学生公寓，以及游泳池、五谷堂、颐德楼、腾骧楼、格致楼、诚正楼等建筑。朝气蓬勃的柳林校区逐渐成长为今天我们熟悉的模样。

回首柳林校区的建设历程，每一位参与者都充满着自豪。从选址到规划，从设计到施工，从一期工程到二期工程，无数西财人不畏艰难，勇往直前，克服了一个个难关，书写出一页页壮丽篇章。

我们的柳林时光

随着2004年新生开学季的到来，

柳林校区逐渐热闹起来。第一批学生，第一堂课，第一次专家讲座，第一场社团招新，第一次运动会，第一次校园招聘……这些点点滴滴，见证着莘莘学子在这里扬帆起航，走向远方。

柳林新生，恰同学少年。学子们怀着对知识的渴望，步履不停。今天，当我们在"思想者"雕像旁攀登知识的阶梯时，或许难以想象，昔日的图书馆仅是经世楼B座二楼的一隅，藏书不过千余册。2004年，柳林校区图书馆（后来的其孜楼）尚未落成，那占地一层的简易图书室便成了同学们求知的港湾。

早期的柳林学子们习惯自称"拓荒人"，这些特殊的学子也经历了特殊的考验。最难忘的当属出行：一辆309路公交车搭载进城回校的老师同学往来穿梭，路长车慢，石子路颠颠簸簸，尘土飞扬。大家睡了一觉又一觉还没有到目的地。进出校园需要请假销假，"出校""进校"这看似平常简单的动作，成了特殊背景下柳林"拓荒人"不得不面对的挑战。二十年弹指一挥，如今地铁站点修到了校门口，公交线路优化升级，通往中心城区的光华大道宽阔平整、车水马龙……

"拓荒"时代，如何丰富学生的业余生活，学校想尽了办法：为了更好地管理服务2004级本科学生，学校成立了柳林学生工作办公室，并组织了丰富多彩的校园文体活动，如运动会、主题团日、五月艺术节等。柳林校区团总支学生会招新时，青春的热情如潮水般涌动，两千余名学生怀揣梦想，踊跃报名；社团招新亦吸引两千三百余名新生加入，为学生提供了展示才华的平台。校报记者团、光华园网站、西财之声……如今看似传统的校园媒体，当年却是同学们锻炼和成长的大舞台。

但简朴的环境并未阻挡同学们求知的步伐。当年的柳林校区，总是涌现出让人热血沸腾的求知场景：专家学者的讲座总是一座难求，第二课堂的报名现场队伍长不见尾，夜晚的自习室里灯光璀璨……学习，仿佛成了柳林学子的群体爱好。浓厚的氛围之下，柳林学子不断摘取中国青少年最高科技奖、全国英语竞赛特等奖、中国大学生辩论赛邀请赛亚军等一系列重量级荣誉奖项。

20年转瞬即逝，当金桂再次飘香，当"百团招新"再次亮相济民广场，我们又迎来了新一届西财学子。

今天的柳林

从国家"211工程"到国家首批"双一流"建设高校——柳林校区，见证着西南财经大学奋发向上的发展历程。

如今的柳林校区，已悄然蜕变为一座集现代化、信息化、人文化与生态化于一体的大学校园。这里不仅是学子们渴求知识、探索真理的殿堂，更是他们磨砺自我、追逐梦想的舞台，以及孕育希望、实现梦想的摇篮。

徜徉在今日的柳林，湖光柳影，芳草绿树，翩翩学者，蔚为大观。宽阔蜿蜒的创业大道，已绿树成荫；尔静桥长桥卧波，与钟楼相映成趣；波光粼粼的柳湖上，白鹭结伴，翩翩起舞；气派宏大的经世楼、格调典雅的其孜楼、布局整齐的学生宿舍，在蓝天白云的衬托下，犹如一幅美丽的画卷。徜徉其境，美不胜收，令人心旷神怡。

20载华丽蝶变，变的是柳林的校容校貌，不变的是西财人奋发向上的精神风貌。面向未来，柳林将继续见证一代代西财人，在"奋力谱写中国式现代化教育的西财篇章"和"加快建设财经特色鲜明的世界一流大学"的道路上，不懈奋斗、勇往直前！

摘自《西南财大报》
2024年10月15日，有改动。

西南财经大学：
"新财经"人才破"壁"而出

■ 鲁磊
《中国教育报》通讯员
■ 陈朝和
《中国教育报》记者

2022年，西南财经大学开始推动"破壁"，加快探索"新财经"拔尖创新人才培养模式。

"壁"在哪里？西南财经大学党委书记赵建军介绍，要实现跨学科交叉人才培养，必须打破学科专业"壁垒"，让课程、教材、师资等育人要素"优"起来，充分流动起来。近年来，西南财经大学瞄准拔尖创新人才培养，在构建自主知识体系、构筑科教融汇平台等方面持续发力，"创新素养、跨学科素养、数智素养是'新财经'拔尖创新人才的特质，更是我们的培养目标"。

大类招生，给予学生自主空间

常瑞是西南财大经济学专业2022级本科生，学习之余，她经常观摩各类艺术展览，将目光投向艺术经济领域，深入思考艺术与消费、产业的关系。她的兴趣源于一门选修的通识课程"美术鉴赏"，经济与艺术的碰撞，让她找到学术方向，更让她体悟到"经济学研究要紧紧扎根社会与实践"。

在西南财大，越来越多的学生像常瑞一样，在"厚基础、宽口径"的培养中，激发出创新灵感。这得益于2023年一场持续10个月的调研和改革，西南财大目标直指"协调专业课程与通识课程关系"，对学校本科生培养方案作出调整。

该校教务处相关负责人介绍，新方案提出了四个"降低"。把总学分由160降低至150左右，降低专业课、必修课和课堂教学学分。同时，相应增加通识基础课、个性化课程以及实践课程数量。"以强化基础、突出交叉、重视实践、学为中心为调整要点，降低学生大类培养后选择专业的'门槛'，给予他们充分的自主空间，帮助他们建立知识关联、激活创新能力。"

强化通识课程的"空间"从哪里来？去年以来，西南财大强化校级统筹，集中力量打破学院、学科、专业"边界"，重构专业知识谱系，打造高质量专业课程；删除涉及16个学院的专业类课程184门，同时形成涵盖六大学科门类的30余门学科基础课、50余门大类平台课。

"学校坚持落实大类招生培养，目前已覆盖15个专业大类，涵盖47个专业方向，占全部63个招生专业方向的74.6%。"分管教学的副校长李志生说，加强学科基础课、大类平台课、核心通识课、实验实践实训课建设，"进一步夯实了'新财经'人才培养的课程基础，让学生们可以凭兴趣和特长选择发展路径。"

敢于跨界，重塑教学组织形态

这学期，西南财大计算机与人工智能学院教师黄迟主讲的"机器学习"课程备受学生欢迎，这门纯工科课程上线30分钟就被一抢而空。

不少上过课的学生感慨，每堂课都是"头脑风暴"。原来，为了让学生适应高难度、快节奏的教学要求，黄迟引入优质线上资源，采用"2+1"的融合教学模式，两小时在线同步学习，一小时线下重点难点讲解。"要让学生拥有跨学科思维和能力，教师需先具备跨学科的知识结构。"身处"新财经"课堂改革的前沿，黄迟既在精进信息技术，又在不断学习熟悉财经领域的最新动态和发展趋势，引导学生"跨界"寻找不同的解题路径。

在西南财大，"线上+线下""课内+课外"的融合教学模式已成常态。随着"新财经"战略的不断深入实施，传统课堂教学的组织和形态正在发生巨大变化。今年暑期，学校集中改造智慧教室97间，科技感十足的教学空间，可支持学生开展TBL（小组合作学习）、PBL（问题导向学习）等多种主动式教学活动。首部数字化教材《数字经济学》整合了数据可视、人工智能辅助答疑、评价生成等诸多功能，用一张"薄薄的纸片"提高课堂效率。

"教学场域从现实空间走向虚实融合，师生交互方式从口耳相传转向声光电并存。以数字化突破资源壁垒，人人都是'跨界者''破壁人'。"西南财大校长李永强说。

交叉融通，拓展人才培养体系

西南财大2021级本科生徐邦议最近格外忙碌，他申报立项的本科生科研课题"数字经济赋能乡村振兴"正准备结题。"课题有两个难点，一是需要深入乡村调研，二是需要跨学科学习计算机技术。"徐邦议说，"'书院'给大家配备了相关领域的学业、科研、实践、朋辈4位导师，开设了学术写作和科研申请的指导课程，为顺利完成研究提供了有力支持。"

徐邦议提到的"书院"，是"一站式"学生社区"刘诗白书院"。在这里，学生可在数字经济、数学与应用数学和计算机科学与技术中自由选择一到两个专业就读，实现学科交叉、优势互补。

"数智革命浪潮滚滚而来，改变和重塑着'财经'领域的内涵与外延。"李永强说，新时代高等财经教育的内容必须从知识分化向交叉融通转变，以新经济、新技术、新业态所需知识体系为基本逻辑，打造紧跟前沿的专业课程体系和面向未来的人才培养体系。

近年来，西南财大依托"刘诗白书院"设立了基础学科拔尖实验班，与电子科技大学联合开展"金融学＋计算机科学与技术"联合学位项目，在全国首创"双A"学科跨校人才培养模式……一块块交叉融合的"试验田"正被开拓，一座座领跑前沿的高峰正逐渐拔地而起。

摘自《中国教育报》2024年12月10日第1版，有改动。

资料主要来源

■ 《光华大学同学会成都分会庆祝母校廿周年纪念特刊》（内部资料），光华大学同学会成都分会编，1945年。

■ 《私立光华大学成都十年记》（内部资料），光华大学成都分部结束办事处编，1947年。

■ 《光华精神、光华人——光华大学暨附中建校80周年纪念集》（内部资料），光华大学暨附中校友会编，2005年。

■ 《光华日月：献给西南财经大学建校五十五周年》（内部资料），西南财经大学编，2007年。

■ 《1979年那是一个春天》（内部资料），2009年。

■ 《校庆专集》，西南财经大学出版社，1987年。

■ 《光华日月五十春》，西南财经大学出版社，2002年。

■ 《情系光华》，西南财经大学出版社，2002年。

■ 《西财力量》，西南财经大学出版社，2015年。

■ 《我的1978》，西南财经大学出版社，2019年。

■ 《光华大学与成都十年》，上海人民出版社、上海书店出版社，2020年。

■ 《四川财经学院》校刊，1957年。

■ 《西南财大报》，1986—2024年。

■ 西南财经大学百年校庆征文，2024年。

■ 西南财经大学官方微信公众号推文，2015—2025年。

一百年，筚路蓝缕、兴学报国，激荡人心的故事很多很多。

一百年，经世济民、孜孜以求，书写了西南财经大学跌宕起伏的百年弦歌。

百年学府的故事，众人讲给众人听。大约一年前，这个想法被学校接受并得以实施。作为编者，我们希望以此进一步丰富历史视角、拓展叙事空间、直抵历史现场，为故事注入个体生命体验，让西财的记忆更为丰满、故事更加鲜活、历史更有温度。

不做故事的重述人，只做故事的搬运工。作为编者，我们尽最大努力找到亲历者、见证者，共同打捞串联起散落在岁月长河中的学校故事。学校各个历史时期的年刊特刊、校报和师生回忆、书札等为我们提供了取之不尽的宝贵资源。通过不断叩问，讲故事的人从四面八方涌来，从历史中走来。他们中既有1927届到2022级的师生校友，也有校外人士，有老朋友、有新面孔。或沉浸于师生情谊，或感怀于同窗情分，或怀旧于校园风物，或汲汲于时代梦想……这些文章具有鲜明的时代特征，因此我们将故事分成日月光华、百川归海、万象更新、大道弘远四个篇章。

在编写的过程中，我们得到了很多方面的帮助。首先要感谢文章的作者。为了最大程度呈现真听真看真感受，保留不同的时代感和现场感，在采编过程中，我们尽可能保持文章的原汁原味，并婉拒了部分作者二次创作的善意。作者们对于我们因限于篇幅而不得已进行的裁剪给予了最大的谅解。这里还要特别感谢已故作者的家属，他们总是给予我们一万分的信任，欣然授权我们编辑发行。在与他们的交流中，我们能感受到故人对母校的眷恋和深情。其次，感谢学校档案馆的邓晓娇、陈东宝等老师，校史研究社的张天乐、任晓露等学生，他们对本书文献的整理提供了热忱帮助。最后，要真诚地感谢华东师范大学档案馆为我们提供了部分光华大学时期校友的珍贵回忆，让"百年弦歌"得以善成。

限于篇幅，很多故事我们未编辑在册。为了弥补遗憾，这些故事将会在"西南财经大学官方微信公众号"、《西南财大报》等媒介陆续与大家见面。

时光的长河一路向前，西财的弦歌从容不迫。在时光的琴弦上，每个人既是演奏者，也是聆听者。诚挚奉上这本书，对于您的阅读感受，我们充满期待。

编者

2025 年 5 月